一部溯本求真的中国教育沉思录

东缨先生被媒体、名家誉为"大教育文学第一人",本书荟萃哲学省思、美学凝视、史学品评,辞采飞扬、文理酣畅,堪为一场精彩的教育思想和教育践行的求索之旅。

教育大求索

THE QUESTIONS FOR EDUCATION

傅东缨 ○ 著

江西教育出版社
·南昌·

赣版权登字-02-2020-505
版权所有 侵权必究

图书在版编目（CIP）数据

教育大求索 / 傅东缨著. －－ 南昌：江西教育出版社，2020.11（2024.4 重印）
ISBN 978-7-5705-2146-3

Ⅰ.①教… Ⅱ.①傅… Ⅲ.①教育－随笔－中国－文集 Ⅳ.①G52-53

中国版本图书馆CIP数据核字（2020）第205496号

教育大求索
JIAOYU DA QIUSUO
傅东缨　著

江西教育出版社出版
（南昌市学府大道 299 号　邮编：330038）

出 品 人：熊　炽
责任编辑：苏晓丽
美术编辑：张　延

各地新华书店经销
江西千叶彩印有限公司印刷
720 毫米 ×1000 毫米　　16 开本　　23 印张　　328 千字
2020 年 11 月第 1 版　2024 年 4 月第 3 次印刷

ISBN 978-7-5705-2146-3
定价：59.00 元

赣教版图书如有印装质量问题，请向我社调换　电话：0791-86710427
总编室电话：0791-86705643　　编辑部电话：0791-86708350
投稿邮箱：JXJYCBS@163.com　　网址：http://www.jxeph.com

序

一部溯本求真的中国教育沉思录

一

新世纪行至第二十个年头，中国的教育改革跋涉了四十余度春秋，于涤浊扬清中凝聚诸多共识，也在探路拓荒中孕育了活力张力。

当下中国，基础教育之压力、思潮之争鸣、互联网时代之解构、国家竞争之急迫、民族自信之强音，构成了这个时代教育行进的宏大背景，教育改革百种方案孰重孰轻？教育学说百家争鸣乱花迷眼，本证与新潮如何统一，应试与素质的矛盾如何化解？

在我看来，当前教育改革举步维艰，既需举共力破解困厄，清除前途之阻塞，亦需积慧力溯本求真，在教育理念的根本认知上予以廓清和洞彻。如今不乏为中国教育做出贡献的人，有标新立异的著述者，有拼命硬干的奋力者，有舍身从教的献身者，也有默默潜行的探索者……在他们中间，我一直关注着一位中国教育的沉思者——傅东缨，并关注他的最新作品《教育大求索》。

二

这部作品透视当代教育的众多现象，而求索本体；至于人性深处，而通古今；融作者五十多年学与教的思考，而求融通；发作者攻读数千部书的积累，而求返璞。对教育本质、人才成长、健全人格、求知路径、修炼场所、教师提高、教改走势、教育规律、教育创新等九大带有根本性的问题的考究剖析，使这部作品从视界宽度、解析深度、思维高度、可导行力度等方面,具有不同凡响的独特价值。

这是一部彻上彻下的教育专著。

纵目放眼,全书30多万言字斟句酌,流光溢彩,以人的教育和成长为轴心——天赋的开发、量才的标准、学习的路径、教育运行轨迹及创新的灵魂等,犹如浩荡长河,滚滚滔滔,散射着启智开慧的粼粼波光,饱含着教育规律引领的运势和不可撼动的力量。

以学求道,以尊德性,以求放心。全书每一章抓住一个教育症结问题,以史实叙述为骨架依据,以事例采写丰满血肉,在此基础上,努力挖掘所包含的意义价值,求索教育的本与真。其史实的时空确凿可信,如铁铸一般;其例证生动形象,活灵活现;其议论恰如其分,毫无违和感。

东缨少年时写诗作文,曾受到郭沫若、老舍等大家的赞扬和指导,已出版了三个系列的教育三部曲共计550多万字。东缨写作本书,是用他几十年的时光和生命做足了准备的:读了哲学、美学、教育学、心理学、教育史、人才学、社会学等数千册书,从一位名师到省辖市的教育局局长,采访了名师名家几千人,可谓具备了写这部教育哲思专著应具有的实践经验、教育学认知、史家素养、文学造诣等多方储备。况且,东缨以教育为生命的人格之美,治学如同掘井一样的深索之功和夜以继日焚膏继晷的勤勉之态,写出此书自然水到渠成。

唐代历史学家说:"史才须有三长,世无其人,故史才少也。三长:谓才也,学也,识也。"东缨先生兼有三长,此专著尤富识才。

三

真正的思考,至慧而平者为善。

我看《教育大求索》中的求索范围很是广大,尽可能地透视几千年来古今中外教育的历史时空,对既往优秀教育遗产梳理传承,对带有根本性的教育问题求根溯源;对当下产生的教育困惑,从理论与实践的结合上予以探索求解;对未来教育也给予了富有前瞻纹理的展望。力求使作品成为一部中国教育的"沉思录",并形成了几个特征。

教育理论的创新性——此书的主要特征之一。

教育发展到今天,中外的教育哲人提出或阐述过种种教育理论、主张、论断,面对新时代、新任务、新状况,开垦教育理论的"处女地",让其跟上教育实践创新的脚步并能有效地指导教育实践已迫在眉睫。值得庆幸的是,《教育大求索》多处体现了对教育理论的创新。作者以深邃的目光提出了许多独到的见识,涉及教育的许多重要方面。

他站在怀特海和雅斯贝尔斯等教育家的肩膀上,创造地提出了"灵智教育"的概念,并破解了其中要义,阐述它极具张力的八大教育要素,形成多维度立体的合力结构;还剖析了"灵智教育"的圣景和高境——教育者与被教育者产生强烈的心理共振和智能共鸣的过程。如是,使这一理论能够落地生根。

东缨长期研究教育真髓,总结了教育的十大境界,即大师无类、大爱无我、大道无为、大德无境、大净无色、大智无惑、大教无痕、大育无小、大法无术、大路无歧。这里渗透着儒、道、佛的思想,尤其是与老子的《道德经》颇有异曲同工之妙。此十大境界之说,受到顾明远教授的充分肯定。

东缨对学子们的成长研究倾注了心血。他发现,像大自然有春夏秋冬四季一样,学生时代的育德有三季,各季的耕耘收获各有不同。如果当季应修炼的人格任务没有完成或完成得不好,紧接的季节又未及时补上,就会人格失态,终身难以健全,酿成人生精神发展史上的错谬。东缨将德育时序划分为芽季、花季、果季。我曾经把小学、中学和大学的教育,分为养成教育、说理教育和自我教育三个阶段,而东缨的"三季"教育与我的"三段"教育也是不谋而合的。

芽季(学前、小学阶段)为习惯修炼季节。该生命段为人格教育的起点,其核心任务是造就好习惯,让卓越修炼成为一种习惯。花季(初、高中阶段)为道德渐成时节。该生命段为人格教育的支点,其核心任务是造就良好道德,让高尚修炼成为一种道德。果季(大学、研究生阶段)为灵魂生长阶段。该生命段为人格教育的顶点,其核心任务是造就灵魂,让美丽修炼成为人的一种灵魂,让灵魂绽放美丽的内涵。这些概括和论断,既形象又实在。

如何开发孩子们的生命?东缨给出了五大旨要:一要认识生命,活在理性的世界里;二要敬畏生命,活在感恩的氛围里;三要激活生命,活在昂扬的个性里;四要发展生命,活在登顶的圆梦里;五要达成生命,活在无悔的宁静里。每一个旨要都做到了有理有据。

"大匠诲人,必以规矩。"东缨从古与今的教育真经里,梳理、精选、提炼、总结了古代十大教育教学规律、当代十大教育原理,对把脉教育、搞好教育大有益处。

未来即来。东缨在书中做出对未来教育的一些设想及预见性描绘,我特别欣赏他关于未来教育发展的十个方向的阐述。连接这十个教育理念的核心链条是创造性教育。本书第九章全面讲述了教育的创造和创新,有一些观点很富有前瞻性。

教育主张的践行性——此书的主要特征之二。

东缨对中国教育的弊端洞若观火,但他知道,调侃、吐槽、一味指责、高声棒喝,帮不了中国教育。他总是采取冷静观照、悉心研究、辩证思辨的态度,专注于思考我们教育该怎么办、带着中国特色的路径在哪里、该如何突破我们的瓶颈。

2013年4月10日中国教育学会常务副会长郭振有先生在《中国教师报》发表了评价傅东缨的文章《现代教育的"傅氏药方"》,同年9月2日李燕杰教授在《中国教育报》也发表了文章《从"傅氏作品"到"傅氏药方"》,都评述了东缨对中国教育问题的诊治。他的眼光、心思更被一线的教育同人所欢迎。佳木斯市二中的青年名师于钧伟著文道:"我经过仔细阅读,觉得傅老有一个很大的优点,就是不像其他教育家们在激情澎湃地批判,他一直忙于为各地的学校设计教育策略和思路。其成果如何我不全了解,但至少他是在为中国教育开药方,而不是狠狠批评病人。"

是的,他一直在教育前沿悉心观察,凝神思索,力求剖解。

优质高效课堂如何营造?他发表了万字长文《理想课堂:磁力、张力、活力的和谐——中国课堂教学境界探幽》,提炼了课堂教学的境界。

如何实施素质教育?他经过多年调研,提出了实施素质教育的"三七结构"践行说。即横向,夯实三大基础:终身学习的基础,身心健康的基础,交际办事的基础。竖向,牢竖七大支柱:强健的体魄——载体,创新的精神——灵魂,睿智的头脑——中枢,自信的心态——情商,良好的习惯——沃土,勃发的个性——山峰,澎湃的激情——燃料。此说使立德树人沿着素质教育之路,赢在起点,优在过程,胜在终点。

教师如何提升综合素质、专业化水平和创新能力?他早就提出名师素质的"二三三素质"结构理论,在教坛引起极大反响。

学生怎样学习得更好?他梳理总结出深度学习的九大策略……

所有这些主张、方略,从实践中来,具有很强的操作性。教育一线的同人反映,东缨的教育主张、教育方法,一学就懂,一用就灵。

教育写作的艺术性——此书的主要特征之三。

我在为东缨的《极目新教育》作序时写道:"观古鉴今,继往开来,画意绵绵,诗意汩汩,天眼慧眼,思义断然,理事无碍,事理交融,此书自有'新教育之史记'的风范。"我读东缨这部作品,同样感觉具有上述特色,大气磅礴,视界宽阔,思想深邃,论理清晰,叙事生动,理据交融,词句精准而洗练,文气斐然而卓奇,笔墨轻灵而饱满,色彩浓郁而清丽,环环相接,丝丝入扣。

读过这部穿越古今溯本求真的"教育沉思录",我们不仅仅能获取理性的深度导向,更有艺术上的美感享受。

四

东缨告诉我,构思写作《教育大求索》,是他魂牵梦绕的长久念想。他一直想写一部集大成的教育专著,把自己几十年来对教育的思考——包括梳理、发挥、发展、发现的教育哲思领悟及主张凝成一体,尽可能推出令读者耳目一新的教育理念、教育主见和教育案例。他说,"该书须写得精益求精,很简、很深、很美,是史、是论、是诗,它须像苏州园林,小中见大,平里赏奇,让人一册薄书在手,门外者顺当入门,内行人进得深远,教育的大千世界一览无余。"

如此宏大的发愿、精细的结构、巧妙的写法、简练的字数,委实让人捏上一把汗。但细观之,此种构思得到了很好的体现。

这是一部以哲学沉思、美学凝视、史学评品、人生学考量的教育哲学和教育美学熔铸起来的书。我不看重有些书那些森严的罗列、井然的学科秩序，而是看重写作者随手拈来，不留痕迹。

这是一部贯穿古今，并成为现实版的教育学、教学论、学习论和人才学的书。我不看重有些书籍的枝蔓丛生、坐而论道，而是看重作者融合学科后的朴实无华、知行合一。

博学之，审问之，慎思之，明辨之，然后笃行之。我很欣慰地看到，这会是一部教育者求索教育的案头参考书、一部教坛上传承昨天助力今天开启明天的书。因为作者写作此书的本意，并不是指示育人的奇术，教考高分的秘诀，而只想在知识爆炸挑战教育、急功近利撕裂教育的当儿，与众多教育同人一道，回溯教育本源，寻得文明之根脉，讨回教育之真魂，求索教育之心之道之法，迎刃破解若干疑窦，并以此共勉同行。

五

新故相推舒画卷，丹青妙手向翠峰。苏格拉底讲深入阅读如同潜水，方解其意；中国古学讲潜修密证，方得其髓；孔子周游列国后而注六经，方成其神。而东缨已七旬过六，仍在著书不辍、讲学不断、精进不止，以一册薄书传数十年之心，方见其诚。他与时代同行，时代是出卷人，他在时代交付的一张张教育探索的试卷上作答；他向问题深处掘进，问题意识是他进行教育探索的原初力量，与问题博弈正是他智慧的来源。他的思想活跃而开放，在既济处显未济之机。东缨的学术之路，从历史中来，向未来伸展，具有自身的内在灵性和动力源。

行到水穷，适合沉静；坐看云起，方有心得。希望我们借助东缨的视角，伴随这部《教育大求索》去沉思体味，且行且思，且思且知，且知且悟，且悟且通。正如屈原在《离骚》中所云："路漫漫其修远兮，吾将上下而求索。"

刘道玉

2020 年 1 月于珞珈山寒宬斋

目录

第一章　教之本

第一节　生命之光　/ 003
第二节　灵智教育　/ 012
第三节　歧途逆旅　/ 033

第二章　才之赋

第四节　天生我才　/ 041
第五节　世育良才　/ 053
第六节　时造英才　/ 071

第三章　全之人

第七节　育满全人　/ 083
第八节　聚焦五育　/ 095
第九节　香飘三季　/ 106

第四章　学之径

第十节　动力为源　/ 121
第十一节　生成为径　/ 131
第十二节　方略为上　/ 141

第五章 修之场

第十三节　新教育场　/ 159
第十四节　家教永恒　/ 171
第十五节　时空转移　/ 183

第六章 师之道

第十六节　师道第一　/ 193
第十七节　循径攀登　/ 206
第十八节　啄羽再造　/ 226

第七章 改之势

第十九节　问路立德　/ 235
第二十节　聚焦课程　/ 255
第二十一节　攻坚课堂/ 269

第八章 育之律

第二十二节　诲人有道/ 291
第二十三节　律透古今/ 300
第二十四节　循律而进/ 313

第九章 文之魂

第二十五节　灵魂符号/ 327
第二十六节　杏坛光芒/ 335
第二十七节　千年潮起/ 348

后记　/ 358

第一章

教之本

教育是什么？教育的本质是什么？这是贯穿古今中外、需时时应答的问题。

对此本源性的概念必须有本质性的定位。本质性的定位出了错，则如背离主航道的行船，难免在无处不在无时不有的教育行走中失之偏颇，陷于困境，事倍而功半，甚至离经叛道，南辕北辙，与初心诀别。

第一节 生命之光

一

与华夏的现代化进程相追随,中国教育在行吟中求索。

所逢者,三千年一遇之时代巨变;所依者,悠悠中华之浩大文脉;所负者,民族复兴之壮阔命题。命题之急、之难、之万众瞩望,探索之苦、之艰、之起伏跌宕,皆蕴其间。

或如香象渡河:对岸浩渺,风急浪大,此番跋涉举步维艰。抑或如未济卦之意:虽尚未完成,运势却已由逆转顺,曙光即至。

回应时代考题,泅渡历史三峡,何为蹈而不可失之机?

现实与历史的融通。得天独厚的传统教育文化,正如遗珠呈现光华。当我们被推推搡搡地裹挟到现代社会之中,却陷入失魂落魄的精神困顿,发现我们所失的,正是我们曾有的。重获并非重拾,而是重塑。当拂去历史尘埃,打通时光隧道,让逝去的昨天鲜活起来,赋予现实深邃意蕴,从衔接传承中营养自身,挖掘优质元素加以弘扬,为教育的现代化嬗变培植基因。

近景与远景的邂逅。教育远景,呼应联合国"教育第一"的全球倡议,让中国特色、世界一流、从跟跑到领跑成为关键词,让中国教育成为天下学子的圣地,成为教育话语权、制定规则权的源头。如此愿景,并非遥不可及的臆测,而与今日改革阵痛中的努力息息相关。我们珍藏着转型心智,怀揣着复兴梦想,一个个规划、一次次行动、一场场攻关,都是中国智慧、中国意志的述说,都是远景与近景的深层次邂逅。

城市和乡村的结伴。让繁盛的城市教育有深度地走进离自然最近的乡村教育,反哺乡村教育的同时,深悟田园教育乃是中华民族的文化之魂,寄托着中华文化的真精神,从而把城市教育之根扎得更深,更让城市化大潮中失血过多的乡村教育得以激活与重建。将田园教育作为现代和传统嫁接、东西方教育融通之所,让乡村教育与城市教育共育有世界眼光、中国情怀、田园气质的现代智能人。

前景暖心,近况棘手。

教育目标一次次下达、重申,举措一回比一回精细,为何目标却未能明显迫近?

教学模式屡次刷新,教育口号一再更迭,为什么给人们的感觉是改变不大、进步不彰?

追逐教育本质,样式越搞越多,信息技术也全副助阵,为何总与"立德树人"的愿景失之交臂?

我们千万教育大军为什么成长不显?不少教师皓首穷经却仍无所建树,问题究竟出在哪里?

天才是靠教出来的吗?人格是靠塑造出来的吗?普通孩子要成为全之人、国之梁的渠道在哪里?

古往今来的师道传承是什么?教师修炼的真经在哪里?如何做到使命与生命同行?

纵览古今,穿透时空的教育规律何在?怎样将学生从"题海战术"里解救出来?

如何借助时势,深化"立德立功立言"的教育改革,成就教师和学生的幸福人生?

中国教育何以领跑世界？或曰世界教育如何进入中国时刻？

二

走进历史深处，公元前522年，春秋末期的鲁国。二十九岁的孔子（前551—前479）居于家乡曲阜的杏坛之上，引得四方弟子云集。这里，氤氲着"志于道"的高远境界，"据于德"的人世善行，"依于仁"的宽厚爱心，"游于艺"的渊博学养。孔子与学生群英荟萃、布道讲学。

庄子（约前369—前286）述其状云："孔子游乎缁帷之林，休坐乎杏坛之上。弟子读书，孔子弦歌鼓琴。"[①] 在曲阜这方栽有杏树的高地，孔子设私学施教于四方。

其间，有一堂讨论人生理想的课颇具发人深省的意涵。

一日，子路、曾点、冉有、公西华陪孔子而坐。孔子说："你们不要因为我年纪大一点就不说了，你们平时总说'没有人知道我呀'，如果有人知道你们的本事，你们打算怎么办呢？"

子路不假思索地说："我要去治理一个外患内忧的国家，只需三年，就可以使人人勇敢善战，还懂得做人之道。"

冉有说："我想去治理一个小国，三年可使老百姓富足起来。"

公西华则低调回孔子话："愿在宗庙祭祀事务、诸侯会盟、朝见天子时，做一个穿着礼服、戴着礼帽的小小赞礼人。"

曾点放下正弹的瑟，说起与三位不一样的志向："暮春时节，春天的衣服已经穿上了。我和五六位成年人、六七个青少年，到沂河里洗洗澡，在舞雩台上吹吹风，一路唱着歌儿回来。"

孔子长叹一声说："我是赞成曾点的想法呀！"[②]

这一堂课无比生动，直击生命，穿越了数千年。孔子为弟子们进行了一番

[①]《庄子·渔父》，参见《庄子》，蓝天出版社1988年版，第169页侍
[②]《论语·子路曾皙冉有公西华侍坐》，参见《论语 孝经》，蓝天出版社1998年版，第43页。

做人理想的点拨,尤其点明了中国的文化精神。一花一世界,一沙一恒河,岁月无声,时空有痕,育人不老,教化常在。从这堂课入手,可以洞察孔子圣人的眼光和人生寄予。

孔子崇尚修齐治平。诸弟子皆言治国之象,唯有曾点所言乃平天下之象。曾点说的春天里大家一起洗澡唱歌,其快乐是无牵无挂的本心的光亮,平天下的胸襟即寓于其中。在这里,暗含孔子仁学的超越性质,呈现出他对人生境界的至深洞察和最高体悟。

如此一生的循循善诱,孔子终成民族文化的先哲,开掘了文化人的恢宏磁场,历经薪火相传,构成了中国文化源远流长的精神魂魄。两千五百多年之后,华夏儿女仍以杏坛为精神图腾,承继着孔子的精粹遗产。

从这看似平常实则经典的一堂课深究,人们不难感悟,教育开掘并冶炼着人生的矿藏。

三

教育是什么?教育本质是什么?这是贯穿古今中外、需时时应答的问题。

对此本源性的概念必须有本质性的定位。本质性的定位出了错,则如背离主航道的行船,难免在无处不在无时不有的教育行走中失之偏颇,陷于困境,事倍而功半,甚至离经叛道,南辕北辙,与初心诀别。

教育一词,由"教"与"育"两字组成,也就分为两种内涵。"教育"一词最早见于《孟子·尽心上》,"得天下英才而教育之"。《说文解字》释:"教,上所施,下所效也";"育,养子使作善也"。① 教育就是教诲培育的意思。

中国传统教育一直秉承着"教"与"育"的两个本源:一是教化的作用,一是培育人的作用。"教"之本,在于探索经典之源,国之所需;"育"之本,则旨在发掘人之成长规律,使天下英才能茁壮成长。"教"者提供教育系统的大气

---

① [汉] 许慎:《说文解字》,江苏古籍出版社2001年版,第65、310页。

候,"育"者则观照学生的心灵、意志、学问的优化发展。十年树木,百年树人。"教""育"两者一同发力,编织出源远流长的中华文明。

《道德经》开篇语:"道可道,非常道;名可名,非常名。"言说道虽存在却很难精准地说明白。教育亦如此。就像"一千个读者就有一千个哈姆雷特"一样,古今中外的智者先哲眼中的教育,各有不尽相同的表述,辉映着育人长河不同阶段的浪花。

老子(约前571—前471)俯仰天地,从万物生长规律出发,将"道"奉为一切的本源:"道生一,一生二,二生三,三生万物。"他认为"道"是处理包括教育问题在内的一切问题的基本准则、总的章程,要人们循"道"而行,依规律办事,"生"的能量是教育的前提,"故天之道,利而不害",不伤害万物,有利于生命成长。

处在由"学在官府"转为"学在四夷"时期的孔子,满目都是教育,全心思考教育,所为皆为教育,其教育的目的是培养出"君子",践行"中庸之道",以便行仁政治国,泽及天下。

先秦儒家的重要著作《大学》,对教育的破译直指"三纲领":"大学之道,在明明德,在亲民,在止于至善。"其意说大学的宗旨在于弘扬光明正大的品德,在于使人弃旧图新,在于使人达到最完善的境界。这对教育的意涵,无疑做了甚是完备的诠释。

宋代大儒朱熹(1130—1200)主张教育的主要作用是改变人的气质:"但如鄙意,则以为学乃能变化气质耳。"[①] 而教育的目的在于"教人明天理,灭人欲","熹窃观古昔圣贤所以教人为学之意,莫非使之讲明义理,以修其身……"[②] 其后世影响可谓深远。

被称为"古今完人""真三不朽"的明代大儒王阳明(1472—1529)先生,对教育的解读可谓深中肯綮。所到之地他无不以"教化为先",提出了"人人可

[①] 朱杰人、严佐之、刘永翔主编:《朱子全书》第18卷,上海古籍出版社、安徽教育出版社2002年版,第3851页。
[②] 郭齐、尹波点校:《朱熹集》第7卷,四川教育出版社1996年版,第3894页。

以成为圣人"的理念,倡导"明人伦"之学,达到"致良知"之人。

中国近现代著名教育家蔡元培(1868—1940),第一次提出"军国民教育、实利主义教育、公民道德教育、世界观教育、美感教育"五育并举的教育主张,旨在为"养成共和国民健全之人格"。①

一代人有一代人的教育,一国有一国的教育,各自皆有清晰的理念纹理,人才培养不可错位。然而凡是教育,又都是心有灵犀联通提携的,彼此给力,相互影响,走向日新月异的远方。

在西方教坛,同样流淌着智者对教育叩问的回答。

孔子去世十载而生的古希腊著名的哲学家、教育家苏格拉底(前469—前339)提出了"美德即知识"的著名命题,旨在揭示教育和道德的关系,即教育的目的就是去挖掘、发展人的美德和善性。他所说的知识并非人类的全部知识,而是指理性的伦理道德知识。

苏格拉底的学生柏拉图(前427—前347),这位西方教育史上第一个提出完整的学前教育思想并建立了完整的教育体系的人,特别归结了"教育两件事:一件是体育,是为身体的;另一件是音乐,是求心灵美善的"②,引起后人的幽深思考。

捷克文化巨子、伟大教育改革家夸美纽斯(1592—1670)称教育是"把一切事物教给一切人们的全部艺术","教育是人类得救"的主要手段。他提出通过教育实验来实现"泛智教育"的理想,认为教育终极目的是为永生做准备,直接目的是为现实的人生服务,培养具有"学问、德行和虔信"的人。

英国教育家斯宾塞(1820—1903)说,教育是预备。"为我们完满生活做准备是教育应尽的职责。"③

德国教育家赫尔巴特(1776—1841)说,教育是塑造。"教学形成思想之环,

---

① 《对于新教育之意见》,参见舒新城编《中国近代教育史资料》上册,人民教育出版社1981年版,第220页。
② 华东师范大学教育系、浙江大学教育系编:《西方古代教育论著选》,人民教育出版社2001年版,第77页。
③ [英]斯宾塞:《斯宾塞教育论著选》,胡毅、王承绪译,人民教育出版社2007年版,第11页。

教育塑造性格，离开前者，后者就不存在。这些包含在我的整个教育学概要之中。"①

美国教育家杜威（1859—1952）说，教育是生长。"教育就是不问年龄大小，提供保证生长或充分生活的条件的事业。"②教育不是为生活做准备，而是生活本身。

德国教育家雅斯贝尔斯（1883—1969）认为："教育是生成，生成来源于历史的积聚和自身不断重复努力。"③

英国教育家怀特海（1861—1947）认为："学生是有血有肉的人，教育的目的是激发和引导他们的自我发展之路。"④

德国教育家第斯多惠（1790—1866）也说："教育的最高目标就是激发学生的主动性，培养学生的独立性。从广义上讲，这就是一切教育的最终目的。"⑤主动性、独立性可以看作是学生"自我发展"的两个非常重要的要素。

印度教育家克里希那穆提（1895—1986）则明示："教育就是解放人的心灵。"⑥

众说一理。掬起古今教育思考的朵朵浪花，这些立论从各自窗口探究了教育的秘门，表述各异，命题的缘起也有差别，但人们惊奇地发现对什么是教育的解读，古今一脉相承，中外殊途同归：

教育的目的永远指向立人，造就完美的人。

教育的起点和归宿点永远是爱。

教育的灵魂和本质永远是面对活的生命，传承文明，培育人才。

教育的命题永远是教育是人育，人育即育人。

教育的核心永远是培养什么样的人和如何培养人。

---

① 张焕庭主编：《西方资产阶级教育论著选》，人民教育出版社1979年版，第29页。
② [美]杜威：《民主主义与教育》，参见《世界教育名著通览》，王承绪译，湖北教育出版社1994年版，第1096页。
③ [德]雅斯贝尔斯：《教育是什么》，邹进译，生活·读书·新知三联书店1991年版，第14页。
④ [英]怀特海：《教育的目的》，庄莲平、王立中译，文汇出版社2012年版，封面提要。
⑤ [德]第斯多惠：《德国教师培养指南》，袁一安译，人民教育出版社1990年版，第85页。
⑥ [印度]克里希那穆提：《教育就是解放心灵》，张春城、唐超权译，九州出版社2010年版，第36页。

教育的真谛永远是激醒蒙昧灵魂,焕发聪明才智,培植最佳习惯,提升高品人格,即提高人的生命质量和生命价值。

教育的规律永远是十年树木,百年树人。教化不可能有"超音速""大跃进"。

四

观照教育发展史,观照思辨教育的前世今生与未来走向,不难看出:教育是照亮人类的明媚阳光。

好的教育,无不以育人(不是"育分")为本,立德为先,智能为要,健体为基,美感为境,劳育为源,个性为强,素质为纲。

这样的教育利在当代,功在千秋。

对于人,教育是心灵之光。

教育不仅仅是用知识驱除蒙昧,用智慧赶走闭塞,使人完成从野人向文明人的历史性跨越,更是点燃一支支生命的火把,给人生的发动机加油,还要注满灵气,让火把照亮整个生命之路,追求人性圣洁的真善美,一步步登至生命发展可能的极限,愉悦而智慧地抵达美满的终点。教育不保证人人伟大,令人敬仰,却能让人人活得幸福,走向崇高。

对于国,教育是崛起之光。

教育为立国之本、兴国之根、强国之策。这源于教育本身的绝对伟力:它以本民族以及世界各民族无比丰富的文化传承培育子民,筑起各类各样的人才高地,应国家需求催生人才,赋予人才核心竞争力。美国作家马克·吐温(1835—1910)说:"每关闭一所学校,就得多造一座监狱。"[1] 这从反面阐明了教育在社会发展中沉甸甸的价值。

对于民族,教育是希望之光。

教育如同阳光、空气和水一样不可离开须臾,时时刻刻凝聚起一股强盛向

---

[1] [美]马克·吐温:《我也是义和团》,1900年11月23日在纽约伯克利学术会堂公共教育协会上的演讲,许汝祉译。

上的原动力,让一个民族的旗帜飞扬,德行大美,气质高贵,底蕴深厚,思想深邃,卓越精进,英雄辈出,既能面向未来也能回望来处,守得住传统精彩又纳得进百川精华,终始唯一,时乃日新,永远高高山顶立,深深海底行。

对于人类,教育是朝霞之光。

从饥寒交迫、茹毛饮血中来,多灾多难、不屈不挠的人类啊,多需要高德塑其博爱,文化强其魂魄,科学添其睿智,体育壮其筋骨,美学秀其灵魂,哲思灵其大脑,让他们懂得:守护公序良俗才使生活美好,解放别人自己方能得到解放,杀戮羸弱乃是灵魂自虐;众生本是命运共同体的一家人,当共赴"环球同此凉热"的大同境界。这依赖教育霞光普照众生……

办好教育的音量,日渐宏大。教育人因肩头担子越来越沉重,也越发感悟任重而道远。"人类教育正愈来愈倾向于为一个尚未存在的社会培育新人。"[1]

---

[1] 联合国教科文组织国际教育发展委员会:《学会生存——教育世界的今天和明天》,华东师范大学比较教育研究所译,教育科学出版社1997年版,第36页。

第二节　灵智教育

一

将显微镜对准教育跳动的心脉,细观精索:构成教育的核心要旨是什么?濡染教育的精神底色从何而来?

笔者曾无数次在几十载的从教足迹里流连,更于无数位教育哲人的深思中领悟。一颗钻探般的心,在半个多世纪的时空里孜孜求索。

最终,笔者遵循马克思"理论只要说服人,就能掌握群众;而理论只要彻底,就能说服人。所谓彻底,就是抓住事物的根本。但是,人的根本就是人本身"[①]的论述,经多年反反复复的教育考量、文化审视及语言推敲,悟得四个字:灵智教育。

《周易》力主"自强不息""厚德载物",要人类特别关注精神、气质、美德等方面的成长。刘禹锡(772—842)的《陋室铭》说"山不在高,有仙则名;水不在深,有龙则灵",其深意是:内蕴珍宝,自会外显神奇。这珍宝即是思想灵魂、理念灵魂、"三观"(人生观、世界观、价值观)灵魂,造就了蓬蓬勃勃的生命气象。

---

① 《马克思恩格斯选集》第1卷,人民出版社1995年版,第9页。

毛泽东（1893—1976）断言："没有正确的政治观点，就等于没有灵魂。"

德国哲学家、教育家卡尔·雅斯贝尔斯把目光直接投向教育的灵魂。他断言："教育是人的灵魂的教育，而非理智知识和认识的堆集"①，"教育过程首先是一个精神成长过程，然后才成为科学获知过程的一部分"②。他将教育归结到精神本质的原点上，以对人的灵魂陶冶为核心，"只有被灵魂所接受的东西才会成为精神瑰宝"③。

俄国的大文学家托尔斯泰（1828—1910）提醒说："不要让外在的生活压倒内心的生活，不要磨灭和闭塞灵魂，要让灵魂成长壮大，让灵魂得到幸福，而只有灵魂的幸福才是真正的幸福。"④

灵魂，主宰着人的生命成长和价值取向。墨西哥有一则故事：一群人走着，突然有个人站住了。别人问他："为什么不走了？"他说："我突然发现我的灵魂没有带上。""灵魂"没有带上，行走还有意义吗？一旦走远了还能记得从哪里、为什么出发吗？⑤

德国教育家斯普朗格（1882—1963）曾说："真的教育绝非单纯的文化传递。教育之为教育，正在于它是活跃的积极的人格心灵的'唤醒'。这是教育的核心所在。"⑥

教育从来都是有灵魂的教育。英国哲学家霍布斯有句名言："人是什么？一半是天使，一半是野兽。"没有灵魂的人无异于冰冷的木偶和不曾驯化的野兽。教育首先是对灵魂的不断历练持续洗涤，摈弃兽性的自私、野性的贪婪，转化为天使般的宽容、慷慨与善良，最终得到净化、美化的升华，这才是教育久远而宏阔的终极旨趣。

笔者很欣赏下面的范例。

---

① [德]卡尔·雅斯贝尔斯：《什么是教育》，邹进译，生活·读书·新知三联书店1991年版，第4页。
② [德]卡尔·雅斯贝尔斯：《什么是教育》，邹进译，生活·读书·新知三联书店1991年版，第30页。
③ [德]卡尔·雅斯贝尔斯：《什么是教育》，邹进译，生活·读书·新知三联书店1991年版，第5页。
④ 参见徐建顺：《托尔斯泰：怀疑，还是疯狂》，载《人民日报》2004年7月6日。
⑤ 刘铁芳：《教育，就是人文化的过程》，载《光明日报》2014年11月18日。
⑥ 钟启泉：《西方德育原理》，陕西人民出版社1998年版，第20页。

英国一对退休老人,准备到西班牙养老。他们相中的房子,须两周内付款,于是就在自家房门挂出"房屋急售"的信息牌。一对急着买房的年轻夫妇,看了房屋、价格,非常满意!

小夫妻细细琢磨"房屋急售"四字,打电话问:"可以再优惠吗?"那对老人急等付款,答应说"可以",于是房价被狠狠砍了一刀!

签购房屋合同的前日,年轻夫妇又来电话:"这个价钱还是太高,望再次优惠。"老人又同意了。年轻人太开心了!这么低的价格,购得这么好一栋房子!

搬家当天,朋友们来帮忙。一进大门,大家目瞪口呆!院子绿草如茵,鲜花盛开,花草都被重新修剪过,就像主人还在。打开房门,众人更是怀疑自己的眼睛!室内干净温馨,桌上置放盛开的鲜花,花盆旁压着纸条,写着:"非常欢迎你们入住这座记录了我们几十年幸福生活的房子!希望你们接下来的生活,也和我们一样,幸福安康!"走进厨房,打开冰箱,里面有老人准备的很多食物和水,也有纸条写着:"冰箱里为你们准备了一周的食物,超市需要开车出门,左转之后再左转,大约20多分钟就到了!"此时,两颗年轻的心像突然被撕裂一样,灵魂的拷问将喜悦一扫而光,他们夜以继日思考如何把自己的利益最大化,而老夫妇让他们看到的,却是如何为他俩着想。

人啊,澄清心中尘埃,播撒灵魂花香。灵魂的贵贱区分人格的高低。

除灵魂外,教育还给予人们聪明智慧的巨大价值。

英国哲学家、教育家怀特海从另一个视角论断:"教育的全部目的就是使人具有活跃的智慧。"[1] 教育是教人如何运用知识的艺术,这是一种很难传授很难掌握的艺术。所以说,单纯传授知识并不是教育的目标。知识本身也并不是学习的第一目标,获取知识的方法更为重要。

克里希那穆提也阐述了相同的答案:"教育的真正意义,难道不是培养你的智慧,借着它找出所有问题的答案?你知道智慧是什么吗?它是一种无限的包容力,允许你自由地思想;没有恐惧,没有公式,然后你才能发现什么是真实的、

---

[1] [英]怀特海:《教育的目的》,庄莲平、王立中译,文汇出版社2012年版,第49页。

正确的事物。"① "正确的教育,意指唤醒智慧,培育一种完整的生活……"②

怀特海还从反面揭示了教育提升智慧的巨大价值。他纵览世界教育,发现了一个普遍存在的可怕教育颓势:"理想的逐渐消失可悲地证明了人类的努力遭受了挫折。在古代的学园中,哲学家们渴望传授智慧,而在今天的大学里,我们卑微的目的却是教授各种科目。从古人向往追求神圣的智慧,降低到现代人获得各个科目的书本知识,这标志着在漫长的时间里教育的失败。"③

漫长的中国教育,其发展走势又何尝不是如此?孔子教学生做人智慧、做事智慧、生活智慧、学习智慧、政治智慧,但在漫长岁月里,教育变味了,当下变成了应试知识,一步步远离了智慧,失去了活力。

综上可证,灵智教育实在是站在教育巨人肩头提出的教育主张。"灵"与"智"二字,囊括无限,高不达顶,深不见底,足以成为教化的本质符号,宛若两条腿,支撑起育人的脊梁。因此,将教育视为对全体生命体的灵与智的开启、充盈和提升,即是对整个人类在本质和智能上的无极限的开发。

这是贴近教育本源的表述。

这是直逼教育核心意涵的概括。

这是彰显教育要义的精准回答。

这是对基本教育元素的确凿把握。

这是直接教育地气的本质性淬炼。

因此,它比其他对教育的提法显得更集中、幽深、精简。

二

灵智教育是立体的多维度的直指心灵成长生命发展的教育,它是一种教育主张、教育理念,饱含着教育大道。

---

① [印度]克里希那穆提:《人生不可不想的事》,叶文可译,群言出版社2004年版,第4页。
② [印度]克里希那穆提:《一生的学习》,张南星译,深圳报业集团出版社2011年版,第53页。
③ [英]怀特海:《教育的目的》,庄莲平、王立中译,文汇出版社2012年版,第39页。

我们走进灵与智的深处,近距离看其究竟。

灵,既不是空洞无依,也不是虚无缥缈,而是书写生命行走的本源。它内化于心,外显于行,主要囊括三大内质,即道德品质、心理素质、精神气质。

三种内质之于人,会构成怎样的良性循环呢?

良好的道德品质为前提条件,好似调节器,调理人与自然万事万物、人与社会众多生命、人与自己内心世界和谐相容的共生共处;

优秀的心理素质为重要基础,很像定盘星,调控做事、做成事业的心理情态;

高贵的精神气质为强大保障,犹如导航仪,以理想、信念、价值观为引擎,助力道德品质和心理素质,成为其强大支撑。

此三种内质如能综合作用,自然会育出有民主人格说、科学方法论、真善美观,并拥有中华灵魂、世界襟怀、现代智慧的当代中国人。

这"三质"乃人的安身立命的三块基石、育德永恒不移的三大考量,也可视作德育的三大核心内涵。

智,作为丰富充盈的智库、博大渊深的能量场,是生命的绽放。智涵盖五个要素:博识洽闻的强记,触类旁通的联想,灵动聪颖的了悟,纵横正反的思维,立异标新的创造。此五大方面之于智慧,分别为:强记为智慧的播种,联想为智慧的嫁接,了悟为智慧的解密,思维为智慧的耕耘,创造为智慧的飞翔。强记要求博,联想要求活,了悟要求快,思维要求透,创造要求新。这就是广度、灵度、速度、深度、新鲜度的融合。

灵作为本质,贮藏在内;智作为释放,彰显于外。两者相辅相成,互动互补,此生彼长,水涨船高。

灵魂之门开了,信念携着兴趣就来了,因兴趣而痴迷,因痴迷而执着,因执着而突破,因突破而发现,许许多多的名家高人,莫不是由此而攀至某一领域的巅峰。灵门未开的撞钟者则只会苦干蛮干,勉强能达到及格,不像灵悟者拥抱着丰盛与卓越。因为前者在用力,而后者更用其心。

那些有智慧的人,绝少狂热盲动,懂得苏格拉底"认识你自己""我只知道我一无所知"的真谛,比较理智地沉思人生,支配时空,做好自己那"一根能思想的苇草"(帕斯卡尔),也就更能正确地认识自己,认识世界,在杂乱中寻找明静,从错误里发现真理,走向充满阳光的心灵世界。

开拓灵与智的教育,饱含古今一代代教育人的初心和夙愿,换得芸芸众生生命的成长、成熟和成功。灵智教育乃是对生命开拓的本真教育。

三

就像天宇由万千星座星河构成,大地由山川河流田野草原组成一样,灵智教育也由一些必不可少的基本教育元素组成。

在笔者眼里,灵智教育极具动力活力张力的元素,为目标元素、情感元素、思想元素、时间元素、情境元素、语言元素、方法元素、榜样元素,形成多维度立体的合力结构。这八大要素纵横交织,相互融通,彼此支助,无论哪一种,都不能替代,不可忽视,合为一个完美的整体。

下面,我们一一辨析。

一为目标元素的力量(方向力)。

爱默生说过一句名言:"当一个人知道自己的目标去向时,整个世界就会为他让路。"可见,目标之于生命,无论短期、中期还是长期,皆有把关、定向、推助的莫大作用。

目标像灯塔,有目标地行船叫航行,没目标地行船叫漂泊。有目标的人在跑赛,没目标的人在流浪。有目标的人懂得感恩,没目标的人只知抱怨。有目标的人睡不着,没目标的人睡不醒。有目标的人闻鸡起舞,没目标的人雷打不动。有目标的人叫行者,没目标的人叫混世者。

何以如此？只因有目标的人,内心时时涌动着一股奔向目标的动力；没有目标的人,心光灰暗,心力疲软,只能给有目标的人打工,或成随帮唱影者。

迷茫的目标,如云遮雾障黯然无光；微茫的目标,如萤火虫忽明忽暗；微小的目标,如一缕小火光闪闪烁烁；高远的目标,则如雷电之光照天耀地。

望远方知风浪小,凌空顿觉海波平。梦在远方,路在脚下,奔向目标浑身能量充沛。

笔者家所处的铁岭市银州区,有座古老的银冈书院。1910年春,12岁的周恩来(1898—1976)从淮安来此读书。20世纪80年代之初,笔者采访周恩来当年的同桌曹荣,听曹老讲述少年周恩来的诸多动人故事,那时的周恩来勤苦、友爱、敬业、精进。1910年秋季,周恩来从铁岭到奉天(沈阳)东关模范学校读书。在一次修身课上,魏校长讲"立命"这一节,并问道:"诸生,你们是为什么而读书啊?"在同学们回答"为家父读书""为明礼而读书""为光耀门楣而读书"之后,后排的周恩来站起来,庄重而响亮地答道:"为中华之崛起而读书!"魏校长万万没想到,竟有如此出众的学生。他示意周恩来坐下,然后对大家说:"有志者,当效周生啊!"

12岁时确立的人生目标,用整整一生来践行,恩泽曾为天下雨,来仪不愧古人风。其目标的凝聚力、穿越力、持久力和内动力,真的不可思议!

目标对人生的影响,笔者感受很深。1963年9月,初入师范大学时看苏联电影《乡村女教师》,瓦尔瓦拉·瓦西里耶夫娜的教育生涯忽如明镜照路;继而精读马卡连柯的《教育诗》,心潮起伏。我顿生梦想,何不以自己的青春实践书写一名山村教师的教育诗,再用精美文字写作一部中国的教育诗?此目标竟引导我五十七度春秋日夜兼程:激情地迎接每一天,学习着充实每一天,拼搏着咬住每一天,思考着过滤每一天,品味着享受每一天。

目标之于人生的重大意义,使其成为灵智教育首要的要素。或大或小,或长或短,或远或近的目标,或高远,或切实,甚或具体,贯穿于灵智教育的全部过程。

教学每一环节、学习每一步骤、教育每一阶梯、改革每一进程、生活每一抉择、成长每一时段,都需有清晰而适切的目标。

目标,近期、中期、远期的明晰而适当的目标,师生人人须有,时时存念。对目标的确立、实施、检查、评估、校正、推进,当如呼吸之自然,生活之惯性。目标感就镌刻在师生们的心上,宛若巨大的问号,叩问每一个灵魂,又像偌大的感叹号,点燃每一簇心火。

让每一名学子、师者人人目标在前,而自己时时就在路上,是教育首要的、核心的任务。

目标很是丰盈,现实总显骨感。梦想的美丽与落地的顺畅之间的距离,全凭一次次攀岩行动做无缝的连接。目标定了,就不怕远;关山飞渡,就不怕险;书山攀登,就不怕高;学海泛舟,就不怕难。

二为情感元素的力量(软动力)。

人非草木,孰能无情?"没有'人的感情',就从来没有也不可能有人类对于真理的追求。"[1] "感情有着极大的鼓舞力量,它是一切道德行为的重要前提,谁要是没有强烈的感情,他就不会有强烈的志向,也就不能够热烈地把这个志向体现于事业之上。"[2] "教育的一个特定目的就是要培养感情方面的品质,特别是在人和人的关系中的感情品质。"[3] 中国情感教育理论的奠基人朱小蔓也说:"建设情感文明、情感文化是人类文明的走向。"

没有爱就没有教育。而教育者的爱,就发源于博大情感的力量。这是特殊、纯正、高贵又神圣的情感。这种情感,比亲情理智,比友情厚重,比乡情高雅,比纯情深沉,比客情真挚,比私情透明,比激情恒久,比同情绵长。如苏霍姆林斯基(1918—1970)所说:"教育者最可贵的品质之一就是人性,对孩子们深沉的爱,兼有父母的亲昵温存和睿智的严厉与严格要求相结合的那种爱。"[4]

情感,显现在表面,实则发轫于心底,表与里息息融通。情感是人心的风向标。

情感,似乎如熏风拂动,很轻柔很细微,有时也很脆弱,瞬息变幻,其实包藏着理智、信念的坚强力量。

---

[1] 《列宁全集》第20卷,人民出版社1989年版,第225页。
[2] 凯洛夫语,转引自张永青主编《高等教育原理》,西南师范大学出版社1992年版,第14页。
[3] 联合国教科文组织国际教育发展委员会:《学会生存——教育世界的今天和明天》,华东师范大学比较教育研究所译,教育科学出版社1996年版,第192页。
[4] [苏]苏霍姆林斯基:《把整个心灵献给孩子》,唐其慈、毕淑芝译,天津人民出版社1981年版,第10页。

情感,像是虚无不定,无踪无形,却察得到,捕得着,它修筑起一条便捷的心灵通道。

从情感通道入手,很容易走进人的心灵,与被教育者心儿相连。抓住了情感,就抓住了人心最柔软的所在,做到"未成曲调先有情",进而开启人的心灵世界的密室。

学子的学业能否有成,德行能否精进,很关键的因素在于教师对学生情感激发的程度。教师要以一颗童心对待学子,尊重其人,须尊重其情;助力其心,须走进其心。育人要育心,育心要知心,知心要关心,关心要真心。教师情感的动力来自伟大的师爱。师爱是境界,是能力,是智慧,也是艺术。

人生如花,爱是酿蜜。回首斯霞之路,从亭亭少女到耄耋老人的漫漫教育人生,以饱和着"师爱"的"母爱"情感,活生生地演绎了教育即爱的美丽情怀。她掏腰包为近视男孩配眼镜;她有意让丧母的娇弱女孩多承受锻炼以走向坚强;她把其父"畏罪自杀"、其母"挨批斗"的孩子,带回自己仅有 8 平方米的小屋一住就是一年,还包下这孩子的全部生活……

一次上课,斯霞神态端庄地走进教室。此时,刚"疯跑"回来的孩子还在大呼小叫,喧闹不已。斯霞没有大声斥责,而是温和地说:"有的小朋友还没有做好上课的准备,现在老师走出去,请大家赶快坐好。"接着便转身走出教室。等她面带微笑回到教室时,学生们已经安安静静地坐好了。斯霞发自内心尊重、喜爱孩子们,给孩子们缓冲的时空,去体悟教师的尊重从而自尊。看,没一句声嘶力竭的斥责、耳提面命的说教,淡淡话语像一抹白云,轻轻声调如一缕清风,却饱含一锤定音的魅力。

"文革"期间,斯霞最喜欢的一名女学生任小梅被逼着写大字报批她。一天放学,任小梅见斯霞正在看她写的大字报,便停下脚步,实在不敢从她身边走过。斯霞看见她,却毫不介意地叫住她:"你过来,上面有错别字。"斯霞对攻击的言辞一字未提,却细心地指出了几个错别字。多年后,许多学生向老师表达自己的忏悔,斯霞淡淡一笑,说:"你们懂什么,你们还都是孩子!"任小梅对斯老师更是愧疚。斯霞丝毫没有怪她,只是轻描淡写地说:"你是要革命,要进步,你还小,你才参加批判的。"①

斯人已去,霞光满天;师爱情深,让人唏嘘。

三为思想元素的力量(硬动力)。

思想改变世界,思想改变人。思想决定每一个人的成就,这源于思想是人之魂。

古人说:"心之官则思。"② 人的大脑是用来思考的,人就是有思想的人。法国著名哲学家笛卡尔有一句名言:"我思故我在。"其意为,"思考的我是我的第一真实所在"。思想里有视力、能力、定力。行动靠思想导航,思想有多远,人就能走多远。恩格斯在《自然辩证法》中如此称道思想:"地球上的最美的花朵——思维着的精神。"如果说,没有情感的人像冷血动物,那么,没有思想的人无疑是行尸走肉。

思想以前瞻性、深刻性、启发性、导引性和鼓动性而积蓄伟力,像冲破乌云的阳光、力撬千钧的杠杆,思想具有决定性力量。苏格拉底、柏拉图和亚里士多德的思想帮助弱小的雅典进入了世界最初的民主政治;牛顿的卓越的思想为英格兰工业革命开拓了道路。

在以满堂灌为主的模式下,知识第一、分数为本主宰下的亿万学子,极度缺失的是思想,常常表现为不去想、不会想、不敢想、不善想。结果大脑不灵动,遇事无主见,行动少独立,动手能力往往弃之如敝屣,创新精神如枯萎的禾苗。

黑格尔曾说:"人是靠思想活着的。"思想是强大杠杆,立于地,撑起天。思想风暴,直抵人的心灵深层。

给什么都不如给思想,教什么都不如教思维。师者用善思激发学生好思。思想是灵魂,思维是火种,坚挺起站立的人。

师者要给予学子什么样的思想?要给科学的高尚的前沿的思想,能够撑起内在魂魄和精神脊梁的思想,足以导引人生创造幸福的卓有力度的思想。

自然,教师自己首先当拥有如此的思想。闪动在学子心里的初始思想,有

---

① 储继芳:《斯霞之路》,人民教育出版社1987年版,第273—274页。
② 《孟子·告子上》,参见《大学 中庸 孟子》,蓝天出版社1998年版,第138页。

时像火星,倏忽产生火花,现出迷人的灿烂。有时似杂乱的碎片,须细心整理加工,编织再造,才能将这些思想碎片整合,形成有序而连贯的思想链条,乃至思想花环,再一步步吸纳、内化、发展、丰富,建起横向连接纵向支撑的体系,于是,思想发生了质变,有了根,有了魂。最终,教师要帮助每一位学生建构起属于自己的、带有自身文化烙印与个性特征的、终身受用的思想宫殿,为立身之本、栖身之所。其思路磨砺之处、思维沉潜之处,即思想圆融之处。

师者更需要给予的是思维方法。以求异思维、逆向思维、多元思维,给思想插上翅膀,安上钻头,佩上望远镜。

思维方法主要有实验法、分析法、综合法、比较法、归纳法、演绎法、抽象法、概括法、分类法、系统化法、具体化法、渗透综合法;形式逻辑中的同一律、矛盾律、排中律;辩证逻辑中的对立统一规律、质量互变规律、否定之否定规律……上述思维方法若娴熟把握且自如运用,就有超越事实的抽象思维、阐述深层知识的核心思想,自会纵横哲思,左右逢源,心明眼亮,稳操胜券。

师者在思维方法的引领中,特别需要给予学法的指导,以养成终身受益的素养,包括记忆方法、观察方法、自学方法、听讲方法、交流方法、解题方法、践行方法、发现方法等。这些,可以转化为素质受益终身。

师者引领思维方法要求教师须有前沿睿智的思想——智者无惑,更须有支撑思想的高尚的师德行动——知行合一,而生成思想须在学、做、思、悟之中完成——水到渠成。

北京市第二十二中学的孙维刚老师,就是一位将崇高思想、美丽师魂、整个心灵献给学生的人。

作为班主任,他提出"为人民炼一炉好钢"的口号,推出"诚实,正派,正直;树立远大理想;做有丰富情感的人"的建班三原则,他的班级黑板两侧悬着"明亮的教室永远干净,神圣的课堂永远安静"的对联。学生们课间也不得在教室喧哗,保持文明之所的圣洁。

作为教育者,他举止优雅,思维敏捷,境界高格,率先垂范,身患绝症却加倍奉献,尽显向上向善的人格魅力。一次因路上帮人推车,迟到五分钟,他竟自我处罚,在教室外凛冽寒风中站上一小时。

作为教学者,他倾全力点燃学生的思维,旨在"发展学生的智力素质""造就强大的大脑"。为此,他站在系统的高度教授知识,八方联系,浑然一体,让学子浮想联翩,思泉如涌;更着重向哲理升华,深入本质,切中要害,让学子发现知识之美;从初一到高三六年教学,几乎每道例题、每个定理、每个公式,都引导学生自己动手完成,让学子们的大脑高速运转,思维占先;尤其不搞题海战术,对类型题弄通路数,吃透精髓,让学子做到"一题多解,多解归一,多题归一,有所发现"。

他的四轮实验班(第四轮1999年9月起,未带完病故)每一位学生都志趣高远,品行高洁,智能高超。第二届实验班的学生彭壮壮(江姐的孙子)上完高一后去美国探亲,以一篇数学论文和三轮答辩一举获得美国西屋科学奖(俗称"少年诺贝尔大奖")。他入了哈佛大学后给孙老师写的第一封信中,引用唐诗"洛阳亲友如相问,一片冰心在玉壶"抒发情志,学成后即回国效力。1997届毕业班,在北京市各教学班中高考名列第一。全班40名同学,100%升入大学,38人过重点大学录取线,22人考入北大、清华……①

四为时间元素的力量(抽象力)。

教化育人从来是慢工细活,需要点滴浸润的内化功夫,久而久之才出现生命的变化,显现生命的成长。如流水的载歌载舞,冲刷出圆润的鹅卵石。急于求成不仅于事无补,而且会适得其反,马虎毛躁将一事无成。

歌德诗云:"时间是我的财产,我的田亩是时间。"② 而教师呢,不也在时间的田亩里,书写着一行行生命的教育诗吗?

笔者访谈江苏名师洪宗礼,采得"等他60秒的故事"。

洪宗礼上《皇帝的新装》一课时,安徒生笔下有趣的情节、洪老师幽默的讲解,使全班学生都沉浸在奇妙的童话世界里。

---

① 孙维刚:《孙维刚谈全班55%怎样考上北大考上清华》,北方妇女儿童出版社1999年版,第3—4页。
② [德]歌德:《歌德抒情诗选》,钱春绮译,人民文学出版社1981年版,第147页。

"谁能说说,童话的结尾为什么让一个孩子来戳穿骗局?"

"小孩子天真,他讲真话。"

"说得对!"洪老师又追问一句,"大家再想想,有没有更深一层的意思?"

几秒钟后,一个男孩猛地举起手臂,"我想,我想……"话刚出口,却又"卡"住。

"不要紧张,慢慢讲。"洪老师鼓励他把话讲出来。"我想,我想……"仍然无下文。

教室里响起了笑声。那笑声仿佛说:"太冒失了,该想好了再说嘛。"那男孩似乎听出了嘲讽,变得不安起来,脸也涨红了。

"不要怕,说错了不要紧。"洪老师仍在鼓励,但小男孩却什么都不讲了。

从教室里回荡的笑声中,从眼前这张涨红的脸上,洪老师也觉察出什么,他语气温和地对男孩说:"刚才,肯定有什么从你脑中闪过,可你并没有捉牢它,它溜了。你坐下,再细细想一想。"

小男孩坐下了。三十秒钟过去了,教室里静悄悄,有的学生疑惑起来,不解地望着老师,其意思似乎说:"值得等吗?"

洪老师也用目光示意他们,像是说:"为什么不用心想想呢?给他时间想,也是给你们时间想呐。"

五十秒钟过去了,教室里静悄悄。有一个女孩举起了手要求回答。洪老师向她微微摇头,那意思是:别急,请再等一等。那举手的女孩放下了手臂。

一分钟过去了,教室里仍是静悄悄。终于,那个男孩站了起来,说:"我想,结尾让小孩来戳穿骗局,合情理,因为天真的小孩不知道怕,所以敢讲真话。而且让一个小孩道出事实真相,更有讽刺意义:这个皇帝连个小孩都不如,真是愚蠢至极、昏庸透顶,还配做什么一国之君!"

他刚说完,洪老师兴奋地说:"嘿,你真把那一闪而过的东西又抓回来了,而且想得更清楚、更完整了!"那个男孩十分高兴地坐了下去……[1]

---

[1] 东缨:《从教师到教育家》,教育科学出版社2010年版,第149—151页。

稍纵即逝的思索尚且需要足够的孕育时间，更何况生命的慢慢成长。教育作为对人精雕细刻的科学、艺术，须在相当长的时间里磨砺、体味、修行、成熟，若没有一定时间哺育其潜滋暗长，一味急于求成，这只能算教而不是育，真正的教育是在时空的心园里镌刻的爱。

要记住一句理念：相信种子，相信岁月。其着眼点和归宿点，是相信下一代莘莘生命，在岁月的土壤里被发掘与唤醒，定会开花结果。

五为情境元素的力量（具象力）。

如果说时空是一个大包容，情境则是特定的小环境；时空有着抽象力，情境则有着具象力。

教育无不处在一定的情境之中，即在一定的外部条件下进行情感交流、智慧互动、心灵碰撞、人格影响，最适宜的条件产生最奇异的效果。比如，如果校园文化做得好，一进校门，学生就会被教育的氛围左右，为班级的气象熏陶，也为浓重的文化濡染，生命较快地进入舒放痴迷的状态。

显而易见，情境之于教育，是可靠依托，是魅力诱导，是和谐伴奏，利用情的引线，造成境的磁场。

自苏霍姆林斯基起，中外一些善于抓住契机的校长，利用母亲节、读书节、艺术节、体育节、成人节等节日，通过仪式化庆典，造成一种特定情境，产生了出人意料的效果。岁月如水，节日如浪。对于学子，盛典时的出彩瞬间，属于生命美丽的迸发和闪烁，是很少有的难得的人生超越。这一超越，令欢乐驱逐疲惫，让情趣焕发光彩，思维顿悟了，智能展露了，生命精彩了，成就感突至，自信心剧增，憧憬与现状打成一片。这情境还会瞬间树起一面心镜，这心镜是映亮人生之旅的盏盏路灯，化作涓涓清泉，绵绵滋润着让心儿发颤的幸福回忆。

好老师、好校长把班级变成一株绿树，把学校化作一片森林，让各种各样的鸟儿栖居翔舞，葆有天性，启蒙心性，激发灵性，张扬个性，教师、校长调和着美妙的和弦，指挥着百鸟争鸣的天籁。

趁两节空堂，北京四中丁榕老师带上治关节炎的药，赶到没来上课的王芳家中。王芳的姥姥愣住了：王芳上学了呀！有同学见她，像拿一张什么票……

正徘徊在电影院附近,和三个男青年又说又笑走向影院的王芳,在丁榕的视线里出现了。重点中学、优秀班级,公然有人逃学,令她做梦也想不到啊!马上告家长?报学校?坐等"捉拿归案"?不!

算准时间,丁榕二访王家。

"你今天上学了吗?""上啦。""你几点到学校的?""按时到的……""你再说,几点到的……"在屋里一老一少火药味正浓的关节上,丁榕推门而入,笑着劝解王芳姥姥:"您别着急呀!早上是我看错了座位……""是吗?您走后,我越琢磨越不对,早上那个同学送的票。""噢,那是明天下午球赛的票……"姥姥露出笑容:"她爸爸、妈妈都不在北京,我担着责任呢!……看,一大早,丁老师看见你位子空着,以为你病了,给你送来了药,一上午就跑了两趟……"

王芳被这突如其来的戏剧性的解围迷惑了。一贯认真、诚实的丁老师竟为自己编了一套"瞎话",老师变了?过去没看透?不,不,是挽救自己脆弱的心哪……

当丁榕微笑而别,走进门外雨幕时,王芳激动地追来:"丁老师——等等——"她深情地把雨衣披在丁榕身上。这个从不服输、性格倔强的孩子,竟伏在丁老师肩上,伤心地哭了,哭述着迷途的一切……

一段"瞎话",巧铺台阶。欲擒先纵,曲径通幽,透出高师那种教艺的超俗、应变的机智——巧开疏导之渠,智借情境之力,妙展火候之功,造成了时、空、法的综合艺术的效应。

六为语言元素的力量(工具力)。

语言是文化的载体、思维的工具,更是心灵的门窗。

孟子曰:"言近而旨远者,善言也……君子之言也,不下带而道存焉。"[①] 其意说:语言浅近而意义深远的话,这属于善言;君子的语言,看上去平平凡凡但都含着很深的道义。

语言是朵鲜花,也是根毒刺;是块蜜糖,也是把利刃。语言有温度,有火光,

---

① 《孟子·尽心下》,参见《大学 中庸 孟子》,蓝天出版社1998年版,第171页。

有能量,有涛声,有无比的震撼力,也有可怕的毁灭力。语言直击心灵,令人警醒奋进;也可击溃精神,使人中弹倒下。一件事,不同说法就有不一样的结果。好话好说,暖人心扉;好话恶说,气人肺炸。正所谓"良言一句三冬暖,恶语伤人六月寒"。

课上,一名初一学生问数学老师:"课本说整数和分数总称'有理数',我不明白,这两种数有什么道理呢?"多好的问题,多强烈的求知欲啊!那位老师却不耐烦回答:"这是教学上的规定,没有为什么!"霸道的话语,像一盆冰水,将学生思维的火花顿时浇灭。世上本不存在"没有为什么"的事物,而教坛上多少个"没有为什么"的武断语言,无情地将求知若渴的学子的思路封堵,思维灭火。当然,如此答复,不全是教师的语言问题。

而在新加坡一所小学,老师捡起一位学生丢的草稿纸,该生在上面乱写乱画,并且列有一串看不懂的公式:1+1=1,2+1=1,3+4=1,5+7=1,6+18=1。老师把它交给校长。校长很重视,和老师商量,如何鼓励孩子,并搞懂这些公式。他们把学生叫来,说:"你特别棒,画了这么好的画,怎么轻易丢掉了?你该把每次画的画都交给老师帮你收藏,看你能画出多少漂亮的作品。"学生极为高兴。校长又问:"你在草稿纸上写的公式,把我们难住了,能不能揭开谜底呀?"孩子自豪地公布了答案:1 里 +1 里 =1 公里,两个月 + 一个月 =1 个季度,3 天 +4 天 =1 周,5 个月 +7 个月 =1 年,6 小时 +18 小时 =1 天。老师和校长由衷为他鼓掌!

我们也该为没有轻易否定孩子的师长鼓掌!他们揭示了迷雾掩藏下的少年潜能,获取了成人常常无法破译的正确密码。

教师是语言宣传家,演讲、点拨、谈心等教育环节,无时无刻不在使用具有情感色彩、穿透艺术、招引功力的魅力语言。

一句话,一辈子。教师从语言库存中精选语言时,应该用古人"语不惊人死不休"的标准,"吟安一个字,捻断数茎须"的精神,寻找出这么一句话,最准确、最贴切、最明晰、最具智慧的一句话,也是启发力最大、感染力最深、穿透力最强的一句话。这一句,是语言晶莹纯洁的珍珠,无数"这一句"串联起来,就成了美丽的珍珠链。

七为方法元素的力量(智慧力)。

《辞海》诠释"方法论"有一句关键的话:"关于认识世界和改造世界的根本方法。"方法,通常指为达到某种目的而采取的途径、步骤、手段。怀特海说:"智慧是掌握知识的方法。"① 毛泽东则将方法贴切地喻为过河的桥和船。② 作为智慧的结晶,方法特别重要。

一件事情有一百种做法,但有优有劣,优化方法是捷径,收得到事半功倍的硕果。方法对路,光彩步步;方法拙劣,失误处处。对践行的反思出方法,对方法的推演出规则,对规则的彻悟出规律。好方法蕴含科学性的内核、艺术性的质地。

2019年4月29日,杨振宁与中国科学院大学研究生回忆说,他读西南联大时所学的物理学方法是推演法(理论——现象)。而到芝加哥大学后发现,那些著名的教授整天思考的却是归纳法(现象——理论),从现象开始,归纳出来理论。归纳法注重的是新现象、新方法,较少注重书本上的知识。所以从现象到理论的这个研究方法,事实上是更容易出重要成果的。"而我自己觉得在联大时推演法学得非常好,后来根据这个根基,又吸收了归纳法的精神,将二者结合起来,就又是我非常大的幸运。"大师的由衷之言,道出了方法的极端重要性。

教师的职业特点是以身示范。示范属于上乘之法。

我多年前采访北京市名师王晋堂的故事,至今萦绕于心。

周一,高一(1)班第一节课由高一(2)班班主任王晋堂来上。两分钟预备铃已响过,王晋堂在门口向教室一望,乱哄哄的,窜桌的,喊叫的,敲桌子的,跺脚的,还有一双双"敌意"的目光。王晋堂意识到,这一切分明是对他的一种报复和挑衅。原因很清楚:在上周六的全校运动会上,体育"尖子"集中、全校舆论看好的高一(1)班却以1.5分之差屈居第二,冠军让高一(2)班抢走了。

王晋堂心儿一热:多好的学子啊!那种勃勃的好胜心、自尊心、荣誉心,连同失败后群怒而起的耻辱心,不是可贵的精神宝藏吗?不比自甘失败的颓废或

---

① [英]怀特海:《教育的目的》,庄莲平、王立中译,文汇出版社2012年版,第40页。
② 《毛泽东选集》(一卷本),人民出版社1968年版,第125页。

无动于衷的麻木好上数倍吗？他不禁对他们油然而生敬意。

王晋堂迎着呛人的"火药味"，沉静地走上讲台。

他满怀理解和敬佩的心情，环视着一张张带有复杂表情的脸，沉默足有半分钟，室内竟突然静了下来。

他尽快地排解紧张的气氛，表情亲切，语调柔缓，声音洪亮，讲得格外用心，不知不觉地，学生们敛起不平，收回触角，动脑动手，投入求知的溪流之中，一节课很快接近了尾声。

小结。布置作业。还有一分钟。

王晋堂十分平和且充满自信地说："请允许我用这节课最后一分钟的时间，就上周六的校运会讲三句话。"

登时，活跃沉为冷峻，兴奋变作忧郁，思考化成等待，旧茬重提，要算小账，要说哪三句话？学生们抬起头，眼色里有疑窦也有惶然。

"第一句话：场上是对手，场下是朋友。"全班学生在倾听，话顺耳，心安稳。

"第二句话：胜者有弱点，负者有长处。"双双眼睛发亮，话有味，够朋友！

"第三句话：胜负是暂时的，友谊是长存的。"热烈的掌声爆起，体育委员还喊了一声："王老师，咱们永远是朋友！"风乍起，波已平。

常识告诉人们，最简单的方法往往是最高明的方法。树怕扒皮，人怕见面。水击石鸣，心倾情畅。

直面剑拔弩张，顷刻间化险为夷，王晋堂运用了乌申斯基努力倡导的"教育机智"，灵活应变，将心比心，以柔克刚，巧取调节疏导之术，适时择选精短的箴言启人良知，整个教育过程化繁为简，恰到好处，点到即止，迸发出智慧的火花……

八为榜样元素的力量（参照力）。

榜样是旗帜，是活生生的哲理、具象化的说教，又是最闪亮的坐标、最适当的参照。精神再造、生命力迸发需要榜样导引。它感召力强，催化力大，具有对比、激励和示意的效应。

英国作家罗·阿谢姆说："一个榜样胜过书上二十条教诲。"教育家朱永新也说:"一朵具体的花,远胜过一千种真理。"

榜样,扎根在教坛,示范在前沿,花开在身边,他们想在前,做在前,走在前,具有鼓劲、激心、催步、增志的作用。四川师大附小一位老师,听了新教育榜样教师的故事后感悟:"我本来以为做小学老师还能怎样。这些新教育老师让我知道,自己可以有另外一种活法,可以找到自己人生的方向,可以发现自己存在的意义和价值。一名小学老师的生命同样可以很伟大,可以很骄傲,可以写出自己的尊严,可以写进中国教育的历史……"

没有英雄的民族是可悲的矮小民族,没有榜样尊崇的人注定是凡夫俗子。教师的学生的家长的学习的事业的榜样,都是人生途上一支支明亮的火把,凝聚着一股股精进的力量。

笔者曾采访新教育榜样教师——苏州市昆山区玉峰实验学校初中教师吴樱花。她所带的班有一名来自单亲家庭的"另类学生"——宋小迪。这个孩子脑子聪灵但性格乖戾,兴趣盎然但习惯极差,向往上进又破罐破摔,个性张扬却恶作剧不断:随意顶撞老师,辱骂同学,挑衅打架,把喜欢的女生的名字用刀片刻在胳膊上……被同学们公认为"天地间第一恶人"。

为让他走得正行得直,吴樱花每日都仔细记录并思考宋小迪生命成长中的每一个细节:行走坐卧、喜怒哀乐、读说写绘、举止言行、心路历程……记不得有多少次谈心、家访,也记不起有几多回点赞和欣悦的眼神,以及一番番的进步——反复——再成长的曲折经历。吴樱花三年如一日竭尽心力地引导与守望,坚持不懈地赞美和欣赏,也积累着大量鲜活的第一手资料。

吴老师说:"不管将来成功与否,这都是一份珍贵的研究资源,至少能为'另类学生'的教育提供可参考与研究的依据。"为一位学生,三个年头,她整整写了十五万字的观察日记。一行行浸满灼灼目光、带着暖暖心温的文字,如涓涓细流,点点滴滴滋润在岁月深处;亦如轻轻熏风,丝丝缕缕柔软了扭曲的心性。宋小迪以吴老师的日记为镜子对照反省,开始了一步步的蜕变,渐渐知错了,懂事了,感恩了,转化了,奋进了,令人难以想象的是,在中考中他竟以全昆山区第一名的成绩升入高中。

救人一命,胜造七级浮屠。吴樱花用十五万字日记拨正了一个孩子的人生轨迹,改变了他的命运走向,育出了一株茂盛的生命之花。她荟萃日记成的书——《孩子,我看着你长大》出版了。她在扉页上道出心曲:"让往事凝固成记忆,让琐碎串联起美丽,用真心见证你成长,用执着雕琢你希望。""子规夜半犹啼血,不信东风唤不回。"师爱东风化雨,换回了花季难得的绚烂。

榜样处处有。杭州市名班主任李小军鉴于疫情防控期间孩子们在家上网课时学习自控力严重不足,对全班同学进行了学习、卫生、纪律、文明等表现的量化考核,开展每两周"半月之星"评比活动。在2020年3月下旬的网络班会上,由榜样同学和标杆小组介绍经验,为其他孩子提供了参照物和目标,点燃了团队意识、同伴意识一簇簇心火,照亮了守望网课、同心向学这条路。

四

灵智教育的圣景和高境,是教育者与被教育者产生强烈的心理共振和智能共鸣。

这是师与生、教与学之间互动相通和内化相融的本质特征,体现为每一主体心态都调至最佳频道,每一心灵都找到了共振频率,教育场成了一个磁力线纵横交错的强磁场,师生的思维被唤醒,激情迸发,心路畅通,天性舒展,思想碰撞,灵感互动,智慧彰显,自信膨胀,表达淋漓,一言以蔽之,是生命高歌欢唱——鲜活的生命活力与生命气象同时迸发。

此种教育光景,是每一个师者全力乃至终身追求的圣境。如何才能觅得到此番圣境呢?这里有无规律性的运行程序呢?当然有。笔者试着归结如下:

一是问题——让师生相遇。 热点、难点、盲点、知识点、兴趣点的问题,一定是极具挑战性的开垦处女地性质的问题,大多又属于维果斯基(1896—1934)"最近发展区理论"的问题,一石激起千层浪,石破天惊逗秋雨。好问题的导引性和激发性很强,有勾魂摄魄的魅力,紧紧牵动师生的心灵,"孩子的心灵需求是我们教育的第一信号"。

二是路径——让师生同行。 学生通过教师点化导引、自学、群议的探究路径(议可生疑,可触思,可练讲,可出慧)进入"角色",课堂成了思维大场。对问题解读力、想象力、创造力的思考相互拉动,彼此撞击,合作交融,涌动出无数的思维泉、智慧流,产生了超越课堂、教师甚至课本的神奇思维现象。海阔天高任翔舞,求宏索微越时空。这就是思维的奇迹。

三是圣景——让师生共振。师生之间的教与学的强烈吸引深度互动,将教育推至圣境,即全部教育图景达到如帕克·帕尔默所说的"是你深层愉悦与外部世界深层渴望之间相遇交融的圣地"①,教育智慧如泉水喷涌,润泽心田。师生智能蓬勃,妙趣横生,袖藏乾坤怀日月,为有源头活水来。这时,教育方实现了精准"滴灌"——个个学有所得,教育的触角直抵每一根"神经末梢",连少许茫然失神的眼睛也亮光闪烁。

四是化境——让师生共舞。在师与生、教与学的交流、交融中,内化绝对是知识转化为能力、理论生发成智慧不可或缺的环节,没有受教育者自身通过智力和非智力因素的内化,无论教育者如何高明,都是无效的,更达不到也不可能达到学生间、师生间所交流的共振共鸣的最高境界。可见,教育绝不是教育者的独立行为。帕克·帕尔默说得对:好的教学就是和真实的自己相遇。教育归根结底是在受育中的充分自育。涵养共生,顺势有为。无声润物三春雨,有心化人五月花。

内化的催化剂是强烈的需求和深度的渴望,内化的路径是穿越头脑过滤之后的吸纳,内化的方式是让外来精华在自身的经验、智能里持续发酵,内化的结果是产生新的更高更活更妙的智慧。

五是规律——让师生升华。形成灵智教育的强磁场,深刻启智,精准塑魂,让人持续突破,有所发现,最终归结到探索、揭示出规律上,让学习得到精髓,解惑拥有秘宝。掌握了规律,斩获了大道,达到高屋建瓴的境地,"不畏浮云遮望眼,自缘身在最高层"。

这时,只有这时,师生的学习共同体的奇异风景倏忽而现:理性与激情携手,灵性与深索共舞,心花绽放,智火迸发。

---

① [美]帕克·帕尔默:《教学勇气——漫步教师心灵》,吴国珍、余巍译,华东师范大学出版社2012年版,第31页。

第三节　歧途逆旅

一

沧海横流见砥柱，千舟竞渡看首帆。

当下，信息技术等新技术的突破，引发各国向知识型社会转变，并带动全球经济增长模式的深刻转型，人才之争日益白热化，教育的重要性越发凸显。为培育造就领衔国运的拔尖人才和高素养高品位的国民，各国间的教育比拼已成为没有硝烟的战争。

崛起的中华志在潮头。

国家动起来了。将教育定为强国之策，超前发展，加大投入，勤力推进。

教育部门动起来了。急切地制定规划，出台举措，动用审查、评比、选优的督阵利器。

教坛动起来了。伴随改革开放的节拍，教育进入波澜壮阔的提速期。广大教师投身教改，以身示范，立德树人，创下无数奇勋；各级教育行政部门在办好教育、实现普九的"火线战场"上献计奋力，虽苦犹乐，指挥了一场场攻坚之战；教科研工作者孜孜矻矻，累月积年，为育人实践的纬线织进教育理论的经丝，让教育成为一方美丽的锦绣。

家庭也动起来了。家长们蓦然发现:育子成才堪为家庭的最大亮色。于是,角色骤变:从20世纪七八十年代对孩子自由放任到如今事无巨细地全方位介入;从对孩子一般性过问、把孩子交给学校就OK,到全面介入孩子的时空;教育开支也从次要地位上升到家庭首要投资地位……

如此这般,大有"一千里色中秋月,十万军声半夜潮"的声势。

二

然而,上涉国家民族气运、下及千家万户福祉的教育,却是至为复杂至为艰难的事业。在其推进的征程上,国家需求与百姓追求,社会冀求与家庭渴求,民族责求与个人诉求往往免不了撞车,衍生纷繁弊病:教育资源不均问题,教育机制、体制、政策、举措的不适问题,教师队伍不优问题,等等。于是,教育积弊屡见不鲜,教育改革的"怪圈"也随处可见。

常常提倡什么,效果反倒静如秋水,而反对什么,效果反而惊涛裂岸。

尤其是减负,自新中国成立以来,国家教育行政部门颁发有关规定达50余次,然而学生的学业负担越减越增。不是学生校长教师不想减,也不是各级政府不愿减,主要是家长从促子女成才观念出发,竭力向学校施压,强求增负。有这样一个真实案例:一初中学生早上7点30分到校,下午5点放学,本来符合规定,然而,该校部分初三家长围堵校长,强烈要求晚上7点放学,理由是当地的民办学校晚上8点才放学。如是,"学校减负、社会增负""老师减负、家长增负"的现象俯拾皆是。

再如补课。政府的禁补令已是三令五申,但各地疯狂恶补依旧不止,以至于没有节假日、双休日的概念。

又如应试教育,本是远离教育本质的怪胎,却硬是将同有功利诉求的家庭、社会、政府、求学者、从教者,置于飞速运转的应试"洗衣筒"里共舞,合成可怕的应试飓风。结果是,素质教育宛若蓝天飘荡几朵美丽的白云,应试教育涛声依旧,几所应试"神校"引得全国各地学子趋之若鹜。

更不必说学生时代的旅游、观光、访问等一概取消——取消的是青少年无数美丽的生命故事和心灵深处流光溢彩的岁月珍奇。也不必说体育课成了快乐体育,那些跳箱、掷铁饼、单双杠、越野长跑等稍稍有力度讲柔韧度的项目一并被逐出教学、运动会的视野,逐出学子多少需经历的体能磨炼、身心的美感展示……

多么可怕的怪圈:上规下忤,逆向而动,绑架规律,正气不彰。不少人慨叹,教育这是怎么了?

怨家长吗?有点冤。

社会上人才竞争的巨大压力犹如强劲的电波,从四面八方向教育传导,最终导向忧心忡忡的学生和家长那里。社会上两极分化越大,落差就越大,此种传导就会越直接越剧烈越迅猛,自然就出现了家长群体自卫性的本能忤逆与抗争。

三

立于世界历史的高山之巅,放眼中华崛起与民族复兴大潮,远视未来社会对教育变革的急切需求,深入调查研究当下的教育情势、育人困局,就不难发现,当下的教育问题丛生,有一些沉疴甚至积重难返,笔者觉得目前的教育有三大丢失。

一曰丢了本质——育人至上。

本质是什么?是育人。学校期间的教育为育人的基石。有三个特征:

一是时空的特定性。这是人生学习的华彩段。"青春须早为,岂能长少年"。没有回程,不可复来,不像庄稼不收明年种,铸件不佳再回炉,人生呢,春去夏即来,没有回头路。特定时空之于学生,犹如一列火车必须在固定时间安全到达指定的人生站点。

二是全员的成功性。个人渴望成功,为一生事业奠基;父母热盼成功,给家庭储蓄幸福;民族期待成功,瞩望人才强国。不出次品,不出废品,更不出劣品。

能成大树就长成大树,能成小草就长成小草,人人成才,各得其所,和谐成长,相得益彰。

三是人的差异性。大千世界,万类异存。每一个学子自显别样风景,或滔滔大流,或徐徐清风,或幽谷小草,或高崖峭石……都是千差万别生命中的独一无二,都是千红万紫花海里的独特一枝,每颗心灵都是千姿万态世界中的独有风景。师者紧紧地盯住每一个孩子心灵深藏的个性富矿,即霍华德·加德纳所说的每个人独特的优势智能,与孩子及其家长一起开采,采得富矿,福及终生;弃富采穷,祸及一代。

而我们的教育主流呢?在许许多多的学校,教育几近全面被异化为教学,教学几近全面异化为教考,教考几近全面异化为做题、背题。以幼儿园为起点,孩子与老师就开始了"衣带渐宽终不悔,为伊消得人憔悴"和"春蚕到死丝方尽,蜡炬成灰泪始干"的极其惨烈极其悲壮的马拉松式的生命消耗。

少年中流传一首《作业歌》:"无边落木萧萧下,不尽作业滚滚来。举头望明月,低头写作业。洛阳亲友如相问,就说我在写作业。众里寻他千百度,蓦然回首,那人正在灯下写作业……"此歌属原生态的自然流露,抒发了学子对无止无休的作业乃至陈腐教学模式的冷嘲热讽。当下,抑郁少年剧增,跳楼事件迭现。惨剧多源于学业和成绩压力过重、情感孤独、精神困顿、心境绝望。浅层次看,是学校、教师严重缺失对学子适切的心理辅导和精神引领;深层次看,在教育目标的达成和考核上,出现了忽视健全人格的培养和灵魂发育的塑造的偏颇。

二曰丢了传统——人文至尊。

传统如同河之脉,乃族之根、民之源、国之本。丢了传统如断了脉象,失去了血源。

人文是什么?笔者指以人为本,尊重、关怀、发展人的思想与行为。泱泱中华,五千年古国,向来是礼仪之邦、文明之所。若丢了人文,教育岂不绝源断脉?

人文教育的宗师是孔子。孔子以"立志有恒""克己内省""改过迁善""身体力行"四大主张擎起他建造的人文大厦的四根支柱。

在人文大厦里,孔子以"仁"为核心,以"礼"为秩序,以师生间的平等、亲密、和谐贯穿于全部教学活动,收到良好的效果。他的"教学相长",讲求教育民主,其教学形式为开放的课堂,自由的讨论,平等的对话,师生毫无芥蒂的畅言,充满生命的智慧。周游列国期间,孔子和他的学生们走哪学哪,遇啥学啥,边走边学。

几千年华夏教育,人文当推为至宝;古往今来育人,人文应数记头功。人文精神虽不一定就是中国教育的专利,却肯定是中国教育代代相传的优良传统。谁承想当中国教育史写到市场经济背景下的"应试教育时节"时,在一些地方,一场偷梁换柱的人文嬗变在悄然展开:逐利正替代师道,冷漠正替代热忱,粗俗正替代高雅,强迫正替代尊重,阴云之面正替代阳光之容,雷霆的大音正替代温馨的细语……

这种嬗变意味着什么? 是教育理念与践行的倒退,是中国文化出现的滑坡。

为师者当看清此嬗变后果的严峻性,从自己做起,进行师德整容,师道重塑,师魂再铸,截住师爱滑坡的山,修补人文情怀下沉的船。

三曰丢了科学——规律至圣。

科学是什么? 科学是规律,是大道。教育丢了科学,远离了规律,必然离经叛道,诸多努力都将陷入失败的泥淖。

人的发展,像任何事物的发展一样,其内在的规律性如江河流水、日月经天般不容执拗。譬如,不能驱赶刚会爬的幼童去跑,不得用严惩厉罚手段鞭策学生养成良好的习惯……从教者只能循其道,入其门,揭其面纱,见其本质,让规律为人的发展服务。

教育者应当遵循学子成长的哪些规律呢? 人性的规律,人道的规律,人情的规律,人智的规律,人本的规律,人生的规律,一言以蔽之,按全人化要求建构最适切的教育。不闻训斥的雷霆,摈弃成人化的重负,也扫除恨铁不成钢的焦灼;有的是阳光、歌声、对话、健美、智能、领悟等对生命七彩的欣享,让其人性舒展,人情丰富,人智迸发,人本滋润,心灵得到超迈的自由,达到陶行知提倡的人的六大解放,人人具有自由的思想、独立的精神、"异想天开"的创造意识。

冰冻三尺非一日之寒。上述三大丢失,有历史遗传的病源,有现实滋生的弊端,也有食古不化、学外不精的梗阻。这是人类几千年教育时空消极因素的积聚,无论从理性层面抑或践行层面上,都是对教育本质的反动,都是与育人之道格格不入的歧途逆旅。

发现病灶,揭示病况,诊断病情,皆为对症下药,让中国教育朝气蓬勃地精进。

教育发展史反复证明,对教育弊端认识的深度,往往决定教育改革的高度。

改造中国教育,麻木不仁、夜郎自大要不得,一时心血来潮、激情四射也靠不住,愤世嫉俗的调侃呵斥更如毫无价值的垃圾,指责容易建设难,需要的是持久地直视现实的教育浪潮,静听历史的教育涛声,主动应对难题,纵横考量,上下求索,辨清方位,理智作为,持续啃下"硬骨头",实现弯道超车。

第二章

才之赋

　　天赋，是促进人发展的卓绝资质，是促使人完善的潜在基因。一木一自然，一人一世界。每一个孩子都是大千世界上独一无二的天使，都能秉持天分迸放奇异的生命之光，谱写独特的人生之歌。需助其播下个性的种子，给予自由飞翔的时空，每一个人皆有可能练就扶摇九天的翅膀。明智的教育者无不尊重学生的天赋个性。

第四节　天生我才

一

天机可问。古代大诗人屈原一口气抛出172个问题,抛向苍天。

天赋当测。作为"宇宙之精华,万物之灵长"的人类,更应对自身不断发出深层次叩问,以期打开"转识成智"之门。

小小的脑袋黑箱暗藏多少玄机秘不可测?

是否有一只神奇的手将众生的命运拉扯?

还是源于心智起于性格更有大潮流烘托?

要不怎有"大江东去"的魂魄、"霞鹜齐飞"的放歌?

又怎会冲出少年宰相甘罗、音乐神童莫扎特?

那凡·高的坎坷、卡夫卡的忧郁、方仲永的悲剧又何以令人错愕?

古往今来的济济人才,灿若群星,常常引发后来者,尤其教育人的无限遐思。

这些赏心悦目的生命之花,是上天赋予的吗? 不然,怎会有孟子"天将降大任于是人也"的切肤感慨? 又怎会有李白"天生我材必有用"的如磐信念? 还怎会有改良主义先驱龚自珍"我劝天公重抖擞,不拘一格降人材"的呼唤?

这些斑斓多彩的生命之果,是人们的拼争之效吗?不然,怎会有孔子"吾十有五而志于学,三十而立……"的奋斗之路?又怎会有屈原"路漫漫其修远兮,吾将上下而求索"的内心独白?还怎会有郑板桥"千磨万击还坚劲,任尔东西南北风"的认同与咏叹?

也许,人类才华的闪耀亦属一种天人合一。缘起于天,业成于人。

二

追溯世界文明源头,无不以仰望星空、观测天空为始点,以天赋异禀的大宗师为始脉。

《周易·系辞》云:"河出图,洛出书,圣人则之。""古者包牺氏之王天下也,仰则观象于天,俯则观法于地,观鸟兽之文与地之宜,近取诸身,远取诸物,于是始作八卦,以通神明之德,以类万物之情。"其意说,黄河出"图",洛水出"书","圣人"依此作卦。古时候,包牺氏作为天下的君王,仰头观察天象,低头观察地理,观看鸟兽的斑纹和土地所宜,近处取自于自身,远处取自于万物,于是开始创作八卦,用来领会神明的道德,用来表达万物的情状。河图与洛书是八卦之源,是我国古代唯物论和辩证法之根。

中华文明由《易》而发挥,延展出道、儒两家,然后衍生诸子百家。《周易·序卦》中,乾卦、坤卦后继之以屯卦、蒙卦。屯就是建国君民,蒙就是教学为先。

孔子研读六经之后,适当增删广为传播,据《史记·仲尼弟子列传》记载:"受业身通者七十有七人",皆异能之士也。德行:颜渊、闵子骞、冉伯牛、仲弓。政事:冉有、季路。言语:宰我、子贡。文学:子游、子夏……正是这群天赋异禀之士,丰富了中国人的精神图谱,塑造了中华民族立于世界民族之林的基因。

再观西方文明之源。柏拉图以《理想国》推崇哲人王的成长路径:由天赋者经过良好的教育和培养而成护卫者,由护卫者再择优进行哲人培养,最终达到至善之境。

柏拉图在《斐德罗篇》中,列人间九类人,并这样描述第一类人:"智慧或美的追求者,或者说成为缪斯的追随者和热爱者"。他们生下来就是喜欢探究,热爱、喜欢美好的东西,无形之中领受教育,自学自悟里享受着教育,即《论语·雍也》所谓的"知之者""好之者""乐之者"。居于人类思想的顶峰者,是悟性超强、想象力超凡、独创力超高的圣哲之人。

公元前387年,年届不惑的古希腊哲学家柏拉图在雅典城西北部创建了阿卡德米学园。他边讲学边著述,主持学园的实验长达40年。在他的教育思想熏陶下,学园培养出被马克思、恩格斯赞赏为"古代最伟大的思想家""最博学的人物"亚里士多德、数学家欧几里得等学界巨擘。这所学园前后延续了9个多世纪。该学园"不仅仅是柏拉图生活中的最重要的事件,而且也是欧洲科学史上最重要的事件"[①]。因为该学园成了西方古代研究数学、哲学和自然科学的中心之一。

东西方的文化泰斗,都是以"天"为标准,建立自己的学术体系与教育体系。

东西文明,均以天之赋予为起始,以义化之传承为教育使命。

东西方皆以教育为本,以"天"为文明的顶峰。

《论语》中子贡曰:"夫子之文章,可得而闻也;夫子之言性与天道,不可得而闻……"孔子将天道与天赋作为最高的学问,而在绝大时间缄默于口。

这是故作神秘吗?造神吗?当然不是!所谓的天赋与天道,来自对古老文明的继承,来自圣贤对世界的妙悟。

如此说来,玄妙的天道、天赋是文明的天花板,遥远高深,对我们普通人来说遥不可及甚至不可望吗?

并非如此。

其实在教者、学者的心中,这种天花板是知识殿堂中最必备的结构,为教者、学者的精神遮风挡雨,为心灵提供庇护。

这就是教育理想,就是精神寄托,取掉这一层,教育本身就变成了一门技术。

---

① [英]J.伯奈特:《希腊哲学》第一部,参见任钟印主编《世界教育名著通览》,湖北教育出版社1994年版,第27页。

《学记》云:"大学始教,皮弁祭菜,示敬道也。"说的是学子念及大学之时,一开始要进行祭祀,有点类似于现在的开学典礼。"皮弁"是一种白鹿皮制成的帽子,是当时的礼服,类似于今日的校服。开学盛典穿礼服,因为在这样一个庄严隆重的时刻,学子的自我期许升级了。

抛开迷信层面,"祭菜"是祭祀、敬天法祖之意,纪念这个领域里最值得尊崇的老师,如孔子。

《学记》尚有浓厚的古代色彩,这个色彩可以用《什么是自由教育》来洗刷。美国列奥·施特劳斯写过一篇《什么是自由教育》,可以看作美国版的《学记》。

文章提道:"老师自己是学生且必须是学生。但这种返回不能无限进行下去:最终必须要有一些不再作为学生的老师。这些不再是学生的老师是伟大的心灵,或者为了避免在如此重要的事情上的含糊其词,可以说是最伟大的心灵。这些人实乃凤毛麟角。我们不可能在课堂里遇到他们任何一位。我们也不可能在其他地方遇到他们任何一位。一个时代有一位这样的人活着,就已经是一种幸运了。"①

这样的人就是"祭菜"的对象,是老师的老师,展示了教育的登顶之路,勉励从教者参透"天机"。怀特海说:"如果不能经常目睹伟大崇高,道德教育就无从谈起。如果我们不伟大,我们做什么或结果怎么样便无关紧要。对伟大崇高的判断力是一种直觉,而不是一种争辩的结论。"②

"皮弁祭菜,示敬道也"的现代含义,应该是由伟大的人格熏陶学生。圣贤先哲是民族文化的脊梁,具有伟大的人格、恢宏的心灵、深邃的思想。学生跟他们一点点建立亲密的关系,今天知道一点,明天知道一点,则春雨润心,日久功成。

教育的真谛是唤醒人的内在自由和卓越,也就是柏拉图所谓的"人性中的人",职业教育是其次的东西。

---

① [美]列奥·施特劳斯:《什么是自由教育》,一行译,参见刘小枫、陈少明编《古典传统与自由教育》,华夏出版社2005年版,第2页。
② [英]怀特海:《教育的目的》,徐汝舟译,生活·读书·新知三联书店2002年版,第122—123页。

三

天赋,这是自古至今最为复杂最为费解,属于"道可道,非常道"一类的问题。天分超高的孔子对此缄默无语,未曾细究研判。后来的中外学者虽不乏解读,均属智仁互见。笔者以为,在人类大脑的秘密尚未彻底揭开之前,破解此题宜粗不宜细。

人拥有天赋,是不刊之论、不争之实。人人都拥有天赋,也渐为人们所认可,成为不容置疑的论断。

苏格拉底早有定语:"每个人身上都有太阳,主要是如何让它发光。"① 他还说,"灵魂和身体的善都是要通过知识和训练才能达到的"。天之赋和人之力这两层意思,他尽收眼底。

儒家的经典著作《中庸》,最早系统地论述天赋。该书开宗明义说:"天命之谓性,率性之谓道,修道之谓教。道也者,不可须臾离也。"钱穆如是诠释道:"天命所与你的,就是人之禀赋,这就叫做性。人受了此性,这就在人之内有了一份天,即是说人生之内就见有天命。""性可以讲是天性人性,道亦可讲是天道人道。率,遵循义。遵循你的天性而发出的,便是人生大道,亦可说是自然大道。""人道需包括天时地理及社会人群,故需随时随群而修。周公所讲的道,孔子出来修,以下仍需不断有人起来修,此便是修道之谓教。亦即是司马迁所谓通古今之变。……中庸开始的三句话,实是含义无穷。"②

由此可见,人一生下来,就受之于天赋予的秉性,及顺着秉性而必须遵循的大道,而修道的路径便是教育。如是,冥冥之中已将每一个人和天命、大道、教育联结一起,交融一处了。

天赋是事实存在的,承认这个存在,是教育者的思想飞跃。按天赋论的学说引导学子,教育就有了理性根基,有了生命基因论的支持。

那么,天赋是什么?在笔者眼里,天赋是天赋予每一个人的特殊使命及其

---

① 刘烨、王劲玉编译:《苏格拉底的智慧》,中国电影出版社2007年版,第226页。
② 钱穆:《从中国历史来看中国民族性及中国文化》,九州出版社1979年版,第90—92页。

完成使命所需的特殊才质。

表面看去,天赋是遗传基因决定的,"人之初,性本异":涵盖与智力紧密相关的智力因素,如观察力、记忆力、思维力、想象力、创造力等方式方法,思维、判断、推理等逻辑内在要素;此外,还包括人的突出智能在各自不同领域迥然不同的表现。人人握灵蛇之珠,个个抱荆山之玉。天赋的表现各不相同:有人强于数理,有人高在语言,有人特在艺术,有人长于体育,有人善于动手……如此这般,各有所长,又有所短,无一例外。

倘若细加剖析,天赋具有多元性。主要涵盖灵性(人的智慧、聪明才干),才性(人的才能禀赋、资质性情),德性(人的自然至诚的品性、品质),悟性(人对事物的感知力、思考力、洞察力,通常指理解能力、分析能力),创造性(人的发现、创新、创造的潜能)。上述五性,潜藏在不同人身上的不同方面。

天赋,是促进人发展的卓绝资质,是促使人完善的潜在基因。一木一自然,一人一世界。每一个孩子都是大千世界上独一无二的天使,都能秉持天分迸放奇异的生命之光,谱写独特的人生之歌。若助其播下个性的种子,给予自由飞翔的时空,每个人皆有可能练就扶摇九天的翅膀。明智的教育者无不尊重学生的天赋个性。

杜威多次重申"保存儿童的天性",认为卢梭的"教育应当根据受教育者天赋能力,根据研究儿童以发现这些天赋能力"的主张,是现代发展教育的基调。

但是,在应试教育的战车上,对于天赋天资天分,教育界乏人关注,未曾受到重视,虽有些许开发也多属浅尝辄止,有时只做点缀以供人观赏。

许久以来,人们总爱拿爱迪生的名言"天才就是百分之一的灵感加上百分之九十九的汗水"(此名言拦腰砍去了爱迪生说的下一句"当然,灵感是最重要的")来淡化"天赋"作用。其实,如此悬殊的数字之比,完全不符合实际,也难以服众,这句话实则暗含着大发明家的自谦。笔者以为:若用数字比喻人的成功,天赋是这一数字的首位数,后天的勤奋努力则是在首位数后面加零,似乎更适切一些。如是,既承认天赋是成功的基础条件而予以高度重视,更强调后天勤奋和努力是决定因素而不容小觑。如一个人的天赋指数为1,另一个人的天赋指数为9，第一个人很勤奋进取，他也可以达到1万、10万，甚至更高；后者如很懒惰，那么他就会始终是9，当然，如果后者也非常勤奋努力，那他可能是9万、90万、900万，乃至无可限量。年轻的钢琴家郎朗，天赋极好，又超勤奋，才迅速由一块璞玉雕成美玉。看来，只要勤奋努力，人人都可以斩获不同程度的成功，但是天赋好的人更拥有先天优势，更可能创造奇迹。

天赋——卓绝资质、潜在基因、生来禀赋，所造成的人与人的原始差别迥异。高斯（1777—1855）3岁心算，莫扎特（1756—1791）5岁谱曲，白居易（772—846）6岁作诗，甘罗（约前256—？）12岁当宰相，便是例证。当然，如此天才，亦属罕见。

资质平平的运动员成不了体坛巨星，智力一般的学人难与大师比肩，莘莘工匠变不成巨匠，不能不说与天赋有关。不承认天赋，不是失察就是科盲。

对天赋无知、无视的教育生态，影响教坛很久，直到国家于20世纪八九十年代提倡素质教育，在世纪之交及以后的推进中，素质教育的深意逐步为人们认识，因材施教，开发个性，压盖天赋的巨石才渐渐被撬动起来。

四

值得一提的大突破，来源于美国学者的一大发现。

1983年，美国哈佛大学教育研究院的心理发展学家霍华德·加德纳（1943—）经数十载对多种人、多个领域的尖端探究，在教育理论前沿，放出了一颗巨型卫星——他的《智能的结构》，揭示了人有多元智能的理论学说，后又继续深索，提出了人有"八又二分之一种智能（包括语言、数理逻辑、空间、身体运动、音乐、人际、内省、自然探索智能，所谓'二分之一'是指加德纳后来又补充的'存在智能'）"的奥秘。①

多元智能理论明示：人的智能范畴各有差异，若用各不相同的尺子度量，几

---

① [美]霍华德·加德纳：《多元智能理论二十年》，载《人民教育》2003年第17期。

乎人人堪为聪明，个个拥有天赋，都能深造成才。如果能那样，教育就将达到第斯多惠提出的"每一个人都必须自我完善"的最高境界：所有借天赋优势发展壮大的独特的人，如同满天星斗，让人类社会奇彩纷呈，变成人尽其才、和谐完美的世界。

20世纪80年代，南方一省教委主任率团访问北欧，带两座奖杯，要赠送所访学校男女生最优者。当问"谁是最好的学生"时，校长、老师们面面相觑，无解。皆说，学生都一样可爱，一样优秀，只是各有其长：有语言能人、写作高手、画画天才、运动健将……奖杯终因选不到得主而"完璧归赵"。

一把尺子考量孩子，多数都是牺牲品；多把尺子度量孩子，人人都有华彩章。

霍华德·加德纳的重大发现，成功地破解了人类大脑的智能"黑洞"，以对智能全方位的开拓，构成对传统狭窄的"一元智能"观的强有力挑战，对人类探索已久的天赋论，给予了科学的卓有成效的诠释。这也为中国的素质教育，增添了一份强而有力的理论支撑。

至此，人类大脑多元智能的模块被激活了，中国的素质教育得到"强援"，以培育人才为导向的教育深度改革由此驶上快车道。人类潜能当如何加速开发，也揭开了开题序幕。当然，这一切尽在初始期，收官结题仍很遥远。

五

天赋是才智闪耀的前提——"缘起于天"。那"业成于人"的，则是孜孜矻矻的不懈进取和攀登。比如一把宝剑，材质绝佳，削铁如泥，然久久不用不磨，以致生锈，也就失去了锋芒。

后天自觉的磨炼和痴迷似的奋斗，方使杰出人才如群星璀璨。

教育者可以剖析一下人中翘楚的钱伟长（1912—2010）。

1931年夏天，19岁的钱伟长来到上海参加高考。他进清华大学时，身高仅仅1.49米（清华录取学生的身高底线为1.50米，对钱属破格），而且体测成绩奇差。经受入学"刺激",钱伟长开始于早于晚疯狂练身,两年后,竟以13.4秒的成绩获得100米栏项目全校季军,更因善踢足球,还代表中国远赴菲律宾参加了远东运动会,他的身高后来达到1.66米。

当初,钱伟长以"文史特长生"的资质进入清华。入学考试,他物理考了5分,数学、化学共考了20分,英文因没学过,0分。他本该被拒之门外。但是他文才超强。面对陈寅恪操刀出题的《梦游清华园记》,别人提笔托腮一筹莫展,他却用45分钟完成一篇450字的赋。语文,满分。

历史题出得偏门,要求写出二十四史的作者、注者和卷数。题目一揭两瞪眼,钱伟长却答得一字不差,钱门书香传家,伟长四叔,乃国学大师钱穆。历史,又是满分。

更大的意外还在后头。适逢"九一八"事变爆发,在极度激愤中,钱伟长无视"隔行如隔山"之大忌,毅然决然弃文从理,以入学物理考试仅5分的超低成绩,去清华物理系就读。物理系主任吴有训见其决心甚大,勉强允许他试读,条件是第一年期末考试成绩必须达到70分。自此,钱伟长踏上了横跨文理的逆袭之路,后终成正果,成为著名物理学家。

1946年,钱伟长辞别美国冯·卡门教授的研究所,回到清华大学担任教务长、副校长。1957年被打成"右派",度过二十七载漫漫日夜。

直到1983年,年过七旬的他再出山,履任上海大学校长。年岁愈长,修行愈深。他夙兴夜寐,竭忠尽智,硬是在一所百姓眼里的"四等大学",书写出最辉煌的逆袭传奇。

钱伟长之路,昭示多方启迪,留下幽邃思索。他天资卓越,却不依仗奇才,而是迎着身体的学业的一次次人生逆旅,无比顽强地从容抗争逆袭,扬长补短,睿智前行。不胜寸心,安胜苍穹?管控自己有办法的人,干事业自有妙法。钱伟长为世人提供了天生我辈必有才,"天生我材必有用"的活生生的标本。

六

人的天赋有差异,表现在天资的质地上。但是,倘若自恃天赋的资质而"荒于嬉",则必走向五岁能诗,荒时废学,终"泯然众人"的方仲永的悲戚。

差异构筑不成不可逾越的鸿沟,跨越天赋差异的路径是"勤",勤能补拙,业精于勤。

美国作家格拉德威尔在《异类》一书中推出"一万小时定律":"人们眼中的天才之所以卓越非凡,并非天资超人一等,而是付出了持续不断的努力。1万小时的锤炼是任何人从平凡变成世界级大师的必要条件。"即要成为某领域的专家,需要1万小时的打磨。这与中国古话"十年磨一剑"异曲同工。

日前,《英国皇家学会开放科学》杂志发文说,练习能让你变得更好,但别指望它能让你变得完美。勤奋练习并没想象中那么重要:造成良好的小提琴手与较差的小提琴手之间的差异的因素中,练习占26%。在造成运动员的表现差异的因素中,练习只占18%。这个说法"拆穿"一万小时定律的同时,也给出一个乐观结论:只要用心去做事情,我们都可以取得进步,只是不必给自己设定一个不可能达到的标准。

孔子的一生,践行"默而识之,学而不厌,诲人不倦,何有于我哉"[①]的周而复始的生活,活到老,学到老,铸成了华夏第一教育大师的历史雕像。与一生的勤奋努力相比,天赋宛若波涛,而努力则是一艘劈波斩浪的飞舟。在负载努力之舟的浪涛上,千帆百舸你追我赶,竞渡者方赢得"致良知",冲到真善美的潮头。

基于此种共识,人们对于天赋之才有了越来越逼近本质的透析。

蒲丰说:"天才就是毅力。"

歌德说:"天才就是勤奋。"

叔本华说:"天才就是忘我。"

[①]《论语·述而》,参见《论语 孝经》,蓝天出版社1998年版,第27页。

高尔基说:"天才就是劳动。"

木村久一说:"天才就是强烈的兴趣和顽强的入迷。"

鲁迅说:"哪里有天才,我是把别人喝咖啡的工夫都用在工作上的。"

黑格尔说:"最大的天才尽管朝朝暮暮躺在青草地上,让微风吹来,眼望着天空,温柔的灵感也始终不光顾他。"

大师们把道理讲清说透了,也用自己的事业和生命加以阐释。

米开朗琪罗视精雕细刻为最宝贵生命,牛顿不断思索描画了经典力学的骨架,无数次实验与无比艰辛的探索让居里夫人成了镭的"母亲"。钱学森、邓稼先、袁隆平等以无畏无我的全身心投入,挺起了民族的脊梁,也写就了令人仰止的大写人生……

他们和时代融合,和人类前行,和民族共进。在偌大背景之上谋划自己,设计自己,完善自己。

天赋决定能否不凡,奋斗方可达到极致。不怕不聪明,就怕不努力。

七

是的,既然每一个人独具特殊的智能,都是人才的坯子、待琢的璞玉,那么,教育者的天职就是:在深度开发自身,赢取人生出彩的同时,要引领每一个学子借梯登高,攀得更高飞得更远;自觉地发掘天赋的才智,并将成长和发展视作人生的永恒课题,在师与生、教与学交相辉映的成长里,实现生命的升华。

要将生命写成一首隽永、大气而凝重的诗。无论顺风顺水还是逆流逆袭,立意都要笃诚、豁朗、和乐、精进。诗行舒展熨帖,俯仰无愧天地,无虑世人品评,褒贬自有春秋。

要用生命绘出一卷静美、绚丽、奇妙的画。运笔出彩,泼墨有致,留白富于张力,耐得住品评,经得起推敲,余味无穷。

要让生命上演一出跌宕起伏的正剧。九曲八折,初心不改,左冲右突,心存良知,宛若穿行在长江三峡的一叶扁舟,绕着暗礁,迎着风浪,一程程追求对自身的超越。

哪怕把生命化作淡雅、松快的一篇散文、一个小品,也有板有眼,有情有义,不虚不玄,情趣盎然,学一株小草,根扎山野,栉风沐雨,乐迎缕缕朝霞,自放淡淡清香。

教育者怎样拧开学子生命活力的阀门?要学屈原的《天问》,自始至终叩问与回答人生三问:"我从哪里来?我要到哪里去?我究竟怎么走?"求索自己的教育使命与价值,对于个人生命叙事的主题,当尽早知晓,及早设计,用一生求解。

教育者应馈赠给学子怎样的心态?自信。"自信人生二百年,会当水击三千里。"自信,为人之魂,是思想解放、心灵觉醒、精神飞翔,是最大的软实力。自信虽不一定能斩获成功,但不自信本身就是人生的泥潭。亿万学子积蓄自信的能量,懂得自信来源于自强,自强来源于自省,自省来源于对周遭透彻的把握,以及巧借时势舞台的奋进,一步一步地变自信自强为一种优良习惯、一种优秀品行、一种高贵气质。

教育授之以渔的意义是什么?个性。着力发现个性,发掘个性,开采生命中个性的金矿银矿,以耸起生命发展的高峰。叮咛学子:当你的痴迷努力与你某一方面的超强天赋智能相互激发时,你的学习、生活、人生才会迸射出最绚烂的火花。

第五节　世育良才

一

天地有正气，杂然赋流形。天之赋在各个时期有不同的表现，天之赋的内容也在不断地发生着变化。

现代科技正使人类世界"天"的概念不断颠覆。登月以后，人类看了数万年的天，变为了宇航员们眼中的"地"。人类在宏观世界、微观世界、信息世界中的革命性进步，逼迫"天之赋"的定义与概念相应地做出改变。

2016年3月，屡获世界围棋冠军的李世石与机器人阿尔法之间进行了全球关注的围棋赛。

在走了36步后，李世石休息了一会儿，抽了支烟。他试图打破阿尔法围棋对各类数据以及以前比赛所获得的经验依赖。

人工智能不需要这样的休息和刺激。阿尔法围棋思考片刻后，将一颗黑子落在了棋盘边上的第五条线上。传统观点认为，围棋游戏布子一般都落在从外向内数的第三、第四条线上，为之后进攻棋盘中心部位而布局。

阿尔法围棋的这一步令人震惊，这是一个错误决定吗？

不是，它是阿尔法围棋独创的一步。事后证明，这正是阿尔法围棋控制棋局赢得比赛胜利的关键一步。

这表明阿尔法的人工智能系统有着很强的自创能力,它不仅模仿其他人类选手的下法,还在不断创新。人工智能的创新走法让人类学会了一种新的策略,给围棋这一古老的棋艺注入了新的活力。自那以后,人类棋手纷纷效仿阿尔法围棋的策略,以建立竞争优势。

2017年,人工智能利用机器学习技术分析了《哈利·波特》作者J.K.罗琳的七部作品之后,写出了"哈利·波特"系列的续篇。

2018年10月,埃德蒙·贝拉米的一幅肖像画在纽约佳士得拍卖行以43.25万美元成交。这一拍卖事件本身也许并不特别,但不同寻常的是,贝拉米是一个根本不存在的人物——这幅肖像画是第一幅被成功拍卖的人工智能画作。

伴随着互联网的快速演进,除了制造业,远程医疗、无人汽车、养老产业等都有可能被人工智能攻陷,国际知名分析机构甚至预测,在未来一段时间,欧美四成公司将会消失,并被人工智能所取代。

苏格拉底曾说每人都如"太阳发光",旨在说每位学生身上都有天赋,这意味着,基础教育的基本目标应是找到每位学生的天赋,并为他们的自我实现打基础,做准备。

教育的英文单词education是受苏格拉底的影响而发明的,是三个词根的拼写:"e"是向外的意思,"duca"是引导,"tion"是名词,引导出来。因此"教育"就是把一个人内心的天赋和热情引导出来。

爱因斯坦对此有精深回答:"我们都以为知识是最重要的,其实还有比知识和结论更重要的东西,那就是人的想象。"这种想象,包含着人的想象力、创造力、激情、生命冲动、革命精神、主观能动性和永无止境的好奇心。

教育的本质古今相同,人类思想的"天花板"似乎高耸。

只不过,面对时代的命题,一个人、一个民族的记忆当如何唤醒,得到逼近真理的认识,以便后来的践行少走弯路,少遭遇些尴尬?

可以预见,现在的学子、未来的主人翁将面对大量专业强大的人工智能,它们极为擅长解决那些依赖信息和逻辑的事情,比如处理法律文件和翻译。但它们却不具备沟通能力来协调各方,也没有足够的审美能力进行优美的散文翻译。

因此,人工智能时代的教育关键是把孩子培养成"一专多能"的人,"一专"指的是自己最有激情和天赋的领域,孩子能在这一领域成为顶尖人才。"多能"指的是创造力、审美能力、表达能力、合作能力等可以强化"一专"的多种能力。

天之赋,依然是教育的最终制高点,成为世界民族之间竞争的裁判。

二

良才,可谓栋梁之材,他们是人中精英、国之瑰宝、时代的骄子。他们似乎出于己,实则受之于天赋,育之于世间的能量。笔者曾仔细探究当世良才的产生缘由,发觉他们除了具备强大的基因背景,后天又独立好学之外,还拥有良好的教育生态:环境的熏陶化育、父母的言传身教、老师的因势利导和专家的高端引领。

良才借助教育潮而成长,驾着时代云而飞翔。一句话:良才凭世育,盛世育良才。

自古英雄出少年,当网络化、信息化的浪潮填补了求知的鸿沟,天才少年的涌现越发频仍,越发耀眼。穷经未必皓首,突破青睐少俊。

十几岁的毛头孩子就能成为大科学家吗?能!

生在美国阿肯色州的泰勒·威尔森10岁时,就成功地制造了一枚炸弹;14岁时,他建造了核聚变反应堆,还登上了科技、娱乐、设计大会(简称"TED大会")的演讲台,向坐在台下的那些世界顶级的科学家、企业家们介绍他设计的小型核聚变反应堆。此反应堆造价低廉,以废旧核武器的放射性物质为原料,可持续供能30年,能产生50兆瓦至100兆瓦的电力,足够为10万户家庭提供清洁能源。威尔森成了抱着改变世界理想的、全球最年轻的核专家。

无独有偶。美国马里兰州16岁的少年杰克·安卓卡发明了一种早期测胰腺癌试纸,实验准确率超过90%。与有着60年历史的酶联免疫吸附诊断技术相比，其速度快168倍，敏感度高出400倍，测试一次仅需3美元，且5分钟就知结果。这种神奇的试纸有望改写人类的抗癌进程。杰克坦言："没有互联网，我根本没法做出这些研究。"互联网对于他，无疑是一朵智慧无穷的巨大教育云。

天佑华夏，雏鹰高翔。在第二届世界顶尖科学家大会上，最年轻的一位科学家是来自上海华东师大二附中高一的谈方琳同学，年仅15岁。她的研究成果是斐波拉契数列与贝祖数的估计。她的研究项目第一次建立了斐波拉契数列和贝祖数的联系。作为应用，它解决了贝祖数的最佳上界和下界的估计问题，改进了加拿大数学家Rankin教授于2013年在《美国数学月刊》上给出的一个粗糙的估计式。

人才，显赫的奇才，超拔的英才，孕育于信息化云计算的时代，崛起在教育改革浪潮滚滚的当下。

三

在天赋与人为的同力合璧中，世间良才当有怎样品行呢？

首推守志不移。其志向饱含一片赤子情怀、一种使命担当、一流人生导向，让他们不忘初衷，守望信念，盯住目标，很有屈原"亦余心之所善兮，虽九死其犹未悔"的坚忍，此为发掘生命最大价值的定海神针。

当拥有多种才能，即批判性思维及敏锐的体察才能，手脑融通的创新才能，前沿研究领域的开拓才能，与他人的合作才能，能够在阿尔法连胜人类围棋冠军、医疗机器人4.8秒诊断100份病历且与名医的诊断结论100%相同的人工智能时代，善假于机，人机联袂，创生彼岸的旖旎风景。

当具有专注深索的美德、久久为功的竞争力。拒绝浅尝辄止，孜孜矻矻做学问，兢兢业业干事业，从系好人生的第一粒扣子，到站好人生最后一班岗，执着地守住最好状态的自己。

当有见贤思齐的渴念、海纳百川的气度。深悟天外有天，人外有人，水满则溢,月盈则亏,永远涵养一颗蓬勃进取的心,做到如马克思所赞美的那样:"最先朝气蓬勃地投入新生活的人,他们的命运是令人羡慕的!"①

当有澎湃的激情和随时迸发的灵感。激情是他们生命的燃料,灵感则是创造力的火花。发明测癌试纸的高中生安卓卡,叔叔和朋友的哥哥都因患上"癌症之王"——胰腺癌而去世,他寝食不安,突发奇想:"我想让这种癌症成为常规筛查项目,如果我可以发明一种试纸,让癌细胞在扩散前就能被检测出来,那就可以救人的命。"机遇是偶然邂逅的风景,绝境是必然突破的雄关。一扇科研之门,遂在灵感和奋斗中被叩开了。

四

良才是擎天石,教育是采石场。

凡具有战略眼光的国家,无一不聚焦教育,直面各国间愈演愈烈的人才竞争,致力于将培养本国人才和广纳天下人才相结合,以己之源,纳人之流,让大师导航,尖兵突进。

美国捷足先登,凭借丰厚实力,实施了咄咄逼人的人才争夺战略和英才培养战略。

英国不甘落后,将创造性人才培养理念贯穿国民教育的始终,并建立相应的课程设置和科学评估体系。注重人才培养的开放性,通过诸多措施吸引全球高技术人才。

日本一直将"人才立国"作为国家发展的基本方略。进入 21 世纪后,日本的目标由追赶世界领先水平转变为力争确保和站在世界潮流的前列,进一步加大了人才培养的力度。

韩国脚踏实地拼争着,在全国设立了 15 个"科学英才教育中心",对有发展潜力的学生进行重点教育培养,为国家科技发展储存后备力量。

---

① 《马克思恩格斯全集》第 1 卷,人民出版社 2017 年版,第 408 页。

被视为教育强国的芬兰，面向无法预料的未来，怀着民族性格里的强烈危机感和未雨绸缪的心态，提出了包括自我照顾及日常生活管理、多语言认读能力、信息技术能力、生活技能及企业家精神等"面向21世纪的核心能力"的命题，围绕这个命题设计多项教育改革，以让"教育跟得上时代"，实现"教育超级大国"梦……

在这里，该特别提及美国的天才教育，美国是世界上天才教育的最大实验地。

美国的天才教育起步早（始于1918年），动作大，研究深，效果显。他们对天才儿童的定义是：不仅智商较高、学业成绩优秀，而且具有知识面广、创造力强、领导才能高、思维活跃等多方面能力。这样的孩子不一定是全才，但至少基本具备了"天才"的素质。其立法规定：天才儿童有权利得到适合自己的教育服务。所有公立学校都设立了天才教育计划和天才教育项目，从教和研究天才教育的机构和人员也较有实力。美国希望努力挖掘学生的潜能，为国家培养一批又一批的创新型人才。

该国的天才教育实质是个性教育。《时代》杂志载文说，和想象的聪明孩子不用管刚好相反，智力超群的孩子（一般指IQ135以上，大概占学生人数的4%）也需要特殊教育，因天才儿童在童年期若得不到应有的特殊教育，长大后也会碌碌无为，甚至变成无法融入社会的"怪人"。

研究美国教育的蔡雅言举了一个有趣例子。

有个女孩被小学老师告知家长，说她无法集中注意力，可能患有学习障碍症。妈妈把女孩带到医院，向医生讲述她如何坐不住、上课不专心、作业从来没法按时完成等"病状"。医生听完后对女孩说："现在我要和你妈妈单独谈一下，你在房间里等着。"医生顺手将收音机打开，同她妈妈走出诊室。

出去后，医生对她妈妈说："我们就站在这里观察她一下。"只见，女孩跟着音乐跳起舞来。观察几分钟后，医生对她妈妈说："你女儿没病，让她去上舞蹈学校吧。"

这女孩就是吉兰·林恩,后来成为舞蹈家、著名音乐剧《猫》的编舞者。①

此案例的医生发现了女孩的潜能,比女孩的老师更适合当老师。也难怪美国的天才教育老师说,有时自己也会很不安,可能一不小心,孩子的创造力就会在不经意间被扼杀掉。美国天才教育的出发点是发现、发展孩子的个性,进而培养更多"中等以上的能力或智力、强烈的动机、具有高水平创造力的人"。这与我国教坛拴在应试战车上飞奔狂跑的学快班,云泥之别。

美国的天才教育中心关注从幼儿园到高中有天分的孩子,主要提供三类教育计划:暑期夏令营、在线教育、家庭学术计划。这就给少年提供了个性发展的土壤。各地还建立了加速教育和丰富教育相结合的天才学校和天才班。这种不折不扣的精英教育,让仅占百分之四五的优秀学生更优秀,造就支撑美国科技发展的精英,而让普通学生接受减轻压力、降低要求的普通教育,无可避免地沦为芸芸众生,两极分化的马太效应随之产生。

五

天才教育在我国,称之"英才教育",始于20世纪70年代。其标志是中国科学技术大学在国内率先建立少年班。

建该班的首倡者是美籍华人、美国哥伦比亚大学教授、诺贝尔奖得主李政道博士。1974年5月,再次回国的李政道基于祖国教育几乎停摆的状态和"早出人才、快出人才"的迫切需要,写了一份关于从少年人才入手,培养一支"少而精的基础科学工作队伍"的建议书,通过周恩来总理上报毛主席。同年5月30日清晨,毛主席在书房里接见了李政道,并很快切入了正题:"你提的培养人才的建议我是赞成的。"李政道非常高兴,他这份建议终于有了最权威的答案。国家把该建议交给中国科技大学去实施。

1978年3月,我国"第一个少年大学生集中培养基地"创建,首期少年班招

---

① 摘自《探秘美国教育》,载《文汇报》2016年8月26日。

生 21 人,平均年龄 14 岁,最小年龄 11 岁。1985 年,该校在总结少年班经验的基础上,针对高考成绩优异的学生,又开办了"教学改革试点班"。与此同时,北大、清华、北师大、复旦、上海交大、华中工学院等全国 12 所高校仿办了少年英才班。①1985 年 9 月 1 日,北京八中等一些中学,也陆续创办了超常教育实验少年班。

我国的少年班是针对早慧少年的一种特殊教育样式,是国人渴求良才追求科学的一个缩影。风雨前行四十余载,如今中科大少年班已经由当年几十人的一个班,发展成以"少年班"命名的有着 300 多人的学院,培养宗旨也由最初培养顶尖科学家转为培养各个领域的领军人物。

人们对创办少年良才班评说纷纭,莫衷一是,或肯定其因势利导,或斥之曰拔苗助长,少年班成了公说公有理婆说婆有理的问题。列宁曾说:"社会生活现象极端复杂,随时都可以找到任何数量的例子或个别的材料,来证实任何一种论点。"② 评价少年良才班也是如此,并无标准答案。但作为一项认真而深远的教改实验,其求索精神、践行模式、理念积淀、若干经验,无疑是举国育英才的宝贵财富。在东方的教育大国,进行此类育人实验,不仅是必需的,也是恰当的。

若问,中国的英才教育可否将美国的天才教育那一整套章程搬来?不可!"橘生淮南则为橘,生于淮北则为枳。"③ 任何一国看似行之有效的举措都不可以板块搬移、整体复制,因为"水土异也",不接地气,无法做到本土化,如同从胖子身上切下肉,不分青红皂白硬粘到瘦子的身上一样。各国特点迥异:国情的、民情的、世情的、文化的、思维的、政治的、经济的、传统的……其中,最重要的当属国情,国情永远是特色土壤,离开这块土壤,水土不服的顽症必然频发。

百余年来,凡不从我国实际出发,生吞活剥从外国舶来的概念、理论、做法,几乎无一不撞得"灰飞烟灭",有的盛极一时也终究偃旗息鼓,有的在摇篮里来不及发出一声啼哭就夭折。我国的大众教育注定在普及基础上育英,而绝不会

---

① 李政道:《少年班的建立和思考》,载《科学时报》2006 年 11 月 23 日。
② 《列宁选集》第 2 卷,人民出版社 1972 年版,第 733 页。
③ 许嘉璐主编:《文白对照诸子集成》上册,广西教育出版社 2006 年版,第 1092 页。

像美国那样,唯精英教育的马首是瞻。

鲁迅的《拿来主义》,阐释应该批判继承和借鉴文化遗产及外来文化。对外来的教育也应如此,借鉴其科学精神,吸纳其合理内核,一切都以能在我国教坛上落地生根为要,切勿做"美国引进,德国空降,芬兰进口,日本打包"的搬运工。

六

我们如何培育良才?

如果说,寥若晨星的少年班,是发现天才、培育良才的序曲,那么,1987年4月崭露头角的素质教育,则是以理念定调的世育良才的主旋律。

第一个提出素质教育的是柳斌。在中外教育激烈竞争的赛场上,他立于民族崛起与复兴,以及反对忤逆教育规律的应试教育的背景之上,经多次对比中外、剖析现状、瞻望未来,渐渐地,思路清晰了,连通了,坚定的结论随即推出:

……基础教育不能办成单纯的升学教育,而应当是社会主义的公民教育,是社会主义公民的素质教育。①

1987年4月,柳斌在教育部召开九年义务教育各科教学大纲统稿会所做的《努力提高基础教育的质量》讲话中,首次把"素质"和"教育"两个词搭配成一个新的词语:素质教育。

这绝非一般性的词语,它为国育良才明晰地竖起全新的坐标系。这是一种前瞻性教育思想的浓缩,是教坛上一个具有里程碑性质的构想。"素质教育"三十余载,已推演出逐渐深化的系列长剧,即经过从1985年至1993年长达8年的自由讨论,再经过1994年到1998年长达4年的实验推广,又经由1999年到今天的全面普及,由党和国家发正式文件在全国范围内全面实施②,成为国家

---

① 柳斌:《努力提高基础教育的质量》,载《中国教育学会通讯》1987年第5期。
② 柳斌:《新时代,把素质教育进行到底》,载《中国教育报》2018年9月19日。

意志,成为教育改革的主题词。

素质教育有三个要义:一是面向全体学生,二是使每位学生全面发展,三是使每位学生得到主动、生动活泼的发展。什么是素质? 2006年《素质教育调研总报告》中诠释:"素质即人所具有的维持生存、促进发展的基本要素。它是以人的先天禀赋为基础,在后天环境和教育的影响下形成并发展起来的内在的、相对稳定的身心组织结构及其质量水平,主要包括身体素质、心理素质和社会文化素质等。"讲得很到位,天之赋为基,后之育成型,全人化的综合质量达标。

表层次看去,素质教育所针对和抗争的是应试教育,把广大学子从摧残身心的应试轨道上解放出来,将中国教育办成有灵魂有智慧的教育。

深层次剖析,素质教育是立于国际上科技竞争白热化、知识经济凸显化、教育挑战严酷化的大历史背景之上,中华民族为追赶世界先进教育而做出的战略选择和精准反应。它所蕴含的深远意义与巨大价值,只有越过更辽远的历史时空,透过一番番人才质量的角逐,领略决定中国和世界命运的一个个惊心动魄的瞬间,方可以更清晰更确切地显现出来。

让我们从如下视角看其端倪:

透过大时代的视角,看国与国的竞争,聚焦在科技前沿;科技前沿的竞争,聚焦在领军人才;领军人才的竞争,聚焦在教育的核心理念。日本较早提出了"国际人"的人才培养要求,提出为培养具有国际社会生活能力的日本人,应加强国际理解的教育。西方教育先进国家的孩子,基本在独立、自由、民主、好奇、想象、怀疑和批判的氛围中生长,创造性人才不拘一格,竞相辈出。而我国教育呢,长期拥挤在应试之路上,在"流水线"上按部就班地培养规格相同的"产品",从幼儿始就一步步丧失了质疑、批判、求异、发现、创造——人之所以为人的本质精神,我们的育人过程是塑造,像雕工那样按自己的意愿对学子自外至内地精雕细刻。教育理念源头的差异,造成了教育结果的大相径庭。而素质教育顺应学子的自身潜质、智能、兴趣,促进其自由、主动、舒心地发展,可谓取长补短。

透过文明史的视角,看人类文明的进化,可以洞悉:科技进步、生产力发展、物质文明的飞跃,往往与人类的教养提升、思想解放和精神文明的闪光互相作用,后者乃是前者的驱动力。然而,自冷战开始的70多年以来,伴随世界格局的流变,科技的迅猛发展反而带来道德的急剧滑坡,物质的繁荣加剧了精神的失序,抢掠自然资源导致了环境的恶化,一把发展的双刃剑高悬于人类的头顶。英国历史学家汤因比说:"自从人类在大自然中的地位处于优势以来,人类的生存没有比今天再危险的时代了。"他主张中国古代儒家的仁爱"是今天社会之所必需"。①20世纪80年代末,西方75位诺贝尔奖获得者在一次集会后发表的宣言中认为,如果人类要在21世纪继续生存下去,避免世界性的混乱,就必须回首2500年前孔子的道德智慧。②面对这样的共识,我们当从素质教育启航,以中华传统文明优秀的人文底色,做强我们的民族基因,修复道德元素,创造文明、正气、和谐、民主的美好气象,给世界各国人民以求进之路、希望之光。

  透过人才学的视角,看一个人的人格生成,则不难发现:先是学知识,"性相近,习相远",知识能改变人生的命运走向;继而将知识转化成智能,"君子学以致其道"③,"行有余力,则以学文"④,"学"知识就是为了"行","行"比"知"前行了一大步;再是将智能修炼成更为完整的终身受益的内在素质,达到"君子不器"⑤"知者不惑,仁者不忧,勇者不惧"⑥的境界。智能是人才在某一些方面的外在彰显,素质则是人才的主体与内核。我们以往的教与学乃至中高考,侧重点基本上是知识,最多是对知识的阐释,亟待对其内容和形式深入改革。当下和未来的社会需要高智能、高素质的人才。从知识—智能—素质,这三级提升循序而进,学识内化,潜能发掘,人格升华,每一步位移都是一场质的飞跃,都是更逼近教育本质和人才成长规律的伟大行进。

  透过教育现代化的视角,看厚重的传统教育资源必将发挥的奠基作用。中国的教育现代化,沿着中为源、西为流的"融合创新论"的方向前行,它不是"东

---

① [英]汤因比:《展望21世纪——汤因比与池田大作对话录》,苟春生、朱继征、陈国梁译,国际文化出版公司1985年版,第390页、第425—426页。
② [新加坡]吴德耀:《古今人对孔子的评价》,载《走向世界》1989年第5期。
③《论语·子张》,参见《论语 孝经》,蓝天出版社1998年版,第69页。
④《论语·学而》,参见《论语 孝经》,蓝天出版社1998年版,第9页。
⑤《论语·为政》,参见《论语 孝经》,蓝天出版社1998年版,第12页。
⑥《论语·宪问》,参见《论语 孝经》,蓝天出版社1998年版,第54页。

方文化派"之推进,更摒弃"全盘西化论"之展开。作为教育现代化理念引擎的素质教育发展至今,践行推进中总体上不尽如人意,教学目标囿于对知识技能的盲目追求,以分数为本尚未根本改变,导致了学生的学习、创新、生存、心理素质等多种能力还很匮乏,发展学生的核心素质,亟待在广深处下大功夫。风物长宜放眼量。不难看出,发掘中华教育传统资源之原动力,使符合国情、教情、学情的素质教育落地生根,让中国教育彻底旧貌换新颜,需要全民族做长期性、艰苦性的准备,做出不屈不挠的努力。

七

可以说,素质教育打开了中国教育的玄牝之门。

教改号角四起,名师群起,名校纷现,是其象;教坛冲出思想牢笼,以创新行动探路,是其势。新课程改革、新基础教育实验、新教育实验则是素质教育具有代表性的攻坚团队,其势浩荡,其流汹涌,素质教育激活了国育良才的一江春水。

课程如一扇大门,也似一条跑道。

卓越课程造就卓越学生。21世纪之初,我国基础教育课程改革全面启动,制定课标,开发教材,点上实验,面上推广,我国学校课程史上,第一次出现了必修课、选修课与活动课的"三大板块",实行国家、地方、学校三级课程管理,增强课程对地方、学校及学生的适应性,旨在立德启智树人——学校无闲课,课课都树人;师者无闲人,人人都树人;教育无闲时,时时都树人——让师生的生命过得鲜活、丰盈、完整、幸福。

吉林省第二实验学校在素质教育"潜能理念"的引领下,形成了以"成长是快乐的、成长是自主的、成长是互动的、成长是超越的"为主题的课程体系。

在江苏省海门市(现为海门区)东洲国际学校,笔者被副校长陈铁梅"一棵长大的树"的校本课程深深吸引。围绕着给校园里种植的五六十种花木——命名和挂上说明牌,师生们通过观察、识别、查阅、写作说明、制作铭牌、审美挖掘等一系列课程研发之旅,伴随着"生活创造教育"的理念奏响了美妙韵律。

活动是历练场,更是成长地。

一个个兴趣小组,一次次社会实践,一场场个性展示活动,让学子们走出书斋,激活了多元智能,走向陶行知的"六大解放",一步步完成创造型人生的蜕变。

作为素质教育的一面旗帜,新教育实验探寻并开创了"晨诵、午读、暮省"的儿童生活方式。它聚焦每日早午晚三个时间节点,将仪式感融入学生们朝气蓬勃的学习生活。

晨诵,是用一首诗擦亮每个日子的清晨,开启孩子们文化生命的黎明,拉开一天生活的金色大幕,使其渐而养成与黎明共舞的生活方式。曙光初上,气畅神爽,心智饱满,灵感飞动。在此美好的时刻,用自读、齐读、领读、诵读、背诵等方式,让古典诗词、现代诗的清词雅韵、诗情画意,从生命的黎明穿越,唤醒灵魂,涵养身心,储存知识,充实智慧,领略乐感,滋生神圣,真乃荡气回肠般的大美大乐。

午读,是让学生们阅读符合年龄阶段的书籍。低年龄段孩子在阅读的同时,把故事画下来,把心得写出来;大一些的学生增大阅读量;更大一些的学生要通读整本书。午读自有无穷乐趣,翁森在《四时读书乐》中就说:"读书之乐乐何如,绿满窗前草不除。""读书之乐乐无穷,瑶琴一曲来熏风。""读书之乐乐陶陶,起弄明月霜天高。""读书之乐何处寻?数点梅花天地心。"

暮省,是"吾日三省吾身"[1]的体现。新教育提倡的"暮省",要学生们每天完成学业以后,思考、梳理与反省一天的学习生活,用随笔、日记等形式,记下生活剪影,更有对剪影的追问与思悟,对生活的过滤和经验的吸纳。毕竟,"一个未经省察的生活是不值得一过的生活"[2]。

就像这样,学生能力的历练、心灵的成长,寓于丰富多彩的活动之中。

---

[1]《论语·学而》,参见《论语 孝经》,蓝天出版社1998年版,第9页。
[2] [古希腊]柏拉图:《苏格拉底的申辩》,吴飞译,华夏出版社2007年版,第131页。

个性是灵性之根,智能之源。

"人的天性各不相同,有很大的差异性。有的人可以鸟瞰,甚至融会贯通整个课程,而另一个人可能发现一些不相干的例证。""在教育中如果排除差异化,那就是在毁灭生活。"① 发现和发掘学生的天赋和个性,使其得到主动、生动、能动的发展,即是素质教育的精髓。顺应个性的情势,打开兴趣的阀门,顿有想不到的奇妙。如今,应试教育概不过问的死角冷地,渐变为先驱者开拓的热土。

在江苏省泰兴市新街小学的学生成长手册《缤纷童年》封底中,一首小诗耐人寻味:

> 小草,
> 有小草的清香;
> 玫瑰,
> 有玫瑰的芬芳;
> 大树,
> 有大树的梦想;
> 蜻蜓,
> 有蜻蜓的方向;
> 小草、玫瑰、大树、蜻蜓……
> 我们不一样,
> 我们都很棒!

东北师大附属幼儿园园长张向葵提出这样的办园理念:葆有天性,启蒙心性,注重个性,三性并茂,阳光生命。山东省安丘市实验小学开展顺应天性、张扬个性、激发灵性的"三性"教育课程,给孩子们一个多彩的童年。

进入教改深水区的北京十一学校,在开发学生个性上走得更远。2017 年

---

① [英]怀特海:《教育的目的》,庄莲平、王立中译,文汇出版社 2012 年版,第 13 页。

9月开学时,全校4359名学生,就有4359张课表,每一位学生通过学校开发的268个学科课程、30个综合课程和70个职业考核课程,形成了不一样的学习路径和成长路径。那一年400多位学生参加高考,他们报考的志愿不再聚集在20%的热门专业,而是涉及80%的大学专业领域。校长李希贵为此欣慰:"我们的学生慢慢找到了他自己,慢慢唤醒了他自己,慢慢开始走向了更加适合他未来潜能的专业之路……"①

自主是学习常态,是发展灵魂。

培养创新精神和创新能力,最要紧的是哪个环节?是学生的自主意识、自主参与、自主学习、自主管理、自主发展。"一切真正的教育从经验中产生,一切学习都来自经验。"②经验是自身践行的感悟。因此,学习不可依赖,成长不能包办,发展不容塑造。学习的终极目标,是发展以精神气质、思维品质、心理素质为核心的人的整体素质,造就强大睿智的大脑。素质教育的实践将培育良才的课题推到了每一位学子的面前,务必一一作答,不允许南郭处士的滥竽充数。这凸显了素质教育的内在张力。

素质教育先行者魏书生,一向致力于学生的自学能力、自我教育能力和自主发展能力的养成,让学生拥有通向21世纪的个人"护照"。民主平等成了他教育教学艺术的核心,创造自由宽松活泼的气氛成了他教书育人的特色。他班里学生的特别之处是找回了真实的自我:学趣盎然,谈吐儒雅,举止自律;课上忽而眉飞色舞,忽而屏息凝神;课下个个兴趣广泛,人人心忧天下。

共育是呈现形式,也是提升路径。

素质教育犹如一张大网,学校家庭社会、师生家长民众均在其中,不可游离其外。问题孩子的背后是问题家长,社会大气候的优劣影响校园小环境的好坏。这样产生的蝴蝶效应,使素质教育的舞台与深广的背景密不可分。育人须合力,合力共育人;育人先育己,育己好育人。此乃素质教育推而广之的深一层意蕴,

---

① 李希贵:《用教育的智慧和艺术跟学生平等对话》,载新华网2017年10月22日。
② [美]杜威:《民主主义与教育》,参见《杜威教育论著选》,赵祥麟、王承绪编译,华东师范大学出版社1981年版,第350页。

即辐射全民族的深广性。

　　家庭、学校、社会是巨大的能量场。新教育实验通过家校联动的机制,将家校合作共育列为一项重大行动,视其为学校文化建设和制度建设的重要内容,意在通过亲子共读、新父母学校、家校合作委员会等形式,建立新型的家校合作共育方式,利用社会多种资源服务其中,努力挖掘各方面的潜能,让家庭和社会深度参与到教育之中,家校社一体,家校社共赢,为学生的成长创造振翅翔舞的广阔天地。

　　山西省绛县新父母学校一点一滴地汇聚力量,以阅读为经线,以家教为纬线,以心灵唤醒心灵,以阅读影响阅读,因读而聚,因爱而行,因智而强。

　　江苏省海门市"智慧父母研习坊"培训出一批批足够好的父母,他们用心梳理自己孩童时的经历,发现孩子养育过程中的问题,化解成长过程中出现的矛盾,实现精神生命的二次发育。

　　南京市芳草园小学的一位家长与儿子共同写日记,发现儿子做事丢三落四、虎头蛇尾,便毅然做出决定——戒掉抽了28年的烟,要给儿子做个榜样,让孩子学会坚持。儿子每天坚持跳绳,父亲坚持戒烟,父子互相监督、激励。经过一个半月的努力,父亲戒烟成功,儿子毅力骤增,责任心、上进心大长,跳绳也从一分钟跳100多次增到280次!

　　30多年来,素质教育主旋律几番震响,几番低回。原来持怀疑目光、旁观神色乃至反对白眼的渐渐驻足转向,如梦初醒,认识到这才是树人正路、育才通衢。

　　各级政府一再发布政令,为实施素质教育扫清种种沟坎路障,求得新时代教育的涅槃重生。

　　各级教育行政部门和学校再出发,怀揣转型心智,努力探索新路径新举措。包括中考高考改革、减负举措、均衡发展在内的诸项攻坚克难的改革,正紧锣密鼓地走上台面。

　　万千教师的综合素质与日俱增,前沿的先行者已经剑指STEAM教育(集科学、技术、工程、艺术以及数学多领域融合的综合教育,致力于孩子终身的、整体的、综合的面向未来的教育）、创客教育等世界公认的良才培养样式。

综上所述，素质教育的先头团队和探路者们正在打出一套开发潜能、尊重个性、强化素质的培育英才组合拳：

从源流上——先天的遗传基因和后天的教育生态一起抓；

从个体上——智商和情商、潜能和显能一起抓；

从路径上——传统秘方和当代妙法一起抓；

从时空上——学校教育和家社教育一起抓；

从学法上——学和悟、动脑与动手、线上与线下一起抓；

从课题上——处女地的挑战性课题与司空见惯的棘手难题一起抓；

……

八

自然，世育良才之路并不是径情直遂的。

庄子在《至乐》中，借孔子之口讲述鲁侯养鸟的寓言，说从前有只罕见的海鸟落在鲁国之郊，鲁侯将它迎进庙里，献酒给它饮，奏乐给它听，摆上牛羊肉给它吃。不出三天，海鸟死去，问题在于"以己养养鸟也，非以鸟养养鸟也"，即按自己的生活习性来养鸟，不是按鸟的习性来养鸟，"己之所欲，施之于人"岂能行得通？"夫以鸟养养鸟者，宜栖之深林，游之坛陆，浮之江湖……"庄子的意思是，养鸟当遵循鸟的习性，让鸟儿栖息于深山老林，游戏于水中沙洲，浮游于江河湖泽……

当下教坛，鲁侯式破坏天赋天性的教者还少吗？有多少幼儿园忤逆幼儿身心发展规律，办成了扼杀孩童天性的学校？有多少"快速学习班""超级学习班"丢弃具象直观、寓教于乐的学习方法，办成了大搞题海战术的刷题班？

再看一些学校发掘天赋的少年班，开始还不失为兴趣班，继而演化成超常班，再发展就成了拔苗助长的应试快班，与培育英才的初衷渐行渐远，"以至于忘了为什么而出发"。至于为了中考高考而无限制地超前赶课、反复苦练，从而扼杀学子的智能与兴趣的问题，更不待说。人们不禁忧思：今日的优秀学生和未来优秀学者之间还有多少必然的内在联系？

回到家庭，鲁侯式的家长还少吗？无视孩子天性、情趣的实际，一味盯着、模仿社会上冒出的特例典型，如郎朗模本、丁俊晖模本、"虎妈"模本、马云模本等，自己乱了方寸。更有人迷恋种种反教育的"育子创新术"，如针对低龄儿的"量子波动速读"，疯传培训一目千行（1分钟读10万字）、过目不忘的本事，虽花3万~4万元的培训费也值。掏！为将孩子育成天才，一些家长焦灼得近乎疯狂：在课下，在节假日，在寒暑假，不顾孩子兴趣意愿，将其送入一个接一个超常班里，像投入洗衣机滚筒里的衣服，身不由己，高速旋转，弄得孩子不像孩子，父母不像父母，可怜，可叹！这些人该多学学柳宗元笔下能顺应树木天性种树的郭橐驼！

据报道，一位综艺节目女主持人公开了女儿的业余课程表。她就读于北京"星二代"扎堆的德威国际学校。学校每年不光收学费25万元左右，还要收10万元以上的马术训练费。除了学校的正常功课以外，孩子的课余时间也都被各种兴趣课安排得满满当当：周一、周五学钢琴，周二学织毛衣，周三学文化课和瑜伽，周四学国际象棋，周六学书法，周日学大提琴和油画……如此富养的女孩让其母亲发出"我985毕业，比不过一个小学生"的感慨。然而，这种贵族式教育没有普及性暂且不论，就天赋的开发而言，是否合乎教育的真髓？是否将有限的时空聚焦孩子最为核心的智能？将各种兴趣课走马灯似的安排，不留自由发展个性的时间，就这一点，就堪称大问题！

早早对选拔出来的"天才儿童"加以过度开发好不好？孔子的话可视为回答："无欲速，无见小利；欲速则不达，见小利则大事不成。"①

---

① 《论语·子路》，参见《论语 孝经》，蓝天出版社1998年版，第49页。

第六节　时造英才

一

奥地利著名作家斯蒂芬·茨威格（1881—1942）纵目人类发展长河中伟人的力量时感悟："在一个民族内，为了产生一个天才，总是需要有几百万人……诚如在艺术上一旦有一个天才产生就会流芳百世一样，这种具有世界历史意义的时刻一旦发生，就会决定几十年和几百年的历史进程。"①

据悉，在第二次世界大战时，一个记者问英国首相丘吉尔："莎士比亚与印度哪个更重要？"印度当时是英国在海外最大的殖民地，人口最多，土地最广。丘吉尔首相的回答却是："宁可失去50个印度，也不能失去一个莎士比亚。"此回答表明：作为国之倚重、民族名片的文化巨匠，对于一个国家、一个民族有着无法估量的价值。

若问，伟人、巨匠、大师对国家和民族有着怎样的影响？

英国大哲学家罗素曾经说："同属于公元前6世纪的老子和孔子，早就具有

---

① [奥地利] 斯蒂芬·茨威格:《人类的群星闪耀时》,舒昌善译,生活·读书·新知三联书店1986年版,序言。

了我们今天看到的现代中国的特征……在现阶段,我不认为科学能够完全解释国家的特征。气候和经济条件可以说明部分问题,但不可能说明整个问题,也许在很大程度上,取决于恰好在开创年代临世的卓绝人物的个性,比如像摩西、穆罕默德和孔子那样的人物。"① 诚哉斯言!

一个民族的精神高度,是由这个民族的伟人、巨匠、大师支撑起来的。

一个民族的生命气象,也是由这个民族的伟人、巨匠、大师所代表的。

一个民族的审美疆域,还是由这个民族的伟人、巨匠、大师所拓宽的。

一个民族有无这样的伟人、巨匠和大师,是这个民族是否成熟,是否荣耀乃至是否拥有深厚原动力、旺盛生命力、强大发展力的标志。

国家崛起、民族精进、社会攀升靠巨擘英才——伟人、巨匠、大师的引领,靠他们的大智慧导航。

朱熹曾如是表述其理:"天不生仲尼,万古长如夜。"②

中华文明创造了绵延五千多年不曾断裂的世界奇迹,中流砥柱式人物的世代传承是其中一因。环顾周边,一些古老国家文明的沉沦,很重要的原因是缺少思想、德性足以传世的伟人、巨匠和大师。如古埃及文明、古巴比伦文明、古印度文明等,代表人物一旦断流,文明随即断裂。

如此大才之人该如何解读?

天生其才,天赋其能,大展其翼,高翔其心。

《史记》记述孔子问礼于老子后的情景,孔子这样向弟子们描述老子:"鸟,吾知其能飞;鱼,吾知其能游;兽,吾知其能走……至于龙,吾不能知其乘风云而上天。吾今见老子,其犹龙邪!"孔子把老子比喻为龙,而且有一种神龙见首不见尾的感觉,可见孔子对大才的老子是何等的钦敬与尊崇。

---

① [英]罗素:《中国文化与西方文化的对比》,蓝仁哲等译,参见《人类的声音2——世界文化随笔读本》,商务印书馆2003年版,第288页。
② 朱熹:《朱子语类》卷九十三,王星贤点校,中华书局1986年版,第2350页。

二

在人才的梯级上，人才是总的概念，其中在某一方面怀有超凡智能与技艺的人为良才，天资颖慧、能力卓绝的良才为英才，在国家、民族某一领域具有开创性贡献的英才为大才。大才是拥有非凡的人格魅力、智能结构故能有非凡影响的人。

若问，作为杰出人才的英才对产生大才有怎样的价值？

九尺之台，起于累土。在人才的金字塔上，塔基深厚而坚实，塔身便雄健而牢固，塔顶方挺拔而高耸。层层衔接，柱柱贯联，横向互依，纵向相撑，天衣无缝，浑然一体。

位于人才之塔塔顶上的伟人、巨匠、大师，虽然不失为天纵之才，却也不是无本之木、无源之水。他们的出现并非完全无迹可寻。大时代、大变革是他们产生的温床，前赴后继的良才英才是他们坚实的根基。

君不见，经过"初唐四杰"对骈文、诗赋创新性改造，一扫唐以前萎靡浮华的文风，为盛唐的诗歌高峰鸣锣开道，方有"李杜文章在，光焰万丈长"的辉煌胜景。

君不见，所有的大才无一不是借力于广大的良才、英才的奠基性的探索和贡献。牛顿曾说："如果说我看得比别人更远些，那是因为我站在巨人的肩膀上。"释迦牟尼的很多佛心法，来自对印度其他教派思想的改造。即使平民百姓的智慧，也不失为大才产生的土壤。蒲松龄在故里的一株大古柳下，置放坐凳茶水，专请当地农夫或贩夫路人为他讲述狐妖鬼怪的故事，才成就了这位寒儒的传世名著《聊斋志异》。

君不见，我国的湖南、皖南、苏南的"三南"人才带，可谓"星汉灿烂，若出其里"。湖南在清末有曾国藩、胡林翼、左宗棠等一辈枭雄，在民国出黄兴、宋教仁、陈天华、蔡锷等一流英才，"五四"后涌现出毛泽东、刘少奇、蔡和森、任弼时、彭德怀、贺龙、胡耀邦等一代风流；皖南的徽州"五四"后有胡适、陶行知及当代的江泽民、胡锦涛等杰出人物；苏南孕育出周恩来、张太雷、恽代英、瞿秋白、叶圣陶、华罗庚、茅以升、梅兰芳、柳亚子、朱自清、徐悲鸿、刘海粟等人杰。这些人才自有厚重的思想文化积淀,也得益于本地的文明厚积、人心向上。

"人才带"现象启迪我们:人才有根有基,有传有承,代代相随。不同层次的人才相互启动、激发、提携、共进,如大星、中星、小星那样星光互耀辉映。

少之又少的天纵之才,似乎可遇而不可求,但也离不开本土文明的滋养、前人同辈的提携,以及时代风雷的砥砺。

三

20世纪30年代,研究中国科技史的英国著名学者李约瑟(1900—1995)在他编著的15卷《中国科学技术史》中,提出这样一个问题:"中国古代对人类科技发展做出了很多重要贡献,为什么科学和工业革命没有在近代的中国发生?"1976年,美国经济学家肯尼思·博尔丁称之为"李约瑟难题"。此道跨越漫漫时空的难题,如巨石坠水,激起各方人士的长期争辩。

无独有偶。同样是对中国科技与人才忧思关注,2005年7月29日,科学泰斗钱学森对前来探望他的温家宝总理道出心里话:"没有一所大学能够按照培养科学技术发明创新的模式去办学,没有自己独特的创新的东西,老是冒不出杰出人才。""为什么我们的学校总是培养不出杰出人才?"即是著名的"钱学森之问"。

李约瑟难题,折射出近代中国政治腐朽、经济衰败、科技落伍、国人沉睡的惨状。与古代中国之光彩相对比,隐隐透露出李约瑟淡淡的忧伤。

钱学森之问,叩问的是当下中国教育的弊端隐痛。此为大科学家的警世真言、良知良觉。

若问,"钱学森之问"透露了怎样的天大忧患?

钱学森着眼高校,实则涉及整个教育,触及中国教育最为焦虑的几大核心问题:教育的模式与路径,教育的守正与出奇,教育的规律与成果。

我国教育长期以知识灌输为主(至今在幼儿园、中小学至大学仍广为应用),学校沿用着上课、作业、复习、测试的模式。而欧美一些学校却已走进科学园区,在培养创造性人才的路径上实现突破。

据教育学者杨东平讲:美国的高中 high tech high (HTH),是美国公立的特许学校,完全从社区当中招生,实行完全的项目制学习,没有分科教育,它的学生都受到研究型大学的高度欢迎。这所学校的学生,从初一到高三都在做真实的项目,不断解决问题。学校里有工厂、实验室、车间,看不到正常的教室。全球化时代的大学,著名的 Minerva 大学,在旧金山租了一栋公寓,所有的资源都是共享的。该校的学习计划是:第一年在旧金山学四门方法论的课程,每个学期到世界上一个不同的国家,以社会为课堂进行深度学习。①

笔者查询了 2007 年建在阿联酋首都的纽约大学阿布扎比分校。该校每年面向全球招收 150 名学生,录取率仅有 0.9%,远低于哈佛大学 7% 的录取率,成为世界上最难进的学校之一。

该校最大特色当属进行与世界连接的全球教育,每一位阿布扎比分校的学生,都至少有 5 次去海外读书的机会。每年有一个月,学生可以在纽约大学 16 个教学点中任意选择一个,参加为期 3 周的特别课程 J-term。此外,该校学生还可以至少在海外学习一学期。核心课程的目的是希望学生能够深入探究人类、社会和自然世界中经久不衰的问题,以此培养思想和探求知识的技能。像这样培养特色人才的实验学校,在欧美有不少,当然,此类学校的一些实验缺乏普及价值。

为什么我们"老是冒不出杰出人才"? 12 载寒窗苦读煎熬之后,学习兴味大减,深造意念衰微,恢复高考以来的 3300 名高考第一名无一成为大师级人物,即与此相关。

诺贝尔奖的数量,可以检验学界学术贡献的质量。该奖自 1901 年首次颁发,截至 2018 年 10 月,共 908 次授予个人、27 次授予团体。而在全球诺贝尔奖

---

① 杨东平:《面向未来的学习》,2019 年 11 月 16 日博鳌教育论坛。

获得者最多的 30 所大学里,从第一名的哈佛大学 158 人获得,到末尾的曼彻斯特大学 25 人获得,尽为美、英、德、法、丹麦、瑞士六国包揽。

难怪,钱学森那么焦灼地聚焦拔尖人才的培养。教育者须将"钱学森之问"铭刻心上。

四

荀子(约前 313—前 238)在《劝学》一文中写道:"积土成山,风雨兴焉;积水成渊,蛟龙生焉。"说的是高山兴起风雨,深渊生出蛟龙。良才、英才、大才所凭借的高山与深渊是什么? 在大背景处突起,是大时代使然。

若问,大时代与天才的产生有着怎样必然的联系?

20 世纪的德国著名哲学家卡尔·雅斯贝尔斯,终生凝视着流过人类文化的万古江流,以"轴心时代"来划分人类的文明。

在"轴心"突破之前,世界各地的人类都曾有过一个"史前时代",人仅仅浑浑噩噩地为活而活,既无历史意识,亦无超越尘世的人生意义的追问;人之异于禽兽,只是在于掌握了使用火的能力。因而雅斯贝尔斯称史前时代为"普罗米修斯时代"。①

在公元前 6 世纪前后,中国的孔子、印度的释迦牟尼、古希腊的苏格拉底、犹太的以赛亚以及古希腊的毕达哥拉斯诸贤几乎同时现身。卡尔·雅斯贝尔斯称这个时代为"历史上的轴心时代"。他在《历史的起源与目标》一书中认为:"人类的精神基础同时在中国、印度、巴勒斯坦和古希腊开始奠定,而且直到今天,人类仍然附着在这种基础之上。"

人类经历了"轴心时代"的突破之后创造了灿烂的文明,并由此分化衍生出后世的各种文明形态。之所以冠之以"轴心"二字,是因为这"第一次突破"是人类历史的重要转机。中国文明、印度文明、犹太文明和希腊文明等几大文

---

① 许倬云:《中国文化与世界文化》,广西师范大学出版社 2006 年版,第 111 页。

明的诞生,基本上奠定了人类文化的基本面貌与世界历史的方向。①

"轴心"时代,是世界范围的大时代。就一个大地域、一个国度而言,大都也有历史进程的大时代,呈现"厚积"而"薄发"的特点、人才辈出的景观,这得益于那个时代的时运大交移、生产关系大变革、精神大觉醒等动因。如我国汉、唐时期,欧洲文艺复兴时期等,涌现出思想宗师、文学大家、艺术巨匠等方方面面的天纵之才,这是大时代的必然结果和丰厚馈赠。

五

在西方音乐史上,莫扎特被称作天才作曲家。歌德称赞他是"神的创造力在人间的化身"。爱因斯坦认为"贝多芬创造音乐,但莫扎特的音乐是如此纯净,好像早已存在于宇宙当中,等待主人去发现"。莫扎特的崇拜者们说,整个18世纪,只有莫扎特配得上"上帝钟爱的人"这个称号。莫扎特自己呢,则感慨万千,不以为然。

若问,除了借助大时代的舞台外,英才的出现究竟与哪些因素有着必然的联系?

以莫扎特一例剖析,有如下几大因素:

天赋为根基。莫扎特4岁时就能聚精会神地趴在五线谱纸上作曲。6岁在父亲的带领下到慕尼黑、维也纳、普雷斯堡做了试验性的巡回演出。1763年6月至1773年3月,莫扎特与父亲先后到德国、法国、英国、荷兰、意大利等国进行为期10年的旅行演出。

生态有沃壤。莫扎特生于奥地利的萨尔茨堡一位宫廷乐师的家庭,父亲是那座城中宫廷天主教乐团的小提琴手,也是一位作曲家,母亲热衷于音乐并会拉大、小提琴。莫扎特耳濡目染皆是音乐氛围。自然,更万万不能忽略时代造就人才的大环境。

---

① 许倬云:《中国文化与世界文化》,广西师范大学出版社2006年版,第112—113页。

赏识引来导向。赏识者即伯乐。当发现4岁儿子写在纸上的歪七扭八的音符时,细心的父亲立刻感到这张乐谱不一般,相信儿子将成为一名出类拔萃的作曲家,便开始指导莫扎特作曲并带领他参加演出。赏识引来导向,导向催化提速。

苦练促突进。莫扎特在6岁生日之前,父亲已指导他练琴3500多个小时。到他21岁写出脍炙人口的第九号协奏曲时,无法计算他已练习了多少小时。他为苦练感怀:"我每天花12小时练琴,人们却用'天才'二字遮去我所有努力。"每日进步一点点,积累起来却惊人,终成"积善成德,而神明自得"的正果。

境界升高格。融合梦想、意志和人格的力量。莫扎特对自由、平等、博爱的思想怀有强烈共鸣,为争取人身与创作的自由激烈抗争;在巧妙运用传统曲式,重塑并定义古典音乐上聚力创新,形成了风格典雅、感情真挚、朝气明快、晶莹剔透、美妙绝伦的莫扎特的艺术境界。

成功一向拒绝那些畏首畏尾、浅尝辄止的人。茨威格在《人类的群星闪耀时》写得很清楚:"那些被命运高高举起、送入英雄殿堂的人们,无一不是以强烈的个人意志与跌宕的历史宿命碰撞,成就一代伟业。"

六

在新疆维吾尔自治区霍尔果斯市丝路小学,笔者结识了苏州市来此支教的缪建平校长。数学教师起家的他,一副温文睿智、淳厚内敛、勤恳务实的风采,这风采定格在上海出版的《小学数学教师》杂志2019年第2期的封面上,且旁注:缪建平培养"儿童数学家"。这是他心存已久的核心意念。《让学生做"儿童数学家"》是他凝集了几十年教学思想的著作。

"让学生做'儿童数学家'",成立吗?合适吗?缪建平有自己的思考和选择。研究是人类的生存方式,教育就应当使学生成为"研究者"。好奇心、慧眼、质疑意识、创新思维、坚持、自信和情感、习惯、能力等,就是学生应具备的品质,拥有了这样的品质,将来成为数学家或其他"家"就完全有可能。再者,同样处理数学问题,小学生和数学家有相同之处:"绝望的反抗、意外的转机、隐忍的耐心、灿烂的灵性"是一样的!①

于是,缪建平的数学课成了培养学生数学学习品质的探究课,创造出"生变——激发学生'提出问题',聚变——引导学生'解决问题',裂变——支持学生'疑中生疑'"的教学模式和"读学、玩学、探学、写学"的"四学课程"。他的学生在"好奇"中求知,在"探究"中成长。

成名成家并非高不可攀、可遇不可求。缪建平培育儿童数学家的深度追求,就给我们上了生动形象的一课。米兰·昆德拉说:"生活是一棵长满可能性的树。"教育者,就是用心血浇灌,让每一株可能的树都结满无比香甜的硕果。

若问,在需要巨人并将产生巨人的中国,我们普通的教育者该如何行动?

中国的新时代,到了恩格斯评价文艺复兴时所说的"这是一个需要巨人而且产生了巨人——在思维能力、热情和性格方面,在多才多艺和学识渊博方面的巨人的时代"②。而处于培养人才前沿的教育者该如何思考,如何行动,如何担起新使命呢?

切莫以为巨人、英才与自己——一位普普通通的教师毫无关系。其实,关系大着呢。

法国思想家涂尔干(1858—1917)说:"教育本身不过是对成熟的思想文化的一种选编。"③选编人类一代代积累起来的美好历史沉淀,选编闪耀时代光焰的美好的当下精神,还要选编异国他乡美好的文化珍品,共建共享营养丰盈的中国教育家园。

选编中教师做什么?

"教师就像是厨师,把这些选编的素材,进行搭配、烹饪。于是,同样的原材料,经过不同的手,捧出不同的食物。教师的作用,不仅是对已有美好的传播,而且是对新生美好的创造。"

---

① [英]西蒙·辛格:《费马大定理:一个困惑了世间智者358年的谜》,转引自金加善、汪志华:《为有生活价值的学习而教》,浙江教育出版社2018年版,第238页。
② [德]恩格斯:《自然辩证法》,人民出版社2018年版,导言。
③ [法]爱弥尔·涂尔干:《教育思想的演进》,李康译,上海人民出版社2003年版,第23页。

"教学就是我们将这些食物,不仅自己品尝,而且馈赠他人。在这样教学相长的过程,通过共享与分享,让自己的身心强健,让他人也因此强壮。教学的过程,是师、生、亲的多方成长,是一段美好的旅程。"①

试想一下,幼儿发芽,少年疯长,花季吐蕊,"而立"展翅,"不惑"飞天,哪一步离得开文明普照、教师馈赠?

因此,教师与大师之间,实际上是息息相关的。

教育,是与大师距离最近也最为美好的职业。

孟子早有教诲:"人皆可以为尧舜。"②由此说来,绝大多数人都有可能成为出类拔萃的大才。而达到尧舜的路径在哪里?王阳明也早已指明:"致良知。"良知为何物?"良知者,孟子所谓'是非之心,人皆有之'者也。是非之心,不待虑而知,不待学而能,是故谓之良知。是乃天命之性,吾心之本体,自然灵昭明觉者也。"③他认为,作为人的良善意识的良知,人人生而具有,无须求借,愚夫愚妇与圣人一样,只要去欲存理致良知,人人皆可以为尧舜一样的圣人。大才大师,就因致良知而达到天性发展的完美,智慧开发抵达佳境,道德修炼臻于至善。

在致良知的路上,教师和教育界为培育一代代大器之才,当借助新时代的舞台,从立德树人的规律出发,赏识个性,发掘潜能,培土固基,施肥浇水,相信种子,相信岁月,静静地等待花开果香。

其间,有几个理念须注重思考:做人比做事重要,品德比能力重要,人性比智慧重要,情商比智商重要,态度比成绩重要,想象比知识重要,兴趣比刻苦重要,成长比拥有重要,个性比共性重要,过程比结果重要,远景比近利重要,行动比言语重要,自律比纪律重要,觉醒比唤醒重要……

---

① 朱永新:《让传播美好成为本能——2019年新年致辞》,参见朱永新博客。
② 《孟子·告子下》,参见《大学 中庸 孟子》,蓝天出版社1998年版,第141页。
③ 《王阳明全集》(下册),上海古籍出版社1992年版,第971页。

第三章

全之人

千水奔流源一处,万木争荣本一根。

教育的指针永远直指一个固定的方位:培养什么样的人及如何培养人。

联合国教科文组织的调查报告赫然提出:"培养完人!"真正的人,完善的人,全面的人,无数中外教育家接力般的思索和践行,渐渐地在碰撞交流中殊途同归,得出了趋于真理性的结论。

第七节　育满全人

一

千水奔流源一处,万木争荣本一根。

教育的指针永远直指一个固定的方位:培养什么样的人及如何培养人。

这是教育的核心指向。对于这一核心指向,不少人不明就里,无论业外抑或业内。

究竟培养何等灵魂、何样人格、何种智能、何类身心的人呢?是为国为民干事业的人,还是为己为私谋生计的人?是全面发展特长突出的全人,还是"一招鲜"的偏颇的人?培养路径上,是圈养、牧养还是放养?是像温室花朵那样精心培植,还是如山野间的禾木那般栉风沐雨?

教育目标乃是古今中外教育最大的聚焦点。

孔子目光深邃,渴求培养出德才兼备的"贤人""君子"。如此之人"志于道,据于德,依于仁,游于艺"[1],即志向在道,根据在德,依靠在仁,而活动在礼、乐、射、御、书、数六艺之中,透露出孔子全面育人的慧眼。

---

[1]《论语·述而》,参见《论语 孝经》,蓝天出版社1998年版,第27页。

孟子心空辽远,心系天下英才的造就且乐此不疲:"得天下英才而教育之,三乐也。"此等英才,"穷则独善其身,达则兼善天下"①。

庄子豁达睿智,最早提出了"全人"说。在王骀、哀骀它等寓言②里,他用孔子之口肯定哀骀它"是必才全而德不形者也",即才智完备而德不外露。庄子提到"全人",诠释一种内涵圆融、浑然一体的大德。他在《庚桑楚》一文写道:"夫工乎天而俍乎人者,唯全人能之。"其意说,精于顺应自然而又擅长于周旋人世,只有全人(此为圣人)能够做到。

许慎(约58—约147)思维缜密,咬文嚼字,他在《说文解字》剖析说:"教,上所施,下所效也""育,养子使作善也"。许慎主张育出美善之人。

穿越历史的厚厚云烟至近现代,1911年冬,出任民国首任教育总长的蔡元培,推出军国民教育、实利主义教育、公民道德教育、世界观教育、美感教育"五育并举"的教育方针,新颖而具个性,其中世界观教育、美感教育两项,透露出他独具特色的哲学思考。

梁启超演讲一语破的:"教育是教人学做人,学做现代人。其他种种教育事项,虽然很复杂,目的总是归到学做人这一点。"③

陶行知阐释的教育目标更为确凿集中,没齿难忘:"千教万教,教人求真;千学万学,学做真人。"④

无独有偶。西方的教育家对教育目标的阐述,也从成人,到国家的人、有用的人、完整的人、自由的人,直到美好的人,开始了一程程的探索史。

古希腊哲学家苏格拉底主张用教育唤醒每一个人的知识,教人行善,提出"智慧即德行"。

他的学生柏拉图的最高教育指向是为理想国培养聪明能干的"哲学王"。

欧洲文艺复兴时期西班牙人文主义者、教育家维韦斯(1492—1540)提出:

---

① 《孟子·尽心上》,参见《大学 中庸 孟子》,蓝天出版社1998年版,第151页。
② 《庄子·德充符》,参见《庄子》,蓝天出版社1998年版,第36—39页。
③ 梁启超:《饮冰室文集》(三十八),台北中华书局1960年版,第74页。
④ 《陶行知全集》,四川教育出版社1991年版,第924页。

一切知识都是为了公众的幸福。

17世纪英国哲学家约翰·洛克(1632—1704)推出"白板说"(最初心灵像无记号、无观念的白板),在西方教育史上第一次提出了"德智体"三育体系的构想,举起了绅士教育的旗帜。

法国启蒙思想家、教育家卢梭(1712—1778)在《爱弥儿》一书中所阐释的自然教育的目的,是培养自然天性得到充分发展的"自然人"。

空想社会主义者欧文(1771—1858),主张穷人要受教育,"培养他们的德、智、体、行方面的品质,把他们教育成全面发展的人"。

德国教育家第斯多惠在《德国教师培养指南》中提出"全人教育"的理想,认为把"自动性"人的发展的主观基础,和社会中的真、善、美的教育客观基础结合起来才算培养了"全人"。

马克思(1818—1883)、恩格斯(1820—1895)从生产力的视角发现:"建立在资本基础上的生产发展本身要求造就全面发展的人,只有这样的人才能使资本主义生产的进一步发展成为可能,这是一种客观趋势。"[①] 马克思在《1844年经济学哲学手稿》透视人类发展的古今,指出人的全面发展,是"人以一种全面的方式,也就是说,作为一个完整的人,最终占有自己的本质"。伟大哲人立足社会生产需求,透视人生本质,得出铁铸般的结论。

日本的小原国芳(1887—1977)针对当时日本教育的重智轻德、忽视劳动教育等应试竞争的弊端,更系统地展示了和谐发展的"全人教育"的内涵,即由学问、道德、艺术、宗教、身体和生活六个方面组成,"学问的理想在于真,道德的理想在于善,艺术的理想在于美,宗教的理想在于圣,身体的理想在于健,生活的理想在于富"。他创立了日本新教育运动的一个新的理论学派,且从创立玉川学园的实践入手为全人教育理想叩门。

联合国教科文组织的调查报告赫然提出:"培养完人!"[②] 申明教育培养完

---

① 《马克思恩格斯全集》第46卷(上),人民出版社1971年版,第486页。
② 联合国教科文组织国际教育发展委员会:《学会生存——教育世界的今天和明天》,华东师范大学比较教育研究所译,教育科学出版社1996年版,第192页。

善的人:"把一个人在体力、智力、情绪、伦理各方面的因素综合起来,使他成为一个完善的人,这就是对教育基本目的的一个广义的界说。"①

真正的人,完善的人,全面的人,无数中外教育家接力般的思索和践行,渐渐地在碰撞交流中殊途同归,得出了趋于真理性的结论。

二

为什么将教育目标定位为培养全面的人?全面的人或说全人化的人是教育最为恰当最为精准的追求吗?

一点没错。

首先,这样的人是完整的人——感应人生脉动,书写生命神圣。

杜威定义:"儿童的生活是一个整体,一个总体。"②克里希那穆提断言:"教育的最大任务在于产生一个完整的人,能将生活加以整体地处理。"③人类走过了漫长的孕育、进化和发展史,一步步嬗变成今日的超凡的人。超凡的人,凝聚了厚重得无法言说的大自然的造化、大社会的恩赐、大文明的熏陶,更因自身发展时,经受了太多太多大时空里的碰撞、大磨难中的煎熬、大历练时的蜕变,才一点一点地具有了当下强健的体魄、发达的四肢、多方的知能、睿智的大脑、丰富的情感、正气的德行、美好的心性,以便从完整的人的各个方面、各个角度做出准备,来顺应、对答、感触、欣赏、体味人生全程的美妙风景,书写人生一个个珍贵历史瞬间的短诗长剧。

人的完整,是人的正常态势,是人格健全的表现,理应成为人所追求的境界。因为完整的人方能感应人生脉动,书写生命神圣,彰显人的无限张力。

人类已发展到当下时节,若缺健全身体(天生的除外),或少美丽情怀,或无底线道德,人就是不完整的人,不完整的人委实有愧于亲人、老师,有愧于社会、

---

① 联合国教科文组织国际教育发展委员会:《学会生存——教育世界的今天和明天》,华东师范大学比较教育研究所译,教育科学出版社1996年版,第195页。
② [美]杜威:《学校与社会·明日之学校》,赵祥麟等译,人民教育出版社1994年版,第116页。
③ [印度]克里希那穆提:《一生的学习》,张南星译,深圳报业集团出版社2010年版,第23页。

国家,更不用说有愧于自己的天赋使命,致使人生留下无穷的矛盾和痛苦。而培育出这样的人的教育,自然属于不完整的教育,甚至是反教育的教育。例如,为了应试的成绩,不惜透支学子的生命,损坏眼睛,熬光精气神,使其如陈独秀所描绘的青年形象:"手无搏鸡之力,心无一夫之雄;白面纤腰,妩媚若处子;畏寒怯热,柔弱若病夫。"[1]

阳光灿烂的童年储存着终身受用不尽的人格财富。童年被透支了的孩子,注定丢失七彩童趣的丰厚,长大很难形成健全人格。童年不好奇,少年无兴趣,青年没特长,中年必平庸。

不完整的教育,与体力、智力、情绪、伦理、审美、态度等各方面因素都齐备的全人化教育目标,相距何止千里万里?

其次,这样的人是完善的人——体现人性纯正,践行生命善良。

作为社会动物而存在的每一个生命个体,"不仅是一种合群的动物,而且是只有在社会中才能独立的动物"[2]。这就注定了完善的人必须具备做人和与人共处的基本准则,形成人的本质和社会的本质。

《周易》对这些准则早有立论:"立人之道,曰仁与义。"人之所以为人的关键,有仁与义这两大立身之本。仁和义,是中国古代人道德的要义、人性的核心,时至今日,也应该成为完善的人必须具备的良知、良心和良能。

"樊迟问仁,子曰:'爱人。'"[3] 义者,公正道义。仁与义,对于人不可或缺,不能替代,穿越时空,永葆价值。《孔子家语·在厄》有言:"且芝兰生于深林,不以无人而不芳,君子修道立德,不谓穷困而改节。"其意说,芝兰生长于树木深处,不因为没有人就不芳香,君子修习立德,不因穷困而改变自己的气节。

仁与义是人性人格的大美。其大美的光洁亮点是善良。善良是人性人格修养的至高宝藏,像精选的良种,能培育出教养、气质、胸怀、内涵、风度、人文精神等丰饶的果实,化作人的最美颜的精神长相、最葱郁的生命气象,因为它集中

---

[1] 陈独秀:《今日之教育方针》,参见《陈独秀文章选编》上册,生活·读书·新知三联书店1984年版,第89页。
[2]《马克思恩格斯选集》第2卷,人民出版社1975年版,第87页。
[3]《论语·颜渊》,参见《论语 孝经》,蓝天出版社1998年版,第46页。

体现人性的纯正,透视人的无比热力。

此种纯正和善良,实实在在,一点也不虚空,都是在具体时空里显露出迷人的光彩。日前,笔者在成都市召开的田园教育论坛上,听到了芬兰吉尔罗斯特校长①所讲的故事:

在暴风雨后的早晨,一位男士在海边散步,见沙滩的浅水洼里有千百条被暴风雨卷上来的小鱼,用不了多久就会干涸而死。

这时,男士突见有个小男孩不停地从浅水洼里捡起小鱼,扔回大海,禁不住走过去说:"孩子,这么多条小鱼,你救不过来的。"

"我知道。"小男孩头也不回地回答。

"哦?那你为什么还在扔?谁在乎呢?"

"这条小鱼在乎!"男孩边回答,边仍然捡小鱼扔回大海。那颗拥有尊重生命充满善意的童心,比金子珍贵百倍。

这个触动人心的故事,也诠释了泰戈尔的一个定义:"教育的目的应当是向人传送生命的气息。"

教育之"育"应该从尊重生命开始,使人性善良,使人格崇高,让人唤起自身致良知的"善根",即让学生拥有"这条鱼在乎"的美丽心性,让人性的光焰温暖人间和世界。

苏霍姆林斯基说:"教师最可贵的品质是人性。只有充满人性、人情、爱心的教师,才会培养出具有健全人性的学生。"

没有人性的纯正,就没有生命的善良。没有生命的善良,就没有社会的静美。

几年前,媒体上流传美国一所中学的校长所写的信,他曾是纳粹集中营的幸存者。他在信中披露了在纳粹集中营看到的惊心动魄的场景:毒气室由学有专长的工程师建造,儿童被学识渊博的医生毒死,幼儿被训练有素的护士杀害……他为这些兽性的人、毫无人性的人感到无比愤慨,进而指明教育首要的

---

① 吉尔罗斯特,芬兰教育领导委员会委员、拉赫蒂市喀纳斯国际高中校长。

目标就是"使我们的孩子成长为有人性的人"。没有人性,知识、智慧何用之有?反而会成为恶人作歹的恶魔似的手段和绝技。如蔡元培言:"若无德,则虽体魄智力发达,适足助其为恶,无益也。"①

再次,这样的人是完美的人——昭示人智高妙,焕发生命精彩。

现代社会里的人,不仅仅应该是完整的人、完善的人,还应该是完美的人。这样的人,彰显人的无穷魅力。

完美的人,或近于完美的人,不一定是全才、全局之才、全面之才,却一定是灵与智得到深度开发得以高度发展的人。

每一个人都应该为做一个完整的人、完善的人、完美的人而努力生活,求得活出自己,有滋有味。生态差而拼争冲顶者是会活,生态好而不进取者是苟活,攀登将抵峰顶而弃之不求者是枉活。

马云演讲说:过去是知识驱动,未来是智慧驱动,是体验驱动;过去是以制造为中心,未来是以创造为中心;过去追求的是标准化、规模化,未来讲究的是个性化、特色化。②

智慧和体验驱动的个性化、特色化,可以理解为"多元智能"的深远开发。开发了每个人独特的智能,达至他人无法达到的高地,这个人的生命就化作了一座隆起的高山,"登高而招,臂非加长也,而见者远"。人的完整和人的完善,给人奠基了生命高原的骨架,而人的完美,实现了独特智能的开发,构筑起生命高原上的峻峭奇丽的高峰,让人领略人生某一高处的无限风光。

此种开发从哪里着手?在信息网络化的当下,要从人的大脑深度开发着手。

刚刚迈入21世纪门槛时,被誉为中国基础教育"活化石"的吕型伟(1918—2012)道:"未来教育的基本目标是充分开发每个人的潜能,我称之为开发脑矿……人脑有140亿个神经元,9000万个辅助细胞,能储存1000万亿信息单位,相当于5亿册图书,而这个矿目前据说只开发了不到10%,潜力还大得很。""每

---

① 《蔡元培全集》第3卷,中华书局1984年版,第8页。
② 2018年5月13日马云在杭州师范大学110周年校庆上的演讲。

个人的矿（指脑矿）是不一样的,有的是金矿,有的是煤矿,你不能把煤矿当金矿开采……"① 2003 年 4 月 3 日,吕老向笔者面谈了开发"脑矿"的一些设想和他原创的"人人有才,人无全才,扬长避短,人人成才"的命题。

这位睿智的世纪老人,对人的智慧开发,想得深广,说得到位。

三

全人化,作为育人的目标,高吗？

高,既高且难,却是一个极具感召力、凝聚力和导向力的目标。

高屋建瓴,高灯下亮,高飞远举,做人有了高远的目标,方会有"士不可以不弘毅,任重而道远"② 的意念。

小原国芳将柏拉图视为古希腊完美人的典型代表。柏拉图既是大诗人,又是大哲学家,同时据说还是古代奥林匹克运动会上摔跤、标枪、铁饼等多项竞技的优胜者。他是具有多方面文化修养、身心和谐发展的人。小原国芳认为,全人教育的培养目标就应该是多方面和谐发展的人。他非常推崇柏拉图的"和谐就是善"、裴斯泰洛齐"和谐发展的教育"的主张,从提出理论到推举典范,画出了一条全人化育人的清晰轨迹。

或问,全人化的目标追求和注意那些偏才、怪才、奇才岂不矛盾吗？

并非如此。全人化面向全体而言,偏才、怪才、奇才乃是济济人才中特殊罕见的个例,犹如美丽的流星、特异的飞鸟。世界之大,无奇不有。奇人怪事,皆属正常,诚如古代圣贤荀子在《天论》中所言："星队木鸣,国人皆恐。曰：是何也？曰：无何也。是天地之变,阴阳之化,物之罕至者也。怪之可也,而畏之非也。"

---

① 吕型伟：《为了未来——我的教育观》(续集),上海教育出版社 2002 年版,第 34、38 页。
② 《论语·泰伯》,参见《论语 孝经》,蓝天出版社 1998 年版,第 31 页。

四

纵观教育发展的历史时空,伴随时代大潮、社会转型急管繁弦的节拍,总会有新能量的凝聚、新突破的凸显,形成广袤而幽深的育人大场上的一种大势、一派气象。

如何高效而精准地"培养完人",达至联合国教科文组织提出的学生发展的"五个学会"? 前沿的吹哨人发出脆亮哨音:培养核心素养。

何谓核心素养? 它以"人"的发展为核心,以全人教育为理念,涵盖学生应具备的,能够适应终身发展和社会发展需要的关键能力和必备品格,是关于学生知识、技能、情感、态度、价值观等多方面要求的综合表现。

此哨音肇始于由36个市场经济国家组成的世界经济合作与发展组织（OECD）1997年启动的"国际学生评定计划"（PISA）,此计划以知识社会为背景界定人的"关键能力",并开展"核心素养的界定与选择",在各国学生中围绕阅读素养、数学素养、科学素养、问题解决技能素养开展测试。从1997—2005年,该组织又实施了大规模的跨国研究,梳理出八个领域的"成功人士和良好运转的社会"所需要的关键能力,对世界各国的教育改革产生了巨大影响。2003年联合国教科文组织教育研究推出核心素养的"五大支柱说"。

2005年,欧洲联盟执委会也呼应地提出终身学习的使用母语交流、数学素养、基本的科学素养等八大核心素养。此外,美国的"21世纪能力"模型建构对国际教育产生影响甚大,该建构2007年发布的《框架》版本,成为美国21世纪技能运动的路标和学习路线图。《框架》确定的核心学科有阅读、写作、语文、外语、美术、数学、经济、科学、社会学科、地理、历史、政府和公民;学科主题包括金融、健康和环境素养;21世纪亟须掌握学习与创新技能,信息、媒体与技术技能,生活与职业技能等三大方面的技能。[①]

在OECD、美国、欧盟的影响下,世界各国都开启了核心素养的研究之路,并

---

① 靳昕:《美国中小学"21世纪技能"计划及启示》,载《外国教育研究》2011年第2期。

相继宣布了针对本国学生的核心素养结构。1990年英国国定课程委员会提出"16—19岁的核心素养课程",2000年进一步推行公民核心素养的证书与课程。澳大利亚在20世纪90年代进行以核心素养为本的教育,推出一套七项核心素养的评估原则。德国将素养分为基础素养以及进阶的核心素养。基础素养包括理解知识、应用知识、学习素养、使用工具的素养、社会素养、价值导向;进阶的核心素养包括因特网素养、后设认知与后设知识、沟通素养、媒体素养、经济素养、文化素养、跨文化素养、情绪智能、动机等核心素养……

教海潮涌,核心素养万众瞩目;抢占先机,新的航程百舸争流。

当世界教育从"知识中心"向"问题中心"、课堂从"教师中心"向"学生中心"、目标从"学分中心"向"素养中心"历史性转变时,一个走向伟大复兴的民族,自古至今致力于立人达人、素质养成的民族,怎能甘当旁观者?"臣心一片磁针石,不指南方不肯休",两个百年拼搏梦,攻坚克难守初心。中国的教育人以持续的挑战者和应战者的双重身份亮丽登场。

2001年我国启动新课程改革,提出了知识与技能、过程与方法、情感态度与价值观的"三维目标",为提炼与整合核心素养做足了功课。

2014年4月24日,教育部正式印发《全面深化课程改革落实立德树人根本任务的意见》,明确昭示"教育部将组织研究提出各学段学生发展核心素养体系,明确学生应具备的适应终身发展和社会发展需要的必备品格和关键能力,突出强调个人修养、社会关爱、家国情怀,更加注重自主发展、合作参与、创新实践"。此文件为全面推进课程改革提出了新要求,指出了新方向,表明中国教育进入以核心素养培育为主题的新阶段。

全新的时空,全新的实践。从中小学基层一线的教育者,到高校、教科院所的研究者,四方勠力,用实践解码,以理论破译;借传统文星,照当下杏坛;引它山之石,攻自己之玉。其中,由北京师范大学牵头,华南师范大学、河南大学、山东师范大学、辽宁师范大学百名专家共同承担的"我国基础教育和高等教育阶段学生核心素养总体框架研究"项目始于2013年5月,历经三载,《中国学生发展核心素养》框架颁布①,确立了以培养"全面发展的人"为核心,由文化基础、自主发展、社会参与三个领域组成,包括人文底蕴、科学精神、学会学习、健康生活、责任担当、实践创新在内的六大素养18个基本要点的完整体系。这在我国乃至世界,都是饶有分量的一项教科研成果。

更有广大教师将核心素养夯实于学科教学之中,以学科知识技能为基础,整合了情感、态度和价值观而形成综合性的内在品质和能力,如此运作,就绘制出核心素养落地的路线图——"项目推进学科落地,课程建设校本转化,课堂蕴含素养指标",实现了核心素养在特定学科的具体化、操作化、体系化。

从素质教育走向核心素养,其必要性在哪里?

素质教育是极好的理论,也是极好的药方,但应试教育已滋生千年,它顽固狡黠,不断变异、升级,以逃脱惩罚。素质教育若不升级,不深化,只会在应试教育的泥潭中越陷越深。何以扭转形势,打开新局面?引进国际配方,因时而化,对症下药,求索核心素养的真谛,不失为改变教育局面的关键一招。

将核心素养引入教育格局,中国的素质教育也就进入了"下半场"。同样是提素质教育,20世纪八九十年代提与当下提,其意义、着眼点和推进方法均有不同,且需结合今日的教情学情实际,不能一成不变。列宁曾经提出,在历史急剧转变关头,口号也需转变,否则,"好像是堂·吉诃德的怪想,或者是一种笑料"②。

教育发展着,改革行进着。一个时代一个口号,一个口号一面旗帜,一面旗帜一程征途,一程征途一片天地。

谈及教学目标升级问题,有学者如是解说:"基础知识基本能力即'双基'好比剃头,三维目标就是理发,学科核心素养就是美发。"③其比喻是否贴切且不论,至少很形象地述说了认知的阶梯式发展,一步步臻于完善。

当下,我国教坛更需迫切理解的,是素质教育和核心素养的内涵及其关联问题。笔者姑且做下面比喻。

---

① 参见《中国学生发展核心素养》研究成果,载《人民日报》2016年9月13日。
② 《列宁选集》第3卷,人民出版社1960年版,第99页。
③ 崔允漷:《试论核心素养的课程意义》,2017年11月3日第15届上海国际课程论坛上的报告。

素质教育在早春的田野播种,核心素养选准最适宜的地块开犁。素质教育营造全面育人的大厦,核心素养耸立撑起大厦的梁柱。

素质教育是总纲领,核心素养则是大策略。

素质教育是任务,核心素养则是抓手。

前者属于世界观范畴,后者属于方法论领域。

二者横向彼此依托,纵向相互支撑,并行不悖,共存共赢。对学生的成长,二者都打下了发展与生成之根基,又都明示学生持续前行的路径,促成学生的全面发展。

二者又像一个同心圆,素质教育似涵盖更为宽宏广袤的大圆,核心素养则为精彩浓缩的小圆,两个圆的圆心皆围绕着关键能力、必备品格、价值观念三方面的学养,精准地镌刻着21世纪人才的关键技能和竞争力。

可以说,在我国,素质教育的开展为核心素养现身做好了必要准备,核心素养的登台是素质教育发展的必然趋势;属于再创造的核心素养是素质教育的升级版、升华精深版,也是落地生根版。

第八节　聚焦五育

一

对任何事物的体察和思悟，莫不有一个渐行渐深、一程程逼近完美的过程。对全面育人教育目标的认识也是如此。

先从孔子说起。他是中国教育史上第一个提出要使受教育者在"仁"（德）、"知"（智）、"勇"（体）、"美"（乐）、"才"等几方面都得到全面修养和发展这一教育目标的"先师"。此体系运转两千载而不辍，直至遇到了近代西方文明的挑战。

近现代的中国教育志士，立足于孔子开创的优秀教育传统，吸纳西方智慧，增删折中，中体西用，推敲改进，探索百余年，与时代磨合，与发展砥砺，终于形成了中国当代的"五育"观。五育教育，是中华民族上承五千多年文明，对世界变化、全球发展进行反思，从而制定的育人总纲领、总方针，致力于提高中国学生的总体素质。

这个求索过程，也是中国教育目标的进化进程：人才定位从培养封建纲常的"圣贤君子"，向现代社会"大国公民"转变；人才素质要求从注重德行变为"五育并举"。中国教育目标的近现代化，是近现代中国的经济、政治和文化等多方面因素发生急剧变化且相互作用的共同结果。

为条理计,笔者选择了三个阶段。

第一个阶段,严复(1854—1921)首推"三育"。

严复之前,须提及"戊戌变法"维新派所做的铺垫。

康有为(1858—1927),猛烈抨击科举的空疏无用及其对人才的戕害,"目不通古今,耳不知中外……""国民之愚,人才之乏也,非别制造新国之才,不足以救国"。他极力主张变科举、开学校、开学会、派游学等,把培养人才作为变法的第一要务。1891年康有为创设"万木草堂"以造救国之才。在草堂讲学时,他"内讲中国文学,以研经义、国闻、掌故、名物,则为有用之才;外求各国科学,以研工艺、物理、政教、法律,则为通方之学"。

梁启超要求确立正确的教育宗旨,认为"他事无宗旨,犹可苟且迁就,教育无宗旨,则寸毫不能有成"。教育应"以造就国民为目的",即通过教育普遍提高国民素质。1902年,梁启超写作《新民说》指出:"新民云者,非欲吾民尽弃其旧以从人也。新之义有二:一曰淬厉其所本有而新之;二曰采补其所本无而新之。二者缺一,时乃无功。"梁启超欲造就之"新民",是一代既有资产阶级思想道德意识,又有传统文化修养和近代政治社会生活技能的新型国民。

康梁对"五育"已有初步认识和探索,却不清晰完整。梁启超在《新民说》中所列"新民"的人格特征,竟有国家观念、权利思想、政治能力、冒险精神以及自由、自治、自尊、尚武、合群、生利、毅力等18种之多。这些特征体现了他对近代资产阶级精神的理解,明确教育宗旨为培养资产阶级"新民"的思想,同时也给教育目标带来了新的表述形式。

严复被称为中国近代以来"治西学者第一人",其译著的《天演论》整整影响了一代爱国志士。他首先把西方的古典经济学、政治学理论以及自然科学和哲学理论较为系统地引入中国,启蒙教育了国人。作为"教育强国论"的倡导者,严复在1895年《直报》上发表《原强》一文提出,一个国家的强弱存亡决定于三个基本条件:"一曰血气体力之强,二曰聪明智虑之强,三曰德行仁义之强。"他企望通过体、智、德三方面的教育增强国威。"是以今日要政统于三端:一曰鼓民力,二曰开民智,三曰新民德。"

中国传统教育重德、轻智、黜力,严复继承以德育为首的教育传统,从强种兴国的高度论述了体育、智育、德育的重要性:"考五洲之历史,凡国种之灭绝,抑为他种所羁縻者,不出三事:必其种之寡弱,而不能强立者也;必其种之暗昧,不明物理者也;终之必其种之恶劣,而四维不张者也。是以讲教育者,其事常分三事:曰体育、曰智育、曰德育。"①

严复眼中的三育:"智育重于体育,而德育尤重于智育。"他讲的"德",已不是孔孟之道、三纲五常,而是资产阶级民主、自由、平等、博爱的道德教育。除三育外,严复也很重视美育:"德育主于感情,智育主于思想,故德育多资美术,而智育多用科学。"② 科学与人文、科学与艺术之间不可分割、相互渗透,"科学之中,大有感情;美术之功,丰存思理"。

可见,严复是中国近代教育史上最早提出并论述德、智、体、美四育之关系的教育家。他论述了体、智、德三育并重的教育观点,认为体育是国民素质的基础,国家富强"以其民之手足体力为之基";认为才智是国家"富强之源","尚实"培养才智之本,是智育的目的。严复看到科技落后,认为民众愚弱固然是国家危机的原因,更重要的原因则是社会道德沦丧,人心涣散,无法形成强大的民族精神和凝聚力来抗侮图强,所以德育在三育中最重要。

第二个阶段,蔡元培力主"四育"。

提到蔡元培,绕不过王国维(1877—1927)。1906年,王国维在《论教育之宗旨》中开宗明义:"教育之宗旨何在?在使人为完全之人物而已。何谓完全之人物?谓人之能力无不发达且调和是也。人之能力分为内外二者:一曰身体之能力,一曰精神之能力。……而精神之中又分为三部:知力、感情及意志是也。对此三者而有真善美之理想。"他将智育、德育与美育,统称"心育",与体育并列。而对美育,他更有精深阐释:"……独美之为物,使人忘一己之利害,而入高尚纯洁之域,此最纯粹之快乐也。"③ 有美育参与,方能培养出"完全之人物",见

---

① 严复:《严复集》第1卷,中华书局1986年版,第166—167页。
② 严复:《严复集》第2卷,中华书局1986年版,第279页。
③《论教育之宗旨》,载《世界教育》1906年第56期,后曾被收入郑振铎主编的《晚清文选》及舒新城编辑的《中国近代教育史资料》等书。

地何其深透!

　　蔡元培接过了王国维的旗帜。蔡元培是中国近现代著名的民主革命家和教育家,其教育思想的核心是"完全人格",德、智、体、美这四育。1912年2月,他出任中华民国第一任教育总长不久,就在《对于教育方针之意见》一文里,提出了"四育并举"的教育方针。他提出"今日完全之人格,亦即新教育之标准也"①。他提出"普通教育养成国民健全之人格,教育者养成人格之事业"。在"完全人格"中,蔡元培如是排列:一、体育,二、智育,三、德育,四、美育。这四育是一样重要,不可放松一项的。②蔡元培对四育有明晰诠释:军国民教育即体育,目的是健民强国;实利主义教育即智育,学习有利于国计民生的知识技能;公民道德教育即德育;美育则是美感教育。他一一做有精到剖析:"夫完全人格,首在体育""智育属精神方面""德育实为完全人格之本"③"美育者,应有美学之理论于教育,以陶养感情为目的者也"。④

　　对美育情有独钟,蔡元培是提倡者,也是力推者。他曾提出过一个全面实施美育的计划,主张从胎教开始,由国家设立胎教院供孕妇居住,风景和设备都力求优美;儿童出生之后,迁入公共育婴院,院内设备以及成人的言语动作都要合乎优美的要求,以做儿童模范;儿童满三岁入幼稚园,注重舞蹈、唱歌、手工,其他科目也要适合儿童美感,因为儿童不仅是被动地领受美,并且是主动地表示美;六岁入小学,有音乐、图画、文学等美育课程;中学可选取复杂些的文学、美术,所有课程都应体现美育;专门教育,要开办音乐学校、戏剧学校、美术学校等,让爱好者入学学习;高等学校的建筑、陈列品都要合乎美育条件;社会上,要专设美育机关,如美术馆、美术展览馆、音乐会、剧院、影戏馆、博物馆等,要利用一切公园、道路、古迹以至古坟等的美化来进行美育。他所编绘的美育蓝图,虽然脱离当时实际,多未能实现,但因他的努力提倡和影响,美育在中小学受到

---

① 《蔡元培全集》第3卷,浙江教育出版社1997年版,第548页。
② 《蔡元培全集》第3卷,浙江教育出版社1997年版,第12—16页。
③ 《蔡元培全集》第3卷,浙江教育出版社1997年版,第13页。
④ 《蔡元培教育文选》,人民教育出版社1980年版,第195页。

一定重视,艺术教育在高等教育中占有了一席之地。

连通东西、圆融中外,终成近现代教育思想开拓者的蔡元培,立于全局制高点,所提出的"四育并举"教育方针,确立"完全人格"的四育构想,对中国乃至世界的教育发展做出了可圈可点的贡献。

这里,还应为中国现代教育矢志不渝奋斗了52个春秋(其中1919—1948年任南开大学校长),历经清末、民国、新中国的更替与嬗变的张伯苓(1876—1951)书一笔。甲午战争后,张伯苓忧心忡忡:"我之教育目的在以教育之力量,使我中国现代化,俾我中华民族能在世界上得到适当的地位,不致受淘汰。"①遂于1904年创办南开中学,1919年创办南开大学(周恩来总理便是南开大学第一届毕业生)。

张伯苓以办学叩开教育之门,找到为国育人的原则——"尤要在造成完全人格,三育并进而不偏废"。其一,体育。"注重体育,锻炼强健之国民",因为"强国必先强种,强种必先强身"②。其二,智育。"无科学无国防,无国防无国家",直指"中国教育最大之缺点为,只知用脑而不知用手,故为纸上谈兵。现在中国所需要的人才,是须有手脑齐全者"③。其三,德育。张伯苓极为重视学生的人格教育和道德教育,他曾说:"南开大学教育目的,简单地说,是研究学问、练习做事""而熏陶人格,尤其是根本""教育范围,绝不可限于书本教育、知识教育,而应特别注重于人格教育、道德教育"。④他把人格教育的内容概括为立志、敦品、勤勉、虚心、诚意五个方面。其心拳拳,其功赫赫。

第三个阶段,新中国七十载。

第一个标识来源于毛泽东。

1957年2月27日,毛泽东主席做了《关于正确处理人民内部矛盾的问题》的重要讲话。第一次提出"我们的教育方针,应该使受教育者在德育、智育、体

---

① 王文俊等编:《张伯苓教育言论选集》,南开大学出版社1984年版,第181页。
② 华东师范大学教育系编:《中国现代教育文选》,人民教育出版社1989年版,第58页。
③ 王文俊等编:《张伯苓教育言论选集》,南开大学出版社1984年版,第170页。
④ 王文俊等编:《张伯苓教育言论选集》,南开大学出版社1984年版,第264页。

育几方面都得到发展,成为有社会主义觉悟的有文化的劳动者"[①]。这个母题性质的方针,直指人才培养目标,也成了提高中国公民素质的根本导向。改革开放以来,国家有关部门集聚教育专家学者,曾多次举办关于国家教育方针的研讨,论争集中在育人目标如何更全面更科学的表述上。笔者采访一位当年研讨会的召集者得知,当时热议纷纭,莫衷一是,有人主张德智体,有人主张德智体美,有人主张德智体美劳群综,因此遭异议,说目标杂,"劳"不能与"德智体美"并列……请示中央领导,回答说依照宪法提法。而1982年12月4日公布施行的宪法,第四十六条:"国家培养青年、少年、儿童在品德、智力、体质等方面全面发展。"讲的是德、智、体,既然国家大法如是说,论争也就此罢休。

第二个标识来源于国家立法。

2015年12月全国人大常委会审议通过修改的教育法,将教育方针规定为:教育必须为社会主义现代化建设服务、为人民服务,必须与生产劳动和社会实践相结合,培养德、智、体、美等方面全面发展的社会主义建设者和接班人。

法律形式的规定,无疑就转化为国家意志、强制性行为,具有极大的权威性。

在此规定中,教育性质中增添了"为人民服务",教育途径中增添了"社会实践",教育目标增添了美育方面的要求。这使教育的性质、目标、任务和实现路径——"为谁培养人""培养什么人""怎么培养人"这三个最具有战略决定性的问题,表述得更趋于科学合理。

第三个标识来源于新时代。

2018年9月10日,在全国教育大会上,习近平全面论述了党的教育方针:坚持立德树人,培养德智体美劳全面发展的社会主义建设者和接班人。

教育方针中加"劳",虽只添一字,却是培养目标体系的重大改变,将被弱化、淡化、软化、矮化、虚化了的劳育扶正了位,成为必修课和核心素养的要素,确立其不可或缺之价值,从而,开启了劳动教育育人的新篇章。"任何一个民族,

---

[①] 《毛泽东同志论教育工作》,人民教育出版社1992年版,第258页。

如果停止劳动,不用说一年,就是几个星期也要灭亡。""生活中的一切幸福和快乐都是劳动创造的,而且只能用劳动来创造。不劳动就不可能正当地生存。"这至简之理,今用教育方针明示,结束了对劳育不公正对待的历史,让劳动最光荣、最崇高、最伟大、最美丽的观念重塑心灵。

纵目劳动创造人生、创造社会、创造世界的高远视界,补短板,增内涵,为完善,求健全,旨在构建更为全面的教育体系,形成更高水平的人才培养体系,代表了新时代的教育理想和教育智慧。

这种对培养目标全人化的不断深化认识,倘若借用宋代禅师青原唯信参禅山水的三重境界说,近一百年前小原国芳的发现,满怀对全人化教育的好奇与新鲜,尚属于看山是山、看水是水的初始阶段;而至蔡元培的毕生探索,在困惑、彷徨、痛苦与挣扎中,更多了一层理性与现实的思考,已达至山不再是单纯意义上的山、水也不是单纯意义的水的境地;而到了当下中国新时代,在不断实践积累、正反思悟、理性提升中,终于升华到拥有精深内涵的看山还是山、看水还是水的彻悟高境了。①

二

时至今日,五育并举的教育目标已成了中国回答、中国方案。这回答这方案将穿越时空,以中国的独特话语载入世界教育史的典籍。

这五育颇像笔者家乡铁岭的市树——五角枫的美丽叶片。叶掌状五裂,中间大裂朝前,两侧各两裂分举,叶片宽大,先端尾状锐尖,夏季翠绿,秋天火红,和谐而静美。

五育如一片完美五角枫叶,叶叶连通,彼此支助,排列严整,却又不平分秋色。

---

① 《五灯会元》第17卷所载南宋禅僧青原唯信一段著名语录:"老僧三十年前未参禅时,见山是山,见水是水。及至后来,亲见知识,有个入处。见山不是山,见水不是水。而今得个休歇处,依前见山只是山,见水只是水。大众,这三般见解,是同是别?有人缁素得出,许汝亲见老僧。"提出自己参禅之初、将悟、彻悟的三重境界。

德育为中间朝前的大裂,为五育之首。德启智,德益美,德健体,德促劳,德渗透、催化其他诸方面的和谐共进,实现人的优化发展的特质,因此充满活力、张力、魅力、威力。它超越应试,激活生命;超越教化,耕耘心灵;超越行为,升华人格。

可以说,德育将智育、体育、美育、劳育穿成一个相连的环,铸成结构严谨的生命链,贯穿着人的一生成长。

德育为先导。

德育是动力源泉。好像江河的源头、机械的发动机,德育解决生命状态有没有动力、能否持续产生动力的问题。

德育是生长根基。犹如树之根、楼之基,德育解决生命发展有没有坚实的底蕴、能否支撑雄立久远的目标问题。

德育是营养素。恰似动植物健康肌体所需要的多种营养成分,德育解决生命供养是不是丰富、能否四面八方源源而至的补给问题。

智育为能量。

人的学旅乃至一生,都在厚积能量以做好自己,成就事业。支撑智的厚积,依仗智商(起跳板)、情商(升降梯)和逆商(磨砺石)三要素;牵引智的前行,全靠灵或德的导航。德高促智丰,有才缺德则为世人唾弃。

体育为依托。

体育为五角枫叶的保障性一裂。无体无一切。它是生命的载体,是顶梁柱,是健全人格的根据。因此,有了生命的本源就有可能开掘人生发展的无限可能。

美育为圣境。

美育培育人们识美、审美、爱美、创美的高雅情趣和生命体验,促进诗意人生、美好情操,德、智、体、劳的发展,有益于推进创造性劳育的圣化。

劳育为根基。

此乃人之为人最本质的特征,中华民族优良传统之所在。劳育是培养奋斗精神、诚信品格、创造能力无可替代的路径。劳育还是"五育"合力育人的融通点,"以劳树德、以劳增智、以劳强体、以劳育美",具有全面塑人的源泉性价值。

人格、人性、人智三者,皆孕育、生长在德、智、体、美、劳五育的全面发展里。五育的持续发展和提升,持续使人获取源源不绝的身心储备和创造潜能,从而赢得取之不尽的幸福和愉悦。笔者在长期观察和思索里得出如下的结论:

体为载体,给人以精力;无体生命何倚?

德为载气,给人以动力;无德无以自立。

智为载才,给人以实力;无智缺失福祉。

美为载格,给人以魅力;无美疏离雅趣。

劳为载行,给人以活力;无劳哪来效绩?

从这一视角看,有了精力为盾(载体)、动力为柱(支撑)、魅力为神(风采)、活力为泉(习惯)的保驾导行,智育的实力之树自会拔地而起。反之,若只抓智育实力,而漠视精力,不给动力,摒弃魅力,窒息活力,智育实力也必陷于茕茕孑立形影相吊的可怜境遇。

具体实施五育教育,当因地制宜、因校制宜、因人制宜。

被誉为"中国最大的民间教育实验"的新教育实验,聚焦于热点疑窦,紧贴地气,直抓人心,探索出十大行动——营造书香校园、师生共写随笔、聆听窗外声音、培养卓越口才、构建理想课堂、建设数码社区、推进每月一事、缔造完美教室、研发卓越课程、家校合作共建。十大行动囊括了课上课下、校内校外,涵养德智体美劳等全人化教育的方方面面,唤醒了大脑、心灵和人格,盘活了知识、智能和个性。

十大行动得以将五育教育熔为一炉,因其凝聚了炽热的教育情怀、急切的现实需求,与强劲的时代脉搏相呼应,引发师生、家长的强烈共鸣;因其始终脚踏实地,在与教育改革的粗糙地面的碰撞中,不时迸发出耀眼火花;还因其不断攀向就事论理、以行增知、由知到智的高境。

三

五育作为全面的高水平的人才培养体系,如同奥运的五环标志,是一个不可分割不能切换的整体。

而在践行这个育人完整体系时,总还有那么一些问题,让人们困惑不解。

人的发展应该是全面而和谐的,那么,五育中的各育之于一个生命个体,是平均用力、均衡推进的吗?

不是的!全面发展不是均衡同展,五育并举也不是齐头并育。每个人的天赋优势、智能亮点不同,多元超常的智能不可能全集于一人,个性化的各异发展也就顺理成章,因此,人的德、智、体、美、劳五育发展不会也不可能均衡推进,而是以强促弱,以长带短,就像人在走路时,一腿先迈起步,一腿后迈跟随。也如手有五指,长短不一,握起来捏指成拳。十全十美难美,完美无缺有缺。花不比首放,月不求长圆。因此,实在需要给学生的多样化选择予以个性化指导。

社会可以跃进,经济可以跨越,人的发展也能实行大跃进、大跨越吗?

不可能!岁月有痕,雁过留声。人的身体成长和精神成长都是一个脚印接着一个脚印,实实在在走向前方的。即或有时出现精神上的顿悟,也只是脚步幅度加大,而不是离开地面飞腾起来。我们常说,育人的慢工细活,是慢的艺术,意在说明人的成长过程一步不能走空,如幼儿由爬而立、而走、而跑、而跳,焉能刚出生就跳,一跃登天?

育人的主要路径是什么?是园丁的悉心塑造还是生命个体的自我成长?

传统教育强调"塑造",现代教育倡导"自悟"。进行中外教育比较时,人们发现了一个重大的差异:西方教育主张"成长",而中国教育则往往强调"塑造"。其实,人的成长是人自身的内在演变,而不是外界物的制造——不论是手工作坊的逐一精制还是流水线上的批量生产。

著名教育家刘道玉深有感悟地对笔者说:"这是教育理念源头上的差误,是造成我国杰出人才冒不出来的关键因素。在'塑造'这种理念的指导下,家长要塑造自己的孩子,学校要塑造自己的学生,党团组织要塑造自己的团员,社会要塑造自己的成员,这样所有的人都成了'流水线'上的规格相同的'产品',于是他们失去了个性,失去了自我,失去了批判精神,失去了冒险精神,失去了求新求异精神,最终也就丧失了创造精神。"他明示了一条人才成长的轨迹:"在改革我国传统教育时,一定要从教育理念源头上改起,即坚决要摒弃'塑造'的观念,树立'成长'的教育理念,从幼儿开始让我国各级各类学校的学生在独立、自由、民主、怀疑和批判的氛围中成长。唯有如此,大批创造性的杰出人才才能涌现出来,也才能做出由我国科学家首创的世界领先的原创性的研究成果。"①

---

① 刘道玉:《会当凌绝顶 一览众山小》,参见《教育大境界》,教育科学出版社2014年版,第431—432页。

第九节　香飘三季

一

竞放,是十里春风林初展的繁盛,
竞放,是百花斗艳春满园的绚烂,
竞放,是千江有水千江月的和谐,
竞放,是万物霜天竞自由的奔放,
杏坛,就该在万涓归海的智慧坚守中,成就一本万象的精彩。
人格的芽苗,渴望自主吮吸阳光雨露,
精神的蓓蕾,寻求特色突破秀满枝头。

精彩阅读是心智的律动,
个性张扬为天赋的迸发,
课堂自主乃思维的飞腾。
行动,行动,行动,融入行动中追梦;
习惯,习惯,习惯,一以贯之里乃成。

青,取之于蓝,而青于蓝。
相信种子在岁月里嬗变,
相信耕耘必获金色收成;
坚冰打破,目标指明,航线开通,
生命蓬勃竞放,已是指日可待的预定……

这是笔者为青少年乐学喜读所写的赞歌。

学子的生命竞放如此七彩,全凭教育剪刀一刀一刀裁出。依据多年摸索,笔者提出人格成长的学旅三季——"芽季""花季""果季"说,即童稚儿少季节、拔节青葱季节、果香成熟季节的人格成长理念。

杜威曾断言:"一切教育的最终目的是形成人格。"[①] 关于人格,辞书诠释:"人的性格、气质、能力等特征的总和。"[②] 人格几乎囊括了人的精神与智能的全部世界。

像大自然的四季一样,学生时代人格修炼的三季,伴随身体的发育成长,每季各有内在的人格成长的使命。此使命不能回避,无法超越,不可替代,也不容错位。

三季之间的修为铸魂毗连不辍。当季应修炼的人格使命没有完成或完成得不好,下一季还会将这个使命,像高栏一样重新置于人生跑道上,让你补考,非跨越过去不可。那时所付出的时间、气力,将比当季的跨越多耗费一倍、两倍乃至数倍,这是蚀本生意。倘若不花大气力补上这一课,人格必陷入畸形甚至终身不健全,酿成人生精神发展史上无法弥补的遗憾。

围绕"积行成习,积习成性,积性成命"的人格修养与升华,"三季说"大体有如下的运行轨迹。

[①] [美]杜威:《杜威教育论著选》,赵祥麟、王承绪编译,华东师范大学出版社1981年版,第98页。
[②] 《现代汉语词典》,商务印书馆2005年版,第1144页。

二

第一季节——芽季。

芽季(学前、小学阶段)为习惯修炼季节,该生命段开启人格教育的起点,是学旅时代乃至整个人生的播种时期。这一阶段的核心使命是播种好习惯,让卓越修为成为一种习惯。该生命段的习惯培养对人的成长至为紧要。再高的树,再美的花,皆起于萌芽。先是人育养习惯,后是习惯滋养人。

中国古代民谚有"三岁看小,七岁看老"的说法。看似随口一说,实则有经验的高度概括,也与儿童的成长规律暗合。

从出生到三周岁属婴儿期,是生理发展、心理发育最迅速的萌芽时期,这一阶段的幼儿,已依稀可见少年时期的心理本真与个性形象的雏形。而从三岁到七岁的幼儿期,则是心理、个性形成的最关键时期,甚至可以预示出成人以后的气质与形象。

芽季所形成的总的心理特征,即人的最初的个性特征,在儿童的心灵锦绣上织出了最初的较为明显的"花纹"。因此,儿童期是最特殊最紧要的个性的奠基期,此期如幼树、似清泉,最该抚育、最易濡染,谁适时抓住此时良好的开端,近似于找到了成才之路的路标。

汶川大地震后近20个小时,2008年5月13日早上7点,八名解放军战士将埋在北川县曲山幼儿园废墟里的3岁男孩郎铮抬出。在木制临时担架上,满身灰尘、满脸鲜血、左臂骨折的郎铮伸出稚嫩的右手,自然又庄重地给解放军叔叔敬了一个军礼,这张名为《生命的敬礼》的照片感动了亿万国人。

从郎铮牙牙学语开始,警察爸爸郎洪东就教他演练做人的基本礼仪——敬礼,说"这是对别人的尊敬和感谢";学走路时摔倒了爸爸从不拉扶,而是鼓励他爬起来;别人帮助或给东西吃,要求孩子及时说"谢谢"。不到两岁,朗铮就熟练掌握了要领。这可归结于芽季培育的习惯,好习惯一直助其日后的成长。

马卡连柯参加《给家长的书》的读者讨论会时说:"人将会成为什么样子,

主要取决于您在他满5岁时把他造就成什么样子。如果在5岁以前您不按应该的那样加以教育,以后就不得不重新教育了。"① 习近平瞩望青少年健康成长时形象比喻说,要扣好穿衣服的第一粒扣子。这与作家柳青所说的"人生之路是漫长的,但紧要处只有几步",异曲同工地昭示了人生关键时期的关键行为的关键性作用。

有一个往往被教育者忽视的真实故事。

1978年,75位诺贝尔奖获得者聚会于巴黎。会上,一记者问当年的诺贝尔物理学奖得主卡皮察(1894—1984):"在您的一生里,您认为最重要的东西是在哪座大学、哪所实验室里学到的?"

这位85岁白发苍苍的诺贝尔奖得主平静地回答:"不是在大学,也不是在实验室,而是在幼儿园。"

记者有些好奇,问:"为什么是在幼儿园呢?您认为您在幼儿园里学到了什么?"

这位诺贝尔奖得主一字一句答道:"在幼儿园里,我学会了很多很多。比如,把自己的东西分一半给小伙伴们;不是自己的东西不要拿;东西要放整齐;饭前要洗手;午饭后要休息;做了错事要表示歉意;答应小朋友或别人的事要做到;学习要多思考,要仔细观察大自然。我认为,我学到的全部东西就是这些。"

我国新教育实验的发起者朱永新,儿时得益于严父调教,晨5时即起,无论节假日。久而久之,养成早读习惯。笔者为他算了一笔"抢时延寿账":每日早上至少抢2个小时,一年抢730个小时,62年抢出45260个小时,按每日7小时计,相当于多出18年!他每晚也学习工作,所抢时间若也按2个小时计,生命相当于又延长一个18年!难怪他成果丰硕,已出版的书籍就达2000万字!他引导新教育实验的数百万师生激发习惯的力量,发起"每月一事"行动,带动广大师生每月养成一个好习惯,倒逼素养的落实。"每月一事"行动,既是对生命

---

① [苏]《马卡连柯全集》第4卷,耿济安、高天浪、王云和译,人民教育出版社1957年,第444页。

旅程的全新梳理，更是对人格的一次次用心建构，对幸福完整教育生活的一天天的真诚践行。

上述中外学者传递了哪些教育真谛呢？

其一，积千累万，不如养成好习惯。好习惯，金不换。习惯乃做人之基，人格的种子，人生第一财富，对人的终身发展起作用。培根（1561—1626）说："习惯真是一种顽强而巨大的力量，它可以主宰人生。"①

其二，自小修炼是养成好习惯的最佳方法。"少成若天性，习惯如自然。"②小树长歪了可以扶正再长直，而歪树长为大树，再想扶正几无可能，即《学记》"时过然后学，则勤苦而难成"的道理。

笔者悟得，少儿修习惯，习惯刻进骨；年轻修习惯，习惯融入腹；中年修习惯，习惯刺于肤。

其三，良好教育是人格成长的基石，其奠基价值关乎久远。叶圣陶就说："什么是教育？简单一句话，就是养成良好的习惯。"③

关于好习惯的论述很多。洛克断言："一切教育都归结为养成儿童的良好习惯，往往自己的幸福都归结于自己的习惯。""只有你给他的良好原则与牢固习惯，才是最好的，最可靠的，所以也是最应该注重的。因为一切告诫与规则，无论如何反复叮咛，除非实行成了习惯，全是不中用的。"④乌申斯基也阐释："良好的习惯乃是人在其神经系统中存放的道德资本，这个资本不断地增值，而人在其整个一生中就享受着它的利息。""习惯是教育力量的基础。"⑤

为什么习惯如此重要？因为习惯之于人，是一种自动化的反射行为。就像司机的方向盘、火车的轨道，常常表现为思维定式、动力定型、行为定轨，指挥人自然而然地沿袭某种定式去想与做，直接惯性地作用于人的思维、行动、状态乃

---

① [英]培根：《培根人生随笔》，何新译，人民日报出版社1996年版，第147页。
② 孔子语，参见耿文辉编著《中华谚语大辞典》，辽宁人民出版社1991年版，第1149页。
③ 《叶圣陶全集》第11卷，江苏教育出版社1987年版，第228页。
④ [英]洛克：《教育漫话》，傅任敏译，教育科学出版社1999年版，第7页。
⑤ 《乌申斯基教育文选》，张佩玲、冯天向、郑文樾译，人民教育出版社2007年版，第166页。

至人的全部生活。

习惯为底蕴,习惯有速度,习惯成天性,习惯出能力,习惯结硕果。

习惯之于人,强过规则,超过约定,稳过承诺,胜过涵养,甚至高过信念。这种惯性力一旦形成,就像地球自身的转动一样,任什么力量也无法阻挡。

经常有少年问笔者:用心学、努力做(好事),为什么常常只有几天热度而不能坚持下去呢?笔者回答:每个人不同,但常见的答案,是因没有养成用心学、努力做的好习惯。

好习惯为什么不容易形成呢?

其一,习惯细若牛毛,微如尘埃,"繁枝容易纷纷落,嫩蕊商量细细开"。因抓大放小,常被人忽略。

好习惯的达成有一个渐进的过程,经历"刻意,不自然""刻意,自然""经意,自然"的三种心理调控状态,积土成山,积水成渊,积善成德。"积"的过程乃是习惯修炼的过程,是人的行为逐渐自动化的过程。没有积蓄,哪有宏富?

其二,习惯形成犹如涌泉成流、细流成河,看上去易,其实很难。难在它成流、成河的凝聚过程中要冲破许多险阻,这个险阻就是人的惰性、任性、无常性,这是滋生在人的心性上的毒菌,只有不断地清除它,习惯的水泉才能畅通。

其三,好习惯难在坚持,难于做到神秀大师所喻"身是菩提树,心如明镜台,时时勤拂拭,勿使惹尘埃"[①]的境地。至于慧能大师所述"菩提本无树,明镜亦非台,本来无一物,何处惹尘埃"[②]的峰顶绝境,尤其难上加难,明镜悬心,绝无涓尘。而沾染坏习惯却如脱缰野马易放难收。

习惯的副产品是兴趣,培植幼童多方面的兴趣,为个性的形成悄悄播下种子。

人无财富可以创造,没知识可以学习,若没好习惯则一事无成。笔者考察成都市第七中学育才学校,当时全校师生正讨论该养成哪些良好习惯。笔者参

---

① 《坛经》,北京燕山出版社1996年版,第33页。
② 《坛经》,北京燕山出版社1996年版,第39页。

与了其中的鉴别、增减、锤炼与润色,最后确定中小学生最该具有的十大习惯:健身习惯、文明习惯、践行习惯、自学习惯、求索习惯、感恩习惯、诚信习惯、责任习惯、惜时习惯、合作习惯。笔者感知,此为针对当前学子的较完善的做人习惯。

包头市铝业集团小学在校长蔺永忠引领下,多年来坚持学生每日"踏步一分钟,唱一首歌,写一篇日记,练一次字,做一项家务劳动,上一个小岗位,至少读半小时课外书"的习惯,从践行的角度敲开习惯的入口,收效甚佳。

有时,好习惯的形成需要契机,苏联教育家苏霍姆林斯基就提供了一个范例。

校园的花房里开出一朵硕大的玫瑰花,全校师生非常惊讶,每天都有许多同学来看。这天早晨,苏霍姆林斯基在校园里散步,看到幼儿园的一个4岁女孩在花房里摘下了那朵玫瑰花,抓在手中,大步往外走。苏霍姆林斯基很想知道这个小女孩为什么摘花,他弯下腰,亲切地问:"孩子,你摘这朵花是送给谁的?能告诉我吗?"小女孩害羞地说:"奶奶病得很重,我告诉她学校里有这样一朵大玫瑰花,奶奶不相信,我现在摘下来送给她看,奶奶看过后我就把花送回来。"听了孩子天真的回答,苏霍姆林斯基的心颤动了,他牵着小女孩,在花房里又摘下了两朵大玫瑰花,对孩子说:"这一朵是奖给你的,你是一个懂得爱的孩子;这一朵是送给妈妈的,感谢她养育了你这样好的孩子。"

像爱护清晨草叶上浮动的晶莹的露珠一样,一颗博大的爱之心,就这样小心翼翼地护卫童真美好的天性,培植爱的习惯的嫩苗潜生暗长。

三

第二季节——花季。

花季(初中、高中阶段)为道德渐成季节,该生命段竖起人格教育的支点,是学旅时代的耕耘时期。这一阶段的核心使命是耕耘好道德,让高尚修炼成为一种道德。

"道德普遍地被认为是人类的最高目的,因此也是教育的最高目的。"① "道德可以被认为是一种理想的人类行为。"② 大哲学家康德(1724—1804)说得形神兼备又大气磅礴:"有两种东西,我们愈是时常反复地思索,它们就愈是给人的心灵灌注了时时翻新,有加无已的赞叹和敬畏:头上的星空和心中的道德法则。"③

道德乃立身之本钱,人性的路标。

道德的根本准则是"己所不欲,勿施于人"。④

道德的核心要求是人的责任担当感。它是全部道德中影响力最大、感染力最强、最该具备的品质,是涵养、加固人的天性的营养素。

道德的要旨是人具有爱国爱民的伟大情操,活化在每一个个体那里,当首要孝敬长辈,忠诚祖国,成长为担当民族大任的时代新人。

道德的最高境界是满怀道德自觉,犹如流水清风,日夜照流无误,人前人后吹拂不息。

芽季所播种的优良习惯,为走向道德之场铺垫了路径,诸多好习惯引导人们思辨与行为的向善朝向,在治学、理事、做人上给人满满正能量的惯性支撑。

道德之犁在一块块心田破土,播撒下饱满的道德之种,收获的是越发醇厚、越发丰硕的道德的金秋。在悠悠岁月里,万物都会凋零、腐烂,唯有崇高的德性之花不凋,道德之果不腐。古人所说的"三不朽"⑤即为此意。道德是做人的精髓和丰碑。

比尔·盖茨对员工说:"人可以不伟大,但不可以没有责任心。"罗曼·罗兰也曾说:"99%的努力和1%的灵感,对于成功是不够的,你还必须有100%的道

---

① 张焕庭主编:《西方资产阶级教育论著选》,张焕庭译,人民教育出版社1979年版,第259—260页。
② 赵中建选编:《全球教育发展的研究热点》,教育科学出版社2001年版,第16页。
③ [德]康德:《实践理性批判》,韩水法译,商务印书馆1999年版,第177页。
④ 《论语·卫灵公》,参见《论语 孝经》,蓝天出版社1998年版,第58页。
⑤ 《左传·襄公二十四年》:"大(太)上有立德,其次有立功,其次有立言,虽久不废,此之谓不朽。"见夏征农主编《辞海》,上海辞书出版社1989年版,第43页。

德品质做保证。"

道德伴随良知而生,在持续修为里日臻美善。

道德伴随良知而生,在各种环境里坚持修为才会日臻美善。

十一二岁,本是依偎父母怀里撒娇、戏耍的"蜜罐"里的岁月。而在贵州赤水大同镇深山里的黄海,却在逆境处苦拼。他不满2岁时(弟弟黄棚宣出生月余),离异的母亲远嫁他乡;8岁时,打工的父亲惨遭车祸离世,紧接着,70多岁的爷爷瘫痪不能自理;60多岁的奶奶做2次手术几乎不能做活。有山依着,没山立着!小小少年,嫩嫩肩膀,撑起了一个家!

每天凌晨五点,黄海就起床将弟弟叫醒。兄弟俩一起做饭、煮猪食、喂猪、喂鸡。安顿好爷爷奶奶后,差不多六点半,一起背着书包去学校,要步行一个多小时的山路。

放学回家后,兄弟俩立马忙家务、做农活。哥哥挖红薯,弟弟捡。装好红薯后,俩人一前一后背着回家。细细的背绳勒进肩膀,沉沉的红薯压得边走边喘着粗气。地里种菜、种庄稼,必须学会挖土,黄海按奶奶指点,边学边干,满脸流汗。

几只母鸡下了蛋,一家人舍不得吃,黄海拿到集市上换点钱贴补家用。

爷爷奶奶生病,躺在病床上不能动时,兄弟俩抢着照顾爷爷奶奶,端茶递水、熬汤煎药、夹菜喂饭、洗脸洗脚、捶背按摩……奶奶抹着眼泪,心疼地看着两个乖巧的孙子说:"多亏了孩子懂事,要不然这个家就塌了!"

兄弟俩最怕没有书读,山高路远,从不迟到,成绩在班里均佳:哥哥前三,弟弟前五。黄海当班长,班主任说:"他责任心很强,有公德心、正义感。一次班里的同学生病,在教室里吐了一地,其他同学都嫌脏,他默默地帮助打扫干净,照顾生病同学。"黄棚宣是学校的红领巾播音员,兼任文艺活动的主持人,在学校辩论赛上获得"最佳辩手"称号。

从早忙晚,顾家向学,重负压不垮心灵,逆境里充满了微笑。黄海说:"微笑能让爷爷奶奶看到希望,也能让自己不绝望。"

寒门出孝子。境遇成了美善人性的砥石,早慧多能的赛场,黄海兄弟赢得了丰盈的回馈。

花开有赖园丁。学校老师给予的呵护和鼓励,成了这两朵逆境里绽放的花儿的充沛雨露、和煦阳光。

黄海说:"长大以后想当老师,这样就可以教很多很好的学生。"黄棚宣的理想是当建筑工程师:"以后可以修桥修路,盖很多房子。"老师们则说:"总有一天,兄弟俩都会长成参天大树!"

而现代化的进程中,我们的身边不乏道德失范现象。一些人把粗鄙当豪放,把无知当朴质,把失礼当率真,把低俗当高雅,把仇恨当爱国……这一切,关乎民族的习惯重塑与道德整容的深层议题,当从一个个细微处开抓,一点一滴地根治德育的顽症,重新焕发民族道德的荣光。

四

第三季节——果季。

果季(大学、研究生阶段)为灵魂生长季节,该生命段逐渐达至人格教育的高点,是学旅时代的收获时期。这一阶段的核心使命是收获感悟,修炼灵魂,让美丽修炼成为人的一种灵魂,让灵魂绽放出芳香。

从良好习惯而臻于高尚道德,从高尚道德而升腾为美丽灵魂,这是一条符合冀望的人格成长之链,精神攀升之链,人生完美之链。从外延到内涵而视,彰显的是精进,凝结的是心力。

灵魂是什么?灵魂乃生命之根,人性之源,主宰人生的伟大力量,润泽天性的春雨夏露。

灵魂的核心是人的心性的真善美,是对人、事、物的是非、真伪、善恶、美丑、曲直的透辟的洞悉,对良知的笃定坚守。

教育说到底,无非是人的灵魂的生长、再造与圣化,最终达成自我教育的高境,即受教育者的自我认识自我修为自我调控,涵养成高度的内在自觉。如此的获得,都产生于向学、践行、审思、了悟、创造中。

在灵魂生长季节里,人的个性走向成熟。成熟的显著标志,是化知识为能力,变能力为智慧,变初心成信仰,使"三观一法"(人生观、世界观、价值观、方法论)悄然形成。

灵魂,作为一种切实的存在,它往往意味着生命最深处的感触;作为一种难以捕捉的本体(本源),它往往出现在灵性闪光的时刻;作为一种精神的载体,它在境界的高端可以镌刻不朽;作为一种生命的本质,它在疏离自己时又会顿生行尸走肉的痛楚与磨折。唯有身体与灵魂完美地融为一体,我们才能说自己是一个完整的有尊严有理性有灵性有创造力的大写的人,唯有灵魂在我们的身体里诗意地栖息,我们才能挥洒自己的青春,释放自己的激情,升华自己的境界,达至生命所追寻的人生价值的极限。

这里,记述一个真实的故事。

2018年7月19日,锦州南站。刚刚下车的81岁老人崔永龙突发疾病,倒地不起。听到车站急寻医护人员的广播后,正要检票乘车的锦州医科大学二年级学生丁慧,火速赶到老人跟前,此时老人已没了呼吸。

没有丝毫犹豫,丁慧与死神赛跑,蹲在地上为老人做人工呼吸和心肺复苏,边做边大声喊:"爷爷,醒醒,爷爷,坚持住!" 30次胸部按压和1次人工呼吸为一组,她接连做了4组心肺复苏,老人终于逐渐恢复了心跳和呼吸。老人清醒后,丁慧一直陪护老人至120急救人员到场才默默离开。老人的家属一再请求她留下联系方式,丁慧则说"叫我'丁丁'就行"。家属又掏出一沓钱塞给她,一次次都被她推开了。家属无奈,嘱咐车站工作人员一定要帮忙联系上这个好女孩。

丁慧没赶上预定的火车,车站给她安排了最近一班高铁,换票的时候,工作人员悄悄记下了她的学生证信息。救人事件发生的第二天,锦州南站派人把一封感谢信和十几分钟的救人视频送到锦州医科大学。消息被发到互联网上后,网友纷纷转发,一时间,成千上万条评论铺天盖地而来:"这是最美大学生形象!""丁慧是锦州最靓丽的名片。""这是2018年最温暖的记忆之一。""传承仁者精神,传播人间大爱!"……

那颗因善良而无畏的心,也点亮了世人善的本能。人们从丁慧身上看到了璀璨的心灵,看到了人性的芳华,看到了灵魂的美丽与优雅……

五

芽季播撒习惯的良种,花季耕耘道德的壮禾。

花季守护道德的成长,果季收获灵魂的硕果。

如果说,芽季完成习惯的养成,开始步入了思维定式、动力定型、行为定轨的自动化之路;花季承担的道德修炼,是在人格的核心使命上完成了至为关键的主体建构,为青春打点精神行囊;那么,果季灵魂上质的掘进,则是在人格制高点、人性至深处,捧起璀璨明珠,采撷满目芳菲,成为崇高而幸福的人。

学旅三季,属人格建构,是实现全人化的必不可少的奠基准备。这像非洲草原的尖茅草,最初只一寸高,半年后雨季一来,像施了魔法一样,三五天就窜到两米高,一鸣惊人。原来前六个月,它的根部一直在长,扎在地下超过20米,为后来的疯长做足了准备。

学旅三季过后,习惯养成、道德修炼、灵魂造就并不等于就万事大吉,一劳永逸,还需在人生新境界起跑线上再出发。

悄悄呵护着心灵律动的和谐节拍,耐心地守候时光潮汐带来的嬗变。相信种子,相信土地,相信岁月,要静静地等待芽发、花开、果熟的日子。你听——

嫩绿的芽儿,

和青年说:

"发展你自己！"
淡白的花儿，
和青年说：
"贡献你自己！"

深红的果儿，
和青年说：
"牺牲你自己！"[①]

[①] 冰心：《繁星·春水》，人民文学出版社2008年版，第6—7页。

第四章

学之径

　　人生即学习,学习即人生——学习与人生同行。终身学习铺就生命之路,生命之路贯穿终身学习——生命之路与学习之路一体。学习是精神给养,是健全人格的基本要素,是一种高贵的内化生成,生命在场,生成在场。孔子等圣贤就是在学习里吸纳,吸纳里生成,生成里成长。生成能力,生成智慧,生成人格。

第十节　动力为源

一

学习,学习,学习!

东西方文明的衍生传播,始自学习。东方有老子、孔子,乃至诸子百家设教,西方有毕达哥拉斯(前580—约前500)、苏格拉底、柏拉图等先哲领学。自此世界文明运笔成势,成就今日教育之洋洋大观。

学习,学习,学习!

自有人类出现以来,学习无处不在,用之而不觉,失之则难存。人们为了生存、发展和幸福,就须有立身的本事,交往的道德,做事的能力,创业的智慧,而这一切皆不是与生俱来的,不是在人的头脑中自动出现的,更不是什么人恩赐的。那么,它们究竟是怎样得到的呢?

《论语》中有明示:"学而时习之。"

这是人类最早淬炼且使用"学习"二字,置于《论语》开篇首句,其广深意蕴不言自明,旨在揭示人类推陈出新、革故鼎新、日新月异的大学问、大道理、大智慧。

自古至今,自中至外,凡有头脑的人无一例外地践行着,求索着,做着最好的自己,其中有许许多多智者竭尽心力揭开学习面纱,展示学习真谛:从战国时期思想家、文学家荀子创作《劝学》,到20世纪最伟大的心理导师克里希那穆提写出《一生的学习》,再到联合国教科文组织在1996年提出学会求知、学会做事、学会共同生活、学会做人的教育四大文柱,将"终身学习"作为一切重大教育变革的指导原则,把建立"学习型社会"作为21世纪教育的终极目标,学习已提升为世界各国的强人强国强族的根本战略。

是的,在知识潮涌、智能裂变、奇迹井喷的当下,在学生为主体——学习的主动发起者、参与者、见证者的时代,学历只代表一个人往日拥有的潜力,能力代表一个人当下具备的功力,而学习力则代表一个人未来可预知的发展力。不能用过去的知识教今天的学生,做明天的事情。而告别知识旧化、理念老化、能力退化、大脑僵化、思维固化、方法死化、文风套化的唯一路径在学习——时刻学习、不懈学习、终身学习。

因为学习,只有学习,让人类气象灿然,人生动力充沛,人类社会蒸蒸日上。

智能,在学习里抵达胜境;生命,在学习里迸发精彩;竞争,在学习里凯旋。

无论对人,还是对事业,学习是终身的伴侣,向学是胜利的曙光。

二

学习力涵盖哪些内容呢?

学习力涵盖学习态度、学习动力、学习方法、学习效率,其中总开关是学习动力。诚如爱因斯坦的发现:"情感和愿望是人类一切努力和创造背后的动力,不管呈现在我们面前的这种努力和创造外表上多么高超。"[①] 学习动力是源泉,是发动机。动力充足,古人可以"头悬梁,锥刺股""凿壁偷光""程门立雪""划粥断齑",近现代人、当代人可以远渡重洋、学贯东西、面壁十年,在华夏大地造就复兴伟业。

---

① 《爱因斯坦文集》第1卷,许良英等编译,商务印书馆1976年版,第397页。

学习动力作为内驱力,最纯粹的"燃料"是乐学。孔子有言:"知之者不如好之者,好之者不如乐之者。""知之"为求知境界,"好之"为兴趣境界,"乐之"则升入审美境界。这就是孔子终身"学而不厌"的缘由,"发愤忘食,乐以忘忧,不知老之将至"的审美体验和愉悦境界。

好学乐学者,学校是乐园,课程是乐土,求学之旅自是一幕幕喜剧。

厌学怠学者,如不系之舟,自身浑噩,与人不睦,自己也视自己是个异类,是个"问题",期待早日与人生和解。

他们何以丧失学习动力?

学习动力不足者(这里着重谈学生),有的苦于家境,有的弱在基础,有的差在习惯,有的伤在心理,有的茫然于前途,有的纠结于学习生态……这些学生常常表现为思想漂泊,灵魂流浪,心志疲软,激情蒸发。此类状况归根结底,就是缺少理想,丢失目标所致。

师者当用自己守望教育的真诚信仰,寻找学子们喜闻乐见的求学形式。从每一个生命个体的实际出发,走进千差万别的心灵深处,撬动其天赋特长的阀门,与之辨析、了悟、品味自微至宏的芽季梦想、花季追寻、果季目标等生命大道,给他们博纳的胸怀、透视的眼光、良好的习惯,让停了摆和半停摆的动力之钟再启动再出发,师生相携互助一路同行。

智慧清醒的师长,都在激活学生的学习动力上下了足够工夫。

哈佛商学院柯比教授告诫学生:"如果你想在进入社会后,在任何时候、任何场合都能得心应手,并且得到应有的评价,那么你在哈佛学习期间,就没有晒太阳的时间。"哈佛图书馆第一条训言:此刻打盹,你将做梦;而此刻学习,你将圆梦。该训言还明示:"学习时的痛苦是暂时的,未学到的痛苦是终生的。"

哈佛的学子不愧为学习的精灵。未来的发展和贡献为他们注入了强劲动力,面对知识美味,个个如同饥饿无比的人,捧着写满山珍海味的菜单垂涎三尺。一个北大女孩说,我在哈佛一个星期的阅读量是我在北大一年的阅读量。

2015年秋,央视节目《世界著名大学》制片人谢娟带摄制组到哈佛采访。

她说:"我们到时是凌晨2点,让我们惊讶的是,整个校园灯火一片,那是一座'不夜城'。餐厅、图书馆、教室里还有很多学生在看书,学习不分白天和黑夜。"英国一家电视台也曾做过题为《凌晨四点半》的专题节目,录下了一个普通的凌晨四点半,在占地154公顷的校园里,哈佛学子刻苦攻读的影像。《哈佛凌晨四点半——哈佛大学送给青少年的最好礼物》一书[①]介绍道:

凌晨4点多的哈佛大学图书馆里,灯火通明,座无虚席。

哈佛学生餐厅,很少有说话的声音,学生端着比萨、可乐坐下后,往往边吃边看书或是边做笔记。餐厅不过是可以吃东西的图书馆,是哈佛正宗100个图书馆之外的另类图书馆。

哈佛医院,不管有多少候诊的人也无一人说话,无一人不在阅读或记录。医院仍是图书馆的延伸。

哈佛校园,不见华服,不见化妆,更不见晃里晃荡的醉影,只有匆匆的脚步……

哈佛大学终身教授丘成桐教授说:"相比之下,中国大学生的生活太轻松了。我们总说,中国孩子为高考受了多少苦,其实,在美国一些著名的中学里,学生同样是很苦的,也经常学到半夜。世界的精英教育哪有不吃苦的?中国的孩子到了大学,往往一下子放松4年,这恰好是美国大学生最勤奋的4年,积蓄人生能量的黄金4年。"尤其哈佛学子,征服学习成了每个人的口号,众多而紧张的课程,练就了长时间超负荷学习的毅力。

人民大学附属中学的名师王金战,回首和梳理教育往事,发现了学生的学习动力来自七个方面:一是自尊,二是自强,三是持续激励,四是改变贫穷的愿望,五是感恩,六是体验困境,七是自主学习。他及时而有效地撬动七大动力的杠杆,一一激活了学生的学习动力,创造了令人瞩目的教育光华:"他所带的55名学生的高中班,10人进入剑桥、牛津、耶鲁等世界名校,37人考入清华、北大,在全国各类竞赛项目夺冠达25人次""这个班的学生品学兼优,获得校男子足

---

① 韦秀英著,安徽人民出版社2012年版。

球赛冠军、女子篮球赛季军、运动会总分第一、6个文体竞赛项目冠军,校学生会主席、校团委书记、校音乐社长等职,均来自这个班级"。①

三

21世纪之初崭露头角的中国新教育实验,从再造民族的人文基因和科学基因计,点燃了大阅读的火炬,数以千计的学校、数以百万计的师生,投身于滔滔的文化长河之中,放歌向学。

新教育人达成了五个重要的理论共识:一个人的精神发育史就是他的阅读史,一个民族的精神境界取决于这个民族的阅读水平,一个没有阅读的学校永远不可能有真正的教育,一个书香充盈的城市才能成为美丽的精神家园,共读共写共同生活才能拥有共同语言、共同价值和共同愿景。②

这是中国迈向学习型社会的一组美丽剪影。

剪影之一:学校层面,致力于营造书香校园。

加入新教育实验的各所学校通过营造浓郁的阅读氛围,将校园变成学生成长的快乐学园,让阅读成为师生最常态化的生活方式,整个阅读时空,以生命发展为主旋律。在心与心碰撞,气与气涌动,情与情濡染,智与智助推中,飞迸最美丽的音符,汇聚成雄浑磅礴的交响。

常州市湖塘桥中心小学,21世纪之初就建起了书香校园,创建"三级"书香网络:学校图书馆和阅览室三百平方米的"书苑",供学生自由选择,自主性阅读,每学期奖励学习型教师与小小读书迷;每一楼层都设立级部书吧、级部乐池、书香级部;班级设有图书架,存书量不少于三百本,便于课间随时阅读。书架有形,引领无形,有形的阅读场所,无形的读书习惯,提升了学生的人格、品位、素养。教室开辟"书墙",推荐新书,粘贴书报,展览读书笔记、读书成长册。

书香满园。"我读书,我快乐,我美丽""与经典同行,铺垫人生底色"的口

---

① 王金战、隋永双:《英才是怎样造就的》,重庆出版社2006年版,第81—91页。
② 朱永新:《极目新教育》,人民教育出版社2018年版,第104页。

号随处可见。书成了最高级别的奖品,奖给运动会高手、课堂智人、读书迷、成长幅度最大者。学校选择《经典诵读》为晨读教材,班级自编了古诗词赏析教材。全校开展诵诗词、品诗味、唱诗歌、写诗字、画诗意、演诗情、办诗报、研诗教等多种方式的活动,进行品读经典,触摸时尚,美化环境,诗化文化的培养模式,该校学生以知书达理、外秀内慧的形神而出彩,达到"学习如果具有思想、感情、创造、美和游戏的鲜艳色彩,那它就能成为孩子们深感兴趣和富有吸引力的事情。"的效果。[①]

新教育实验将阅读推向社会,融入家庭。山东省日照市教育局开通"校校通"数字图书馆,开办"书香港城"读书网站,让全市师生、家长以及市民都能通过便捷平台随时随地阅读。拥有十五万粉丝的"日照教育发布"微信公众号,高频率推广阅读,受众上到耄耋老人,下至稚嫩孩童。一个孩子带动一个家庭,亲子共读成为日照另一道亮丽的读书风景。夜幕降临,华灯初上,你捧一本书,我读一佳作,阅读让每个温暖的家庭书声绕梁,袅袅书香让整个港城文气灵隽,韵味无穷。

剪影之二:教师层面,新教育实验打造教师成长的"吉祥三宝"。

专业阅读——站在大师的肩膀上前行。

专业写作——站在自己的肩膀上攀升。

专业交往——站在集体的肩膀上飞翔。

活跃在一线的"种子"教师,聚是一团火,散是满天星,像火种一样,点亮一大片,引领一大片。他们如饥似渴地参悟新教育理论,注重活学活用,加强个人的苦心创造,在自己的一方田园里,异彩纷呈,特色凸显,成为"三专"的突击队。

专业阅读是教师发展的第一台阶。其根本任务,是以广阔的智力背景滋养生命,用深博学识和宏富智慧武装大脑,从而建构起职业核心素养,选择科学的阅读方式,通过对书籍的精读、梳理、批判、选择,进行正能量的吸纳、内化。

荣获中国网"中国好教师"称号的河南省商水县化河乡一中王桂香的情态,

---

① [苏]苏霍姆林斯基:《把整个心灵献给孩子》,唐其慈译,天津人民出版社1981年版,第154页。

可谓一幅代表性剪影。

她在加盟新教育网络师范学院的一年间,一门课一门课地学,一本书一本书地读,《构筑合宜的大脑》《第五十六号教室的奇迹》《中国哲学简史》《古老的回声》……每一门课、每一本书带给她的都是前所未有的紧张、刺激、快乐、痛苦……渐渐地她宁静下来,充实起来,目标明晰起来。她竟然一口气选了七门课程,写了近七万字的作业。她将时间按小时计算,每日用五个小时做每天必做之事:读《论语今读》十则,读或批注《人间词话》三则,批改作文十篇,编写教案一篇,备课一节。用两个小时亲子共读:中午读《阶梯数学》十页左右;晚上读《夏洛的网》十五页。每晚用少于一小时多于三十分钟的时间倒走,缓解难忍的腰痛。用四个小时做家务:拖地,整理床铺,洗衣服,做饭……用八个小时睡觉休息。还剩下四个小时呢,看书、闲聊、上网……她如是奋斗,啄羽再造,成效显见:阅读视野的开阔让她知天命,解读文本的功力使她有底气,中外教育理论带给她深刻的洞察力,通透的哲学思维为她安顿了灵魂,创造性的劳动赋予她一个书香家庭。

专业写作是教师发展的第二台阶。专业写作承担着信息的内化,将教书育人所见所做所感所悟的一个个散乱的碎片,用思想灵魂串起来,化作静美的彩练,用文字挽留时光。新教育写作大体分教育感悟、教育叙事、教学案例、教育案例、师生共写随笔等五类。

四川省宜宾市五十多岁的女教师郭明晓起早贪黑,痴迷于专业性写作之中。

她记录教育教学现象:有成功,有失败,有热烈,有沉闷,有欣喜,有沮丧……她一一品味,运用理论给予反思性分析。她给家长们写信,把读到的理论用自己的语言向他们转述,如给家长们分享怀特海的"浪漫—精确—综合"的精辟思想,并描述自己的运用,最后给家长们提出运用此理论的建议。她写作读书小论文,读了维果茨基《思维与语言》后,她写了《为何出错》,读了多部心理学的著作,她以一个孩子的生命发展史为蓝本,运用心理学理论分析,写下从更专业角度理解孩子的文字,将理论转化为自己的技能。她写理论解读:读了童话理论就写童话解读,读了散文理论就写散文解读,读了诗歌理论就写诗歌解读。她还参加文本解读课程的学习,提升自己的解读能力。她的生命叙事著作《我是大西洋来的飓风》全景式描绘自己的教育人生,聚来无数同仁的赞许日光。

专业交往是教师发展的第三台阶,助推教师在互动中尽快成长。网络平台、读书会、名师工作室、项目工作室、课程研发小组、网师和萤火虫工作站等,成了新教育教师在互动中成长的坚实链条。借助这些,新教育人开诚布公对话,推心置腹交流,针锋相对碰撞,不遗余力扶持,群策群力攻关,彼此接力进击,互相抱团温暖,让智慧与人性同住,教育的内核与生命的坐标交织,个体心灵成长的脚步与改造教育生态的效果相映成趣。这成了"尺码相同"的教师的联络方式、存在方式和行走方式。你昨夜发在网上的困惑,今晨就有人给出答案。互相拉动,取长补短,在心田种太阳,为生命引清泉。

剪影之三:学生层面,将素质教育落地生根,以少年中国之精神培育中国之少年。

从晨诵、午读、暮省的生活方式,到课上、课下、课外的课程实践,新教育的舞台成为学生闪展腾挪的追梦天地。走进大自然探秘,游入社会之海观览,踏上才艺赛场比拼,开掘个性矿藏,闪耀各自亮丽,谱写学旅进行曲,赢得陶行知倡导的"六大解放",生命增长与精神成长齐进,灵感智慧和创造神奇共涌:

山西省绛县第一实验小学三(5)班梅银浩同学坚持从入学起每天写日记(开始时用拼音代替),一坚持就是三年,写了60本日记,共1058篇,176528个字。日记记录着他的故事:丰富多彩的校园生活,匪夷所思的历险记,奇思妙想的科幻故事连载……他有十余篇日记发表在《快乐阅读》《快乐日记》《快乐新语文》《意林》等杂志上,还成了2015年第5期《快乐日记》的封面明星呢!

贵阳市三十初级中学快乐七班的教室墙壁,有学生自己编撰的班级口号:"世界给我一个舞台,我还世界一个精彩""我对未来的想象,就是我今天的能量"……刻画出快乐班的精气神。

新疆维吾尔自治区奎屯市张遵香老师任教的小学,二年级的孩子们拍演出

30分钟的多幕电影《丑小鸭》。稚气十足的七八岁小演员用心表演、全神入戏，这些奔来跑去的小精灵，演绎着流光溢彩的故事，显现出与年龄不相称的老成持重，获得几倍于平时的成长，让奎屯市教育同人、家长惊喜不已。

在大山深处的湖北省环潭镇涢水小学，老教师王从伦用阅读涂写孩子们的人生底色，拓宽视界襟怀，铺展一片旖旎的儿少时空。在"阳光班"里，他和四十七个孩子第一次共读了《伊索寓言》，读出了童趣、快乐，也读懂了很多道理；紧接着共读《夏洛的网》，孩子们认识了那只为朋友奉献一切并实现了生命价值的蜘蛛；后来共读了《假如给我三天光明》，孩子们为海伦·凯勒不幸命运而感伤，更被她那坚强向上的精神深深激励。几年下来，师生共读了《窗边的小豆豆》《木偶奇遇记》《海底两万里》《绿野仙踪》等许多书，如饥似渴地遨游书海之中，一张张脸上写满了丰硕的喜悦，心里飞进着美丽的音符，精气神被朝霞尽染。

随着孩子们的渐渐长大，文学科幻、科学历史等各类书籍也悄然走进了少年的生活。学生年平均阅读量达到六百多万字。2014年，"阳光班"六年级学生人均年阅读量竟达一千万字以上。孩子们爱书，读书，谈论书。书籍成了至爱，化作生命成长的牧场，朝夕不离的好友。最是书香能致远，腹有诗书气自华。孩子们心胸广阔，眼界高远，情怀博大了。齐加伟同学写出了两万三千余字的小说《人间真爱》，徐蕾、刘星语成为随县"十佳读书少年"，齐楚珺也成为环潭镇小学组的"故事大王"。湖北日报、湖北电视台多次播发"阳光班"孩子的成长佳话。这期间，王从伦也写下一千多篇一百多万字的教育随笔，出版了个人文集《心履历程》，他还被评为"全国优秀班主任"。

如此这般，新教育实验让生命竞放，"育出的一群又一群长大的孩子，从他们身上能清晰地看到：政治是有理想的，财富是有汗水的，科学是有人性的，享乐是有道德的"。[①]

---

① 朱永新：《朱永新教育小语》，福建教育出版社2013年版，第42页。

四

"润物无声风骨健,育人有道浩气长。"①

既然学习动力来自崇高理想、远大目标,具象到对生命志高行远的设计与追求,那么,教育者理当基于立德树人的理念,从娃娃抓起,从播种初心入手,一点一滴,东风化雨;一言一行,潜流润心。一个人为一朵学习浪花,十几亿人汇成中国学习性社会之海,从人才资源大国到人才强国的嬗变就在日常的积蕴中。

要让下一代懂得:有志者事竟成,无志者空所依,学习场是立志的产床。

要让下一代体悟:一颗学习心,百倍进取力。一个人的学习史,也是其成长史、幸福史。

还要让下一代深味:学习动力源于志,志源于气,志常立方能恒,气常鼓不可泄。宏志之树长青,锐气之光长耀。

更要让下一代感受:时代的大潮,中华之崛起,国运的走向,天赋之重担,历史和现实奇异地交织,时间和空间激烈地震荡,科学、人文、生活一部部有字的书,和人生、社会、世界一部部无字的书,亟待阅读,催人奋进……

---

① 柳斌为祝贺笔者《极目新教育》出版题词,参见人民文学出版社2018年版,《极目新教育》扉页。

第十一节　生成为径

一

学习,有科学有效的路径吗?

笔者肯定回答:有!

那么,其路径在哪里?这路径包含着怎样的人生意蕴?又给人们哪一些真理性的启示?

"书山有路勤为径,学海无涯苦作舟"是形象化的学习路径吗?不是!这只是古来盛传的有益的治学格言,旨在说明读书、学习之路并无捷径可觅,登书山,渡学海,只有"勤奋"和"刻苦"才有可能成功。

"昨夜西风凋碧树,独上高楼,望尽天涯路""衣带渐宽终不悔,为伊消得人憔悴""众里寻他千百度,蓦然回首,那人却在,灯火阑珊处",是广角镜里的学习路径吗?也不是!这是民国时期大学者王国维巧借宋词名句而概括的三种学习境界,即上路时的浩茫,中途里的执着,学成后的沉醉。

"旧书不厌百回读,熟读深思子自知",此为目标化的学习路径吗?还不是!这是前人的自学体悟,也包含学习的真经与方法。

观照学习路径,须从古代圣贤的学习轨迹辨识。

孔子曰:"吾十有五而志于学,三十而立,四十而不惑,五十而知天命,六十而耳顺,七十而从心所欲,不逾矩。"①

请格外注意,这是世界第一大思想家、教育家的生命坐标、心路索引和精神谱系。

克劳塞维茨(1780—1831)指出:"历史最能证明精神因素的价值和它们的惊人的作用。"② 圣言如日光,映照古今。

著名法律史学家程树德(1877—1944)在《论语集释》一书中,引明儒顾宪成(1550—1612)《讲义》的句子说:"这章书,是夫子一生年谱,亦是千古作圣妙诀。"顾宪成认为,孔子自十五志于学,至四十而不惑,是修境;五十知天命,是悟境;六十耳顺,至七十从心,是证境。顾氏的剖析深入肯綮。"夫子一生年谱,亦是千古作圣妙诀",说得精辟至极。从修德修为修心的修境而至悟人悟事悟道的悟境,再至闻不逆耳、顺心而为的证境,正是孔夫子的学习之路,心智之路,成长之路。

孔子在自绘像中这样说:"其为人也,发愤忘食,乐以忘忧,不知老之将至云尔。"③ 说他这个人,发愤用功,连吃饭都忘了,快乐得把一切忧虑都忘了,连自己快要老了都不知道,如此而已。

学习成就了他的生活状态。

学习体现了他的生命常态。

学习造就了他的生存心态。

触摸历史肌理,感悟学习本真,这种学习态势叫作生成,学习路径也即生成路径,具有长成、形成、养育等意思。很难想象,终身学习的孔子,还有哪一些脱离学习的其他追求?追求成追求者的通行证,学习为学习者的生命泉。

孔子将易逝的生命,化作了神圣学习。学习原本是提升生命的一种手段,在孔子那里,却成了生命的目的,而生命本身反而成了手段,即成了学习的载

---

① 《论语·为政》,参见《论语 孝经》,蓝天出版社1998年版,第11页。
② 转引自骆郁廷《精神动力学》,武汉大学出版社2002年版,第2页。
③ 《论语·述而》,参见《论语 孝经》,蓝天出版社1998年版,第28页。

体。学习成了生命里永恒快乐永无止境的追求,尽管永远抵达不到远方的彼岸。

自然,孔子的学习,不光有"韦编三绝"攻读竹简书文的苦学,也有周游列国时在考察中游学,在与弟子和他人的交流碰撞中辩学,对学生传道授业解惑中博学。

孔子为古往今来耸起了一个硕大的路标,这个路标昭示后世千秋:

人生即学习,学习即人生——学习与人生同行。终身学习铺就生命之路,生命之路贯穿终身学习——生命之路与学习之路一体。学习是精神给养,是健全人格的基本要素,是一种高贵的内化生成,生命在场,生成在场。孔子等圣贤就是在学习里吸纳,吸纳里生成,生成里成长。生成能力,生成智慧,生成人格。

学习路径从来没有也不会有一蹴而就、一劳永逸,其中的规律也不可能一眼看穿,一语道破,而在终身学习中慢慢体悟渐渐发现,生命也随着渐行渐悟而日臻完美。

二

世间最早的教育学书籍《学记》,对求学之旅各阶段的目标予以明晰:

一年视离经辨志;三年视敬业乐群;五年视博习亲师;七年视论学取友,谓之小成。九年知类通达,强立(坚强的意志)而不反,谓之大成。

其意说,第一年考查学生离析经文义理和辨别志向所趋的能力;第三年考查学生是否专心学习并与同学和睦相处;第五年考查学生是否广学博览,亲敬师长;第七年考查学生在学术上的见解和择友的眼光,称之为"小成";第九年考查学生是否能够触类旁通,知识渊博通达,临事不惑,不违背老师教诲,称之为"大成"。这些要求可以视作学旅各阶段的路标。当时,这不失为很缜密很有价值的教育大纲,今天,这些标准也具有参考和借鉴价值。

学习路径尽在生成。生成使生命绽放的花蕾长出灵性之叶、智性之枝、悟性之干、人性之根。其生成的过程,必然转化为自觉自动的效果性的行为。

而推助生成的学习,博大而精深,适切而前瞻,获取受益终身的核心智能和基本素养,而不是列宁所鄙夷的"用无边无际的、九分无用一分歪曲了的知识来充塞青年的头脑"[①]的陈腐教育。

《穷查理宝典》中文版序言作者李录,记述了全球著名的投资大师沃沦·巴菲特的黄金搭档、"幕后智囊"和"最后的秘密武器"的查理·芒格的学习姿态:

查理喜欢与人早餐约会,时间通常是七点半。记得第一次与查理吃早餐时,我准时赶到,发现查理已经坐在那里把当天的报纸都看完了。虽然离七点半还差几分钟,但让一位德高望重的老人等我让我心里很不好受。第二次约会时,我大约提前了一刻钟到达,发现查理还是已经坐在那里看报纸了。到第三次约会,我提前半小时到达,结果查理还是在那里看报纸,仿佛他从未离开过那个座位,终年守候。直到第四次,我狠狠心提前一个钟头到达,六点半坐那里等候,到六点四十五的时候,查理悠悠地走进来了,手里拿着一摞报纸,头也不抬地坐下,完全没有注意到我的存在。以后我逐渐了解到,查理与人约会一定早到。到了以后也不浪费时间,会拿出准备好的报纸翻阅。

在跟查理的交往中,另有一件事对我影响很大。有一年查理和我共同参加了一个外地的聚会。活动结束后,我要赶回纽约,没想到却在机场的候机厅遇见查理。他庞大的身体在过安检检测器的时候,不知什么原因导致检测器不断鸣叫示警,而查理就一次又一次地折返接受安检,如此折腾半天,好不容易过了安检,他的飞机已经起飞了。可查理不着急,他抽出随身携带的书坐下来阅读,静等下一班飞机……

一个人的学习一旦与生命相融相通,生成一种习惯,会给生命注入怎样强劲的动能,这动能又反哺人生生发多少智慧,缔造多少奇迹!

---

① 《列宁选集》第4卷,人民出版社1995年版,第285页。

孔子把自己的学习生涯,概括为志于学、而立、不惑、知天命、耳顺、从心所欲六大突破;《学记》提出了一、三、五、七、九年的生成路标,若以此为镜,可否将当下学子的生成之路,分成几个相互联结而又特征各异的学习形态呢?

笔者在学子求学的轨迹上找到七个闪光节点,即六岁好奇、八岁惑疑、十岁着迷、十二灵机、十五创意、十八邃密、廿一自立。

六岁好奇(奇中好看)——看天看地,看人看物,无一不感到五彩的大千世界的奇异,观察、记忆外界的能力与日俱增。

八岁惑疑(疑中好问)——问东问西,问天问地,不时眨动一双黑葡萄般百惑千疑的眼睛,形象化的想象已日见萌生。

十岁着迷(迷中好学)——游戏着迷,动漫着迷,画本着迷,手机着迷,无不是魔幻般迷醉的世界。兴趣入门,探索渐长。

十二灵机(灵中长巧)——由知到智,智光突现,由聪到慧,慧脑开窍,昔日的乖孩子成了千精百怪、彻头彻尾的小精灵。

十五创意(创中长智)——心驰神往,手巧足捷,想象力天马行空,创造心激情喷涌,迎来一个视天下而无不为的诗样年华。

十八邃密(邃中长精)——博读、精思、致知,视野大敞,大脑开窍,智山高登,慧海深潜,一步步走向博大,逼近精深。

廿一自立(立中成人)——厚德博智、安魂定魄、栉风沐雨,如一株坚劲的壮树,挺立天地间;似一块初琢的玉雕,展晒人世前!

从童年到青年,十多年的学习(自学为主)生成之旅,是终身学习至为重要的历程,笔者借用唐宋诗人杜甫、刘禹锡、陆游的诗词,表达其中求学的三个递进的层面:

学有乐趣,"漫卷诗书喜欲狂,青春作伴好还乡"为乐学层面,即自学第一层面;

学抓精髓,"千淘万漉虽辛苦,吹尽狂沙始到金"为会学层面,即自学第二层面;

学为我用,"天机云锦用在我,剪裁妙处非刀尺"为善学层面,即自学第三层面。

在上述三个学习层面上,教师是指导者、激励者,用知识激活知识,用生命激扬生命,用心灵激动心灵,用人性激励人性,师生教学相长,彼此照耀,学习之旅顺畅而明亮,生成之果在历史积聚和自身不间断努力中日臻成熟。

三

古往今来,中华民族向学的优秀传统闻名于世。像中华民族那样专注向学、刻苦求学、虚心博学的不多。如此才有凿壁借光、韦编三绝、目不窥园、焚膏继晷、圆木警枕、囊萤照读、悬梁刺股等苦心攻读的成语故事。

学习的目的是什么?学习的生成路径如何更快乐?学习的核心理念的终极表达是什么?

为此,中外教育人孜孜探求,皓首穷年。

立于教育源头,表达终极观点。中国当下的新教育实验,汇聚世界古今的教育理念精华,更从几百万师生教改实践中深入求索,且在理念词语表达上反复提炼、概括、论证、推敲,精心推出了新教育的核心理念,也即学习的至高至深追求——"过一种幸福完整的教育生活"。这从本体论、价值论、方法论的视界,回答了学习的路径问题,暗含着对当下一些有悖人性的畸形学习方式的治疗方略。

幸福而完整的基础,应当是学生的、教师的、学校的自由,进而形成教育的自由,学习的自由,自此奠基幸福完整的教育理想状态。

"幸福"之义来自西方的传统,旁通东方的神韵。

柏拉图《会饮篇》的主题是对爱的称颂。篇中苏格拉底借第俄提玛之口表达了自己爱的理念,在美的帮助下,攀登爱的阶梯,带领人们去追寻永远的善,过上幸福的生活。

欧美新教育人的"教育",本意为"启发"。他们从苏格拉底、卢梭、康德、裴斯泰洛齐等哲学家和教育家的思想中寻得历史依据,还以自己创造的哲学和心理学体系作为理论根据,认为只有启发性教育才能唤来新人的主体性和自觉性,使之具有独立之人格、自由之精神、科学的思维方式和民主的生活方式,从而获取教育的幸福。

学习是快乐幸福的意蕴,中国古人早已心领神会。

《论语》开宗明义:"学而时习之,不亦乐乎。"即表明学习本身的快乐本质。孔门一学,自有快乐之蕴,读书竟"乐以忘忧,不知老之将至",甚至"朝闻道,夕死可矣"。学习自有超越死亡之乐。

中国最古老的教学经典《学记》云:"故君子之于学也,藏焉修焉,息焉游焉。""藏"是放在心里,"修"是"治其业而不懈","息"是休息,"游"是游戏,"焉"是"于此"。即藏在这里,修在这里,息在这里,游(玩耍)在这里,乐趣就在其中。

"完整"之义来自东方的智慧,兼有西方的经验。相对于"幸福"一词而言,"完整"有着更深的含义,更高层次把握的要义。

东方学说中的"完整",有其广泛而深邃的含义。生发在每一位学生个体,表象在学校的生活,旁涉在家庭,展阔在社会,根子则深入在人生;而从历史观之,更在国家民族。

孔子有"志于道、据于德、依于仁、游于艺"之说。即实践人道,接近天道,实现"天人合一";《孟子·尽心上》这样表述:"万物皆备于我矣。反身而诚,乐莫大焉。强恕而行,求仁莫近焉。"虽短短数语,儒家思想的几个重要观念——诚、乐、恕、仁,均含于其中。

印度著名哲人克里希那穆提点明:"正确的教育,意指唤醒智慧,培育一种完整的生活,唯有这种教育才能创造出一种新的文化和一个和平的世界。"[①]"完整"一词昭然,揭示出正确教育的内涵。

在西方新教育的发展中,无不扩大其外延,将更多的学科、研究纳入教育当中,使"完整"一词不断扩大。新的哲学、心理学基础,实验科学的方法和技术得到一定程度的应用。弗洛伊德(1856—1939)的精神分析学说、怀特海的"有

---

① [印度]克里希那穆提:《一生的学习》,张南星译,深圳报业集团出版社2011年版,第53页。

机过程"哲学、皮亚杰(1896—1980)的发生认识论等为新教育运动奠定了整体主义理论基础。蒙台梭利(1870—1952)、德可乐利(1871—1932)等把人类学、心理学,特别是生物学和医学的方法引入到教学实验中来,使传统的整体主义实验模式获得了新的自然科学发展的支持。新教育实验多数是整体主义实验,千姿百态的教育实验,构成整体主义教育实验运动。

这"完整"的含义,又岂是表面上的课堂、一张应试答卷所能囊括的?新教育实验发起人朱永新写道:最后呈现于世人面前较为成熟的新教育实验,将是一个从幼儿园到高中甚至大学的完整教育形态,一个从学校文化建设到所有学科课程的创制,以及师生、家校共读共写共同生活的独特而完整的教育——生活形态。①

西方教育,幽径通天。东方教育,气吞乾坤。

苏格拉底、柏拉图、亚里士多德由人性的爱与美到善和美德,展示出幸福而至完整的教育。老子讲"天人合一"哲学,孔子讲"修齐治平"之道,都是由教育的完整而得到幸福。东西方数千年的教育追求,你中有我,我中有你,竞相前驰,殊途同归。

到了当代中国,朱永新及其伙伴们集先哲教育智慧之大成,又融入教育实验的体悟,淬炼出教育"过一种幸福完整的教育生活"的核心主张。

这有别于时兴在某个时段的主打口号,也迥异于统领着某个地域的教育目标,这是关于教育本质解密上的一个重大发现。它可以让人洞见其宏富无比的意涵。

说它是真理,因其揭示了核心,道出了本质,彰显出愿景,蕴藏着境界;穿透时空而生,又会超越时空而长。

不管是由幸福入手,还是由完整切入,都相互照耀,旁通彼此。

幸福偏重感性的触觉,阐明了教育的目的;完整偏重理性的透析,昭示着教育的路径。

---

① 朱永新:《教育的真谛乃是文化的自我创生》,载《教育研究》2012年第3期,第94页。

幸福偏重由内而外,由生活的美善、人格的健全、个性的充分实现与满足,进而逐渐达到整体上的完整,即身、心、灵的和谐完整,此为古今中外莘莘学子、济济教师心仪已久的愿景式教育生活。学得快乐,教得舒心,教学相长,师生同进,有孔子渴望"浴乎沂,风乎舞雩,咏而归"的游学情趣,无王阳明揭示"视学舍如囹圄而不肯入,视师长如寇仇而不欲见"的厌学情结。

完整偏重由外而内,通过教育生活的全面化、全员化、全人化的宽广道路,走向生活、生存、生命整体上的完全完备、尽善尽美,从而实现身心的幸福,即人的和谐、健全,特色的生长,人的自由和解放。

幸福与完整,前者是"世界观",指明了教育总的追求的根本所向;后者为"方法论",道出了欲达此目标所需要的最根本的思维方式和思维理念。前者统帅后者,后者服务于前者。

前者是基础,没有幸福,教育就无根可依,难免会流于海市蜃楼般的虚幻;后者是延伸,失去完整,教育就无繁枝茂叶,安能有花芬果香?

两者合一,教育到位,饱满了教育情怀,完善了教育时空,达成了教育宗旨,实现了教育价值。自然,两者随着时代的进步和新学科的发展,会不断改变着具体的含义。

本着过"幸福完整的教育生活"的目标,新教育实验从2001年的"草根热身",发展至今日全国32个省、自治区、直辖市参加的集体科研行动,164个实验区、5215所实验学校、560多万师生正携手前行的浩瀚工程,新教育正依靠着充分的民间自觉和有识之士的暖心扶持,走向更为壮丽的远方……新教育的科学实验,已远远超越了教育科研专项课题的局限,而以中国办什么样的教育、培养何等类型的人才、承继发展怎样的民族文化等为主题,展现了深远的眼光,形成了浩浩荡荡、横看成岭侧成峰的"庐山之相"。

"一夜腊寒随漏尽,十分春色破朝来。"新教育实验一枝首秀,领跑学习,使学习的目的更加明晰了,生成的路径愈发清楚了。

如是,广大教师成了学习之海的弄潮儿。乐学、精读、博览、吮吸,以学习生成全新的自己:深刻变化着的思维方式和行走方式,书写连自己都不曾思议过的生命传奇,比优美动人的抒情诗还清纯、隽永,比波澜起伏的戏剧还沉醉、抓人。

亿万学子,一双双眼睛放射出渴望光芒,个个像追逐阳光竞相开放的花朵,激情地吮吸经典的芬芳,品味知识王国的魅力,使学习生活成了高额的人生储蓄,不断生成自己的丰盈与美好,让生命自儿少起就开始写出不同凡响的篇章……

第十二节　方略为上

一

这是一个饶有趣味且耐人寻味的例子。

曾任南师大附中校长、现任苏州市蓝缨学校校长的陆一鹏先生是一位化学名师。当年,他教的学生高考化学平均成绩94分。一年后,这些学生放了假纷纷来看望他们的这位老师。陆老师突发奇想,拿头年高考的化学试题再测试一次,如何?他将这些学生领进教室,认认真真地发放试卷,又一丝不苟地坐镇考场,再仔仔细细按答案评卷,结果平均成绩糟糕透顶,只有16.3分。从卷面看,知识和运算几乎遗忘殆尽,所得的分数主要是与化学思维方法有关的内容。[①]

多么可怕啊!作为知识和技能选拔赛的高考,考得再好又有何用呢?那还不是为应试而耗尽心血所做的实用主义、急功近利的无用功吗?

当然,在迈入大学的路径上,高考在目前仍是兼顾公平正义的有效方式,简单地否定也会失之偏颇。

那么,教师教学、学生学习的效益究竟怎么衡量?爱因斯坦引劳厄(1879—

---

① 参见袁振国《教育新理念》,教育科学出版社2002年版,第41页。

1960）的话回答说："当一个学生毕业离开学校时,如果把老师教他的知识都忘光了（当然这是不可能的）,这时他所剩下的,才是学校、教师在他身上教学的真正成果。"[①] 此种成果实为人生素质学养的"沉淀物",如怎样学习,怎样思维,怎样提出问题、发现问题,怎样做学问,怎样面对困难、挑战与挫折,怎样驾驭信息技术,怎样叩开科学和人文之门……

这又是十分精彩而十分富有启迪的教与学的故事。

在北京市东城区二十二中学孙维刚老师担任班主任兼任数学教师的结构教学法的课堂上。

明亮的教室宛若一个巨大的磁场,师与生的灵感相激、智能迸发,做着同向的磁力运动。学生们争先恐后,思潮泉涌,大脑飞转,将新旧知识八方联系,穿成串儿,浑然一体。讲台前,孙维刚先出一道典型题,写出公式,学生火热讨论起来,纷纷上黑板演示,老师在一旁点拨。台上台下的学生,把解题当作一种乐趣,争着解,比着做,抢着讲,你聪明,我更聪明,聪明传染着聪明,一会儿工夫,一道题竟做出十几种解法,完成了解题的"三级跳":一题多解（达到熟悉）、多解归一（寻求共性）、多题归一（寻求规律）。

解出题就完结了吗? 没有。孙维刚老师诱导学生思维走向纵深,让学生审视解题思路,寻找规律,打通最后"一公里"。六年里,他带领学生总共归纳了4个大规律,15个中规律,32个小规律,从初一到高三,从代数到几何,学生们再没有不会做的题目了。如此熟中生巧,巧中升华,一个上午,全班竟学习并掌握了三角函数118个公式。

他留作业吗? 不留。他搞题海战术吗? 不搞。题不在多,必求精彩,保证学生每日睡眠九个小时。从初一起,学生就开始了问题研究,撰写论文,磨砺睿智科学的大脑的利剑。

都说数学难学,在孙维刚班级的学生却感到数学好学,数学有趣,数学打开了智力门窗。

---

① 孙维刚:《孙维刚谈全班55%怎样考上北大考上清华》,北方妇女儿童出版社1999年版,第3页。

他创造的结构法和范例教学法,大大节省了学习时间,提高了学习效率。从初一到初三,三个学年的数学,一个学期即可学完;高中三年的数学,一年半亦可完成。

人格培养得如何？在孙维刚几次做治癌手术却坚持教改实验的率先垂范下,诚实、正派、正直,树立远大理想,做有丰富情感的人,成了他的学生们的三大人格本质特征。清华、北大等高校的教授们都盛赞孙老师送来了一批批德智体美高素质的学生。

成绩怎么样？前文已推介,无须赘述。

这就是被赞为"中国智力素质培养法之父"的孙维刚教育功力的缩影。

上面两例,一个揭开了教育教学普遍存在能力奇缺的偌大漏洞;一个破译且完美解决了堵塞漏洞,让学生冲击人生的极限发展。

二者都从看得到摸得着的方略入手,瞄准提升人的生命质量的终极目标。

二

方略,属知识中的知识,学问中的学问,学习精华中的精华,是学习和践行的大智慧。在互联网和人工智能的时代,科学的方略对前沿的突破与精进尤为重要。

为了研究当下高效的学习方略,有必要重温迄今为止的方略所依赖的教育背景。

纵观教育史,教育活动的本质是知识和文明的传递。它走过了几个阶段:

私塾制阶段。人类最早的教育形式,因受制于技术水平,无论东方还是西方,都是以个人关系为基础的,即通过师生之间口耳的"传、帮、带",完成知识的传递。这可称之"学徒制"或"私塾制"。是时,师生比例较小,教育主要依托个人和家庭的时空来完成。

班级制阶段。印刷术的发明,为知识的传递提供了书籍这个新载体。伴随着人类社会向工业社会的迈进,发生了第一次教育革命:现代意义上的学校出现了,且演变为有组织的国家行为;按年龄大小排序,以教师为中心、以课程讲授为形式进行教育。这时,"师徒"关系转变为"师生"关系,解除了两者之间的人身依附,也打破了学徒制的师生小比例,教育成为大规模的批量生产过程,极大提高了知识传播的效率。但学校明显存在不足:无法做到为千差万别的每一位学生都提供个性化的、持续性的指导和评价,此教育还为泯灭个性的教育,学生在本质上还是被教育者的角色。

网络视频制阶段。学校开始用以课程为载体的视频,实现最优质的教育教学。通过 PPT、手写板、微视频和微音频等方式的微课程大量呈现。不久,全世界的每一个领域、每一门课程都会出现一些经典的视频,这些视频将取代教师的讲授,成为最受欢迎的学习材料。未来大部分教师,会从讲授者变成课堂的组织者和学习的引导者,师生关系将出现合作探究的共赢气象,进而,学校、工作及企业之间全方位的学习打成一片;学校、职业培训、继续教育和终身教育的方式连成一体;网络课程的学习随时随地,人的学习会更加多样化、个性化、智能化。学生将不再只是靠自己身心学习,而是借助于外脑、人工智能等来学习,很多用传统方式解决的问题,如查找资料、整理归纳等,皆可委托机器代劳。

网络视频制阶段即进入了深化改革的教育全新时代,这个阶段径直通向未来教育。

十几年前,笔者在《教育大境界》一书里,对未来教育所概括的"一创九化"十大走势,获得刘道玉教授的首肯:"我特别欣赏《教育大境界》一书中关于未来教育的分析与展望,其中阐述了未来教育发展的十个方向,这些当然都是完全正确的。"[①] 其主要论点如下:

未来教育将以创造性教育为核心,显现出全人化教育、全场化教育、个性化教育、平民化教育、精英化教育、智能化教育、人文化教育、坚韧化教育、自悟化教育等十大走势。

---

① 东缨:《教育大境界》,教育科学出版社 2014 年版,第 432 页。

创造性教育目标：培育有创新意识与作为的达人。此为未来教育的核心点。

全人化教育目标：培育和谐发展的"完人"。此为未来教育的着眼点。

全场化教育目标：培育孜孜以求的学人。此为未来教育的立足点。

个性化教育目标：培育特长突出的奇人。此为未来教育的切入点。

平民化（世界公民）教育目标：培育人人不俗的能人。此为未来教育的普及点。

精英化教育目标：培育出类拔萃的大师级超人。此为未来教育的制高点。

智能化教育目标：培育网络时代的智人。此为未来教育的支撑点。

人文化教育目标：培育厚德博智的仁人。此为未来教育的着力点。

坚韧化教育目标：培育心性坚韧的强人。此为未来教育的强化点。

自悟化教育目标：培育有理性、有思考精神的哲人。此为未来教育的攻坚点。

其中创造性教育为核心，全人化教育和全场化教育为保障体系，智能化教育和人文化教育为特色体系，坚韧化教育和自悟化教育为内生体系，个性化教育为目标体系，精英化教育和平民化教育为两大主要内涵，达到造就出达人、"完人"、学人、奇人、能人、超人、智人、仁人、强人、哲人的恢宏目标。

其核心为创造性教育，如大树之根、长河之源，独树一帜，渊远而流长。

其保障体系由全人化教育和全场化教育构成，场人一体，恢宏而稳固。

其特色体系由智能化教育和人文化教育构成，情智一曲，幽深而邃密。

其内生体系由坚韧化教育和自悟化教育构成，身心一炉，外强而内睿。

其目标体系由个性化教育入手，由精英化教育和平民化教育这两大主要内涵构成，点面一色，势高而峰峻。

上面分列了未来教育的十个教育理念，即育人的十个方向、培养十种人才，是将人才育到极限，将教育与人的价值追求充分放大，最终使人最大限度地适应于社会（自然），使社会（自然）最大程度地和谐于人，达到古今圣贤希冀的"天人合一"的境界。分列的十种教育之间、十种人才之间，都是融通、渗透的，像风四方流动，水八面浸润，你中有我，我中有你，相互依托，相互支撑。

如此这般,社会对人才需求的多型性,注定了教育模式的多元性,也注定了学习方略的多样性。这一切都从高远处给今日教育以阳光似的照耀,给明日教育以灯塔般的指引。

三

学习是生命的攀升,攀升是克难的攻关,攻关是智能的突破。突破靠气力、心力、毅力,更靠深度学习的方略。这种深度学习,自始至终贯穿着学习者自主的能动性、心灵的体悟性、聚焦核心素质的方向性、解决问题的发现性,和借助人工智能的创造性。在此,笔者提出深度学习的十大方略。

一是以哲学为灯塔,打开登高望远的视界。

哲学是从各个学科科学中抽象出来的更本质更普遍的科学——人类的智慧学。其为世界观、方法论的指南。哲学的高度和境界,不仅为各种研究提供了理论支撑,也为学习提供了思想方法——唯物论和辩证法的望远镜和显微镜,让人高屋建瓴,认清本质,抓住要害,一目了然。因此,哲学为学习提供了灵魂。

哲学思维要从娃娃抓起,采取通俗语言,身边的人见得着的事例,渗透某一个哲学道理。比如学习的浅和深,就像登山须从山脚而达山峰,前后次序不可颠倒,却又通连在一起;学习的点和面,就像一株树和一片森林,每一个学科的概念、定理、公式的学习、掌握,都是在见了一株树更见森林,见了森林才更清楚见一株树的状况下进行的。两者映照,相得益彰,认识产生质的飞跃。这时的树,不再是孤零零一株,而是依偎在翁郁茂林怀抱中的一株;这时的森林,也不再是遥见轮廓隐约的一片,而是坐拥万万千千株生机盎然的树的一片。

发展变化思想、对立统一思想、质量互变思想、一分为二思想等哲理,须贯穿于教育、教学、学习的过程中,时时刻刻引导学生的思门大开,联想翩翩,激情喷涌,灵感突生,由此及彼,由表及里,从已知破解未知,从一题到多题,归纳方法,总结规律,升华观点。于是,学生逐渐达到聪明的极致——思维的深刻准确与快捷。

二是以自学为方法,给学习以永恒的罗盘。

古人早有高论:"不教之教,无言之诏。"① 不以直接的教育方式进行教育,在日常言行中很自然地进行熏陶。《21世纪人类学习的革命》一书指出:"教育的目标是学,而不是教。""学习者具有内在动力时的自主学习是效率最高、记忆最佳的一种学习类型。"

20世纪60年代初,叶圣陶(1894—1988)推出了十字教育哲学思想纲领:"教是为了达到不需要教。"② 这是教法的网之纲,也为学法指了路。不需要教,即需要学,解决"乐学、会学、学会"等问题。老教育家段力佩(1907—2003)同样一语破的:"教育的侧重点摆在'育'字上,教学的侧重点摆在'学'字上。"③ 学习,归根结底靠自己,自己动手,自己体悟。

1985年,美国学者乔纳森·本道用数学理论证明,为解决一个问题,两个人独立思考,比他们互相交流、一起思考,更容易找到问题的答案。④ 人民大学附属中学校长刘彭芝深有感慨地说:"人大附中一直在思考如何改革和创新课堂教学。思来想去,我觉得摆在第一位的,还是培养学生的自学能力。自学,既是自己学习,更是自主学习。自己学习好理解,自主学习,是指在自己学习中有独立的思考。"⑤ 自学是学习者常态,学法的核心。有创新能力、出创新成果的人,注定是自学能力强、自学有深度的人。一个人在学校只要拥有了较有深度的自学能力,哪怕其他的都没有学到,他也具备了成人成才的看家本事,具备了终身受用的基本素养,即核心素养的核心与本质。新教育学校的师生都很爱读书,争分夺秒地抓紧自学,是极好的习惯和品质。

在学习正走向线上线下结合、集体讲授与小组学习结合、主动学习与认知

---

① 《吕氏春秋》,杨红伟译注,岳麓书社2016年版,第376页。
② 《教育与人生——叶圣陶教育论著选读》,上海教育出版社2008年版,第97页。
③ 《段力佩教育文集》,上海教育出版社1989年版,第6页。
④ [美]盖瑞·J.米勒:《管理困境:科层的政治经济学》,王勇等译,上海三联书店、上海人民出版社2002年版,第113页。
⑤ 刘彭芝:《创新型人才培养应是教学改革的出发点》,载《中国教育报》2013年9月4日。

外包结合等新型的学习方式之时,自主性学习尤为重要。自学能力成了人生第一能力,也是人生第一生产力。谁拥有自学能力,谁就拥有开启人生的钥匙。

自主性学习包括如痴如醉的好学、思悟结合的会学、学中解惑的善学。

饭要自己吃,觉靠自己睡。学习的天敌是依赖,教学的错位在于包办。自学的内驱力,源于学习者好学、乐学的自觉自主的学习情怀。面对学习之海,把心置入,把情潜入,把自信注入,学习者就会凸显出学习的主体性、互动性和个性,自学法也就日臻完善。

庚子鼠年暴发的疫情既是自主学习的严酷考场,又是推行自主学习的合理契机。学生最需要练就的核心素养——自主学习能力,尤其是利用互联网教育资源的学习能力,在这次空前大考中正得以历史性的突进。

三是以思维为焦点,给学习造就强大的大脑。

自学的最高境界是思悟。当学习沉入如痴如醉的佳境,心之犁铧飞快启动,思维的触角敏感灵动,高屋建瓴,思潮泉涌,浮想联翩,闯关破阵,倏忽之间,领悟之门敞开,突现一片蓝天碧野。

这是神奇的悟性。"所谓悟性是一种感悟的思维能力,它具有偶发性、跳跃性和创造性的特点。一般来说,它的表现形式有:未卜先知、举一反三、去伪存真、触类旁通和心有灵犀等。"① 思维追求准确、快捷、超越和深广的联想。

教学的最高境界是让课堂成为思维赛场,变教为导,变学为思,即最科学地发挥教师的导思作用,最有效地激活学生的智能潜质,最完美地实施多维视角,达至问题磁力、思维张力、智慧活力的高度和谐。这样,也使学生的认知从记忆、理解、应用的初阶层面,深化到分析、评价、创造的高阶层面。

笔者曾听全国名师、四川省泸县二中外国语学校的谢华,以"水"为题的一堂作文课。教者三言五语穿针引线,学生们思路顿开,畅谈起水的千姿百态:水的特质,具象的水,抽象的水,滋润土地的水,滋养心灵的水;又联想到人的目光如水盈盈,激情如水滔滔,智慧如静水流深,心性"上善若水,水善利万物而不

---

① 刘道玉:《教育问题探津》,北京出版社2019年版,第155页。

争……"学生求同似众辐集于一毂,万箭射向一的,求异如热四处发散,光八方辐射,思泉喷涌海阔天空,异想奇思妙方咸集,相撞的思维卷扬起浪花朵朵。当堂,写出了一篇篇立意颇佳的人生感悟。

这样,教与学就以思考和领悟为主攻方向。课堂就成了以发现和解决问题为中心,思维强化训练与大脑快速开发的平台,也是智慧增长与精神成长的沃土。景克宁教授(1922—2006)曾对笔者讲,他每一次上课就像参加盛大节日一样。教师用人生的全部学养储备激活每一堂课,以和美的音符演奏着自己教育生命的华彩乐章。作为充满活力的生命体,学生当创造性地发展自己,探索、感悟、升华人生之旅,铺就成长、成功、成才的一级级台阶。

四是以网络为云梯,给学习引来攻坚克难的援兵。

未来悄悄已来。进入网络时代,教育教学手段——获取"学"的手段,传播"教"的手段,交流信息的互动手段,均发生了颠覆性的变化,全新的教育新纪元悄然开创。加拿大著名物理学家厄休拉·M.富兰克林(1921—2016)断言:"技术改变了人与人之间的社会和个人关系,它迫使我们检查和重新定义我们对力量和责任的看法。"[1]

互联互通,资源共享。网络成了无所不晓无所不能的"智者",不仅可以查阅资料,更能深入求索,互联网创造了自主、随时(随地)、互动、便捷、创造性的学习平台。网上出新锐,出巅峰,出创造,出前驱。

指尖上的课程改变着教育,谁拥有人工智能,谁就拥有将来。不会使用网络和驾驭网络的人,事实上拒绝了人工智能,犹如现代化里依旧刀耕火种,十足成了当代文盲。

架起网络的云梯,教育教学便插上了智能的翅膀,借势高翔,直上九霄。

移动鼠标,让网络超市的知识洪流铺天盖地地涌来,为我所识、所辨、所选、所遣、所用,丰盈大脑,厚实智库,逼近集深与博于一身的"T"型人才。

开屏电脑,在桌面上深度学习。即通过建立、模拟人脑分析、学习的神经网

---

[1] [加拿大]厄休拉·M.富兰克林:《技术的真相》,田奥译,南京大学出版社2019年版,第10页。

络,模仿人脑的机制来解释图像、声音、文本等数据,发挥自主学习、调节行为模式的功能,为传统学习插上翅膀。

借助互联网,学科壁垒打破,交流畅通无阻,个性尽情展示,思维融入批判,知识得以大梳理、大整合、大精选,智能实现大互动、大启示、大迸发,极大地提升了学习者融会贯通的彻悟能力和标新立异的创造能力。

2020年初,新冠肺炎疫情肆虐华夏,聚集型的上课、教研戛然中断,然各地停课不停学,停课不停研,网课、网研全方位登台,线上教育嵌入了教改大格局,屏幕成黑板、教师即主播,人类史上最大规模的互联网教育登陆中国,2亿学子网学的景象前所未有,教与学、教与研的智能化创新模式因时因势而生,牛刀小试立见成效,开始了由"替身"向主角的转变之旅。

五是以方法、规律为钥匙,找出学习制胜的秘宝。

学习归终是为了灵与智的充盈和丰硕。而最大的智,当是娴熟地驾驭规律,采用优化的方法,科学而有效地观察、分析和解决大千世界里万万千千林林总总的问题。

达尔文(1809—1882)说:"一切知识中最有价值的是关于学习方法的知识。"掌握方法、顺应规律,行动一通百通,效果一本万利。

学和教,时时刻刻盯住方法,咬住规律,提纲挈领,把握灵魂,做到知识越学越少,避免了胡子眉毛一把抓,如同浇花浇根,育人育心,此为既省时又省力的高棋妙招。

规律是什么?如新陈代谢、四季更替,规律是自然界和社会诸现象之间必然、本质、稳定和反复出现的关系,体现为公式、定理、法则。

方法是什么?英国哲学家培根(1561—1626)称方法为"心的工具",认为方法是在黑暗中照亮道路的明灯,是条条蹊径中的路标,其作用是能给理智提供暗示或警告。① 优化方法在哪里?在符合规律的学习中、践行里。

教方法教规律,就从传授具体知识走出来,转为给"指南针"和导航术,来

---

① [英]培根:《新工具》,转引《十六—十八世纪西欧各国哲学》生活·读书·新知三联书店1958年版,第9页。

帮助学生在日益困惑的世界里寻得生存发展之路。

没有一位名师不是讲究方法的高手，不是按规律运营的行家。他们心装一杆秤，一边是方法，一边是规律；以规律导航，以方法为路标，走向实践，走进心灵，一次次完成心智的引领。为优选方法，提炼规律，他们开展范例教学，结构开发，化繁为简，把握核心，以少胜多，巧破千钧。

北大附中的数学名师张思明在教学中留心观察，细心品味，专心实践，恒心坚持，巧用"引导创设问题情境—师生平等探索讨论—学生自主解决问题—自我评价巩固成果—求异创新形成问题链"的五个环节，让学生享受数学的美丽，他也成了中学数学建模的拓荒者。一串串问题被他引入教学：热水瓶里水位的高低与保温效果的关系怎样？十字路口的红、绿、黄灯多长时间变化才合适？最少用几颗地球同步通信卫星，其讯号可以覆盖整个地球？……他把生活、生产和其他学科中的问题引入教学，引导学生通过数学建模设计出解决问题的过程，如让学生设计小区最佳邮政投递路线和合理的保安巡逻路线，等等。

于颢、陈明卿两位同学的《保安巡更路线软件流程设计》，在全国青少年科技创新大赛上获得一等奖。张思明的学生有6人在全国大学生数学建模竞赛中获奖，3人在全国青少年创新大赛中获得一、二等奖，有130多人次在北京市高中数学知识应用竞赛中获奖。方法模式一变，学生们实现了发展能力、解决实际问题能力的巨大跨越，学习化作迸发创造力的舞台。学生尽可以享受学习，享受思维，享受创造场的激情与突破。①

广东省东莞市松山湖中心小学经历"课例—课型—课理"的深入摸索与大胆实践后，确定了"活化教材，问题主线，思维本位"的教改思路与方法，让学生回归生命体，收到很好的效果。②

几十年里，笔者听了数千节课发现，那些将简单的内容讲得很复杂，将复杂的内容讲得很糊涂，将循序的内容讲得很混乱的教者，几乎没有一个是谙熟方

---

① 《张思明与中学数学建模》，教育部师范教育司组编，北京师范大学出版社2007年版，第50—61页。
② 《深度学习"深"在何处——广东省东莞松山湖中心小学的课改实践》，载《中国教育报》2020年5月7日。

法的,总把规律置之脑后。这从反面证明了正面结论。

需特别留意教坛时而冒头的旁门左道,自诩学生不必动脑筋,跟随某种"法式"转,即可快速入门,成为学优生,如推荐某种作文套路解析、"解题秘籍",还有被捧得神乎其神的所谓名师倾力打造的学法系列等。表面看来,这些招法不乏睿智的思路,但从实质说,它对学生的智能发展却构成危害:封闭了思维泉流,折断了想象力的翅膀,堵塞了智能自主发掘的精进之路。

说到底,这仍属应试思维模式,一种简捷快速获取得分点的招法。用如何让学生得分,取代了对知识体系的建构,用真得分替代了真学习、真应用、真把握。结果外力设套框住了内力发功。此法种种,或许在小学初中考试时有用,到了更强调学生素养的高中便会黯然失色。有些招法在高中阶段尚能应付考试,进了大学便立见幼稚荒谬。总之,学生学到的是对一时考试有用,而对以后学业、未来人生有害无益的伪知识、伪方法。这是应试教育的一大恶果。

君可见,中外有哪一位大科学家、大艺术家不经苦心孤诣的孜孜求索,而是靠一些"法式"迸发脱颖的?笔者预见,这些"法式"磨出来的高分学生,有可能蜕化为当代"仲永",却很难赢得生命的大发现、大成就![①]

六是以各门类学科的圆融,打造完整的知识系统。

各门类学科的知识原为一个杂合却统一的体系,表现为学科的融合性和知识的贯通性。知识没有边界,一个博学的人,他的知识就成了融会贯通体系,就少了许多困惑。

站在知识系统的高处就习惯产生思维联想,发现各门类知识并无明显的楚河汉界,而是相互交织,彼此渗透,横向联结,纵向支撑,若追根溯源,其性质具有同一性,触类就能旁通,举一即可反三,于是,通常是:一科好,科科强;一科精,科科通。

当下,将不同学科的知识、方法和价值融会贯通的能力成了学习者最核心

[①] 笔者将这段思考发给顾明远先生,请顾老给予指导,他回复道:"你思考的正是当今教育的症结所在。我一直认为,教育的本质是提高生命的质量和生命的价值,而教学的本质是促进学生的思维发展。叶圣陶说:教学有法,教无定法。所以我一向不赞成提教学模式,如果按'法式'教学,如何促进学生思维?"

的能力。淡化学科隔阂、推迟专业分工、破除学科壁垒,已成世界教育改革的潮流。

因此,学习的方略之一,是在知识的系统中学习,在综合比较中学习,在纵横穿插中学习,养成八方联想的思维习惯,使所学的知识不囿于一类一科,不流于一得之功、一孔之见,让知识活起来,动起来,立起来,在破解一道道难题中,造就灵动颖慧的大脑。最终,使每位学生都能建构起自己受用终身的各学科融会贯通的立体知识架构(网络)。

《三联生活周刊》1997年第18期刊登了对孙维刚老师班上学生杨维华的采访,杨维华说:"孙老师讲课很有心计,他数学课上第一次写出α、β、γ时,从希腊字母讲到希腊文化,再讲到欧洲,讲到二战;讲到二战时,他顺手就画军事地图……看似信马由缰,可他最后总能又回到原话题,非常到位,像是精心设计的。"

这就是全国名师孙维刚。他的学习内容广博到包罗万象,使得教学左右逢源得心应手,天文地理、科技创造、唐诗宋词、音体才艺,尽成了他信手拈来的鲜活例证。学生们也跟随着他在学海里广深求索。

七是以认知框架为核心驱动,获取以一当十的功力。

《学生是如何学习的》[1]一书提出要创建一个以知识为中心的课堂,教师往往要超越教材,帮助学生发现知识的结构,学习最基本的概念,形成对知识梗概性的理解。

在科技飞速发展、知识量剧烈扩张面前,框架与范例的学习是最为必要的选择。

框架开发则应用"学习如盖楼,封顶再装修"的道理,实施框架—专题—拓展的教学模式,将知识结构化、系统化、有序化。范例学习掌握最基本最核心的属于"窗口"的东西。框架学习从总体着眼,范例学习从一点入手,即将一个个范例的学习,放在知识总的网络结构里进行,让每一个范例成为每一个网眼的

---

[1] [美]M.苏珊娜·多诺万、约翰·D.布兰思福特主编,孙智昌译,广西师范大学出版社2010年版。

连线,织结出一个既具有层次网络结构,又体现认知规律的"知识库",学生就能将掌握知识,像渔人执网纲于手中。

全国语文名师魏书生画了一棵语文知识树,有基础知识、阅读与写作、文学知识、文言文知识四大枝,22分枝,131个知识点,此为思维导图,使学生学习起来了然于胸。

四川省泸县二中外国语学校教师深信"教书如盖楼,封顶再装修"的道理,最先由青年数学教师韦光彬发起,数学组教师热烈呼应,继而全校推广了"成片开发、整体推进的架构式教学"。其做法是:集中全体教师之力,对教材按单元大胆整合,将每个单元编撰为骨架教学(学习)、专题教学(学习)和拓展教学(学习)三阶段的校本教材。骨架阶段教材如盖楼做出大框架,重在知识点发生、发展的探究;专题阶段教材如砌砖上瓦,重在思想和方法的发现;拓展阶段教材如装修使用,重在知识娴熟应用中转化为解决问题的能力。三个阶段,各有侧重又相互联系,旨在让知识的主干坚挺,架构结实,再提纲挈领地带动分支,纵横捭阖地开拓展延。该校教学容量大、进度快、拓展宽、效果好。实践证明,架构化了的教学可让学生们触类旁通,有"点石成金"之妙。

王佐书教授曾对笔者讲起:学习首要之点,是把握知识网络架构和灵魂。那是20世纪80年代,他辅导学生学习全一册中学化学,全书5章38节272页,78个概念,22项技能,92道习题,他将教材"吃"进了脑子里:一个小时说透一本书,所讲的内容又浓缩成30个字。就那么几条道理,了如指掌,教者昭昭,学者也昭昭。

洞察学习的内在规律,学习的最基本概念,把握核心思想,发现知识结构,实为学习的一步高棋。

八是以范例为窗口,习得举一反三的技艺。

德国教育家瓦根舍因(1896—1988)于20世纪50年代初,创立"范例教学"理论,推出范例教学法,即选用基本性、基础性、范例性的典型实例,达到对事物一般属性认识的目的,训练学生独立思考的判断能力和创造能力。

以地理教学"乌克兰防汛林带的个案"为例,先通过学生充分、彻底地探讨,透彻地认识并把握这个个案，了解俄罗斯南方草原景观的整体特征。至此，再由"个"到"类"，即通过乌克兰防汛林带的个案，学生获得俄罗斯南方草原景观的知识后又通过归纳和推断，了解一系列类似景观的本质特征，如美国中西部的草原景观等。继而，推向掌握规律的阶段：发掘出"类"里边的规律性。学生对各种草原景观的归类，便可知晓草原化过程及抑制草原沙化过程所应付出的努力，并使学生认识人在特殊气候和地理条件下干预自然所造成的后果以及如何可以弥补这种后果。最终，让学生获取世界与生活的经验，认识到人类与自然的关系，人类要改造自然，但不能支配自然。这样，范例教学就实现了个例—归类—规律—拓展的步步深化的思维路程。

在科技飞速发展、知识量剧增的时代，要想什么都教（学），无异于参加一项毫无希望获胜的竞赛。只有学习最基本的、有范例性质的东西，才能使知识如滚雪球般地扩展，获得打开知识入门的钥匙。

题海茫茫，例证滔滔，有限学时，何以遴选？

只能按照鲁迅"砭锢弊常取类型"[①]的主意，选那些极具基础性、典型性、代表性的范例，例不求多，但求精彩，一题多解，多解归一，多题归一，有所发现。

范例学习是以一当十的学习。把每一个问题的解决、每一次学习的知识，都当作一个范例、一扇门窗、一次实验。

九是以项目为抓手，觅取知行合一的适当路径。

毛泽东说："读书是学习，使用也是学习，而且是更重要的学习。"当下，全球学习领域的一个热点话题——项目化学习（简称 PBL），即使用性学习，正拓展成抽象思维走进现实生活和真实世界的通道。说到底，项目化学习，是以破解真实问题为抓手，以生成核心素养为主轴的应用性学习。因其不同于知识推演的空对空，而追求项目落地的实打实，即以解决实际问题为驱动，超越传递，自主探索叩门"实战"，伴随项目一步步落地，对核心知识活学活用、迁移升华而至智能上质的突破，遂产生可见的实在成果：促成学习方式、课程样态、教学模式

---

① 《鲁迅全集》第 5 卷，人民文学出版社 1991 年版，第 4 页。

的根本性改变,促进学生的学业成就、学习功力、科研发现、交往技能等方面显著进展。其间,达成了学生对问题驱动的设计力、丰富的想象力、课内外线上下的知识的融通思考力和心智自由灵动的转换力的综合历练。

有学者考证,此学习法1919年传入中国,民国时期被称为设计教学法。此次属于西学东渐的二度本土化,足见其内在的活力、魅力和张力。项目化学习,科不分文理艺,生无论小中高,尽可采用,尤为尽早知行合一、摒弃高分低能计。关键是教师所设学科或综合项目的适切性、围绕建构核心素养的真实性、推助项目实施的恒久性,确保质量第一。

十是把握学习途程的节点,给思维清晰的导向图。

舟循川则游速,人顺路则不迷。学习旅程的导向图上,有三个递进的里程碑:知、懂、通。

知为知晓,懂为洞悉,通为通透。从学会知识的知到掌握方法的懂,从掌握方法的懂到学用得道的通,通是学习的最高目标。

学习从感性入手,解决现象问题,再攀上理性阶梯,解决本质问题,最后达至悟性的最高境界,领略感知力、思考力、洞察力组合而成的"高端风景"。

遵循学习旅程的导向图,学习整个过程,便是且学且思,且思且知,且知且悟,且悟且通。

第五章

修之场

> 在无限的教化时空里,学校为育人田园,有师道护养;社会为育人大场,富含多源营养;家庭则为育人作坊,家庭之爱提供全方位滋养。此外,网络育人更是无边界,敞开时空广角牧养。
>
> 只有学校的教育仍是有限教育。有限教育不足以育出身心健康的受教育者。

第十三节　新教育场

一

教育大场至宏至微,能量充蕴,气象万千,为教师修炼之域,学生成长之所。教育大场看似平稳恒定,然其主宰者乃是核心理念,此核心理念变,则教育大场的内容变,结构变,气象亦变。

"唯有门前镜湖水,春风不改旧时波。"

教师台前讲授,学生台下聆听,讲者滔滔不绝,似无所不知无所不能,听者凝神专注,被醍醐灌顶启蒙开窍。这种以知识为本的教育主旋律,靠课堂灌输的教与学的景观,可谓古往今来的常规定式,从私塾到学校,从古时家庭讲师到现代班级授课,似乎已定型为中规中矩的教育场。

尽管有那么多教育智者,自行至知进行了孜孜矻矻的探索,也试着做着启发、交流、实践等有益的改革。但是,绝大多数仍属微调,这就是中国改革开放之前,我国教育的主流生态。

这样的教学生态漏洞百出,不少师者早有觉察,但囿于自身局限而表达不清。一些学人虽发觉其弊病,一时又拿不出解惑章程。中国教育屡屡引诸方不满,被世人诟病,并不是我辈教育人的懈怠,而实在是因为教育负荷千年之重,传统遗习根深蒂固。在这历史节点上,亟待有德高望重之人站出来,捅开这层窗户纸,发出振聋发聩的大音,给国人奉献良方妙计。

"请君莫奏前朝曲,听唱新翻杨柳枝。"

对积弊问疾发声的第一人是吕型伟(1918—2012)。他亲历了中国20世纪前半期的教育,参与了新中国基础教育改革与发展的全过程,被称为中国基础教育的"活化石"。

1978年冬,吕型伟以中国教育国际交流协会副会长的身份赴法国访问,后又去了日本、美国考察。国外先进的教育教学理论和技术,拓宽了他的眼界和思路,引发他在理念上的重大突破。他遂将课堂教学称为传播知识的第一渠道,将课堂教学以外的信息渠道称为第二渠道,提出二者应该并重,建构人才培养的新引擎。1983年他发表题为《改革第一渠道,发展第二渠道,建立两个渠道并重的教学体系》的文章阐述己见。

文章石破天惊,引起轩然大波,不少教育界领导公开表示反对。吕型伟又写了一篇《再论两个渠道》的文章,寄到教育部的理论杂志《教育研究》。主编拿捏此文,不敢做主,请示刊物主办单位中央教科所所长。所长不敢表态。主编又请示分管刊物的教育部副部长,副部长说:"发表文章是你主编的事啊。"绕了一大圈,主编最后下定决心:发。文章卷起千重浪,引来一场大论辩。吕型伟又接二连三发文,深入肯綮地阐释其理。

一是针砭教学体系因循守旧的五大弊端:课程、教材与最新科技知识的矛盾;班级制教学与每一位学生的充分发展的矛盾……[1]

二是创建两个渠道并重的新教学体系。让两个渠道互相补充,相得益彰,"既知道过去,又知道今天;既能继承过去,又能创造未来;既掌握基础理论,又有动手能力"。[2]

三是提出并论证了第二渠道的即时性、广泛性、自主性、充分性、实践性等五个特点(五个原则)……

---

[1] 吕型伟:《为了未来——我的教育观》,上海教育出版社2002年版,第237—238页。
[2] 吕型伟:《为了未来——我的教育观》,上海教育出版社2002年版,第239页。

无异于霞光穿云破雾,蜡梅映雪傲冰。吕型伟以犀利的眼光,前瞻了智力开发、人才成长的基本路径,借鉴他国的教改实践,精思了当时科技迅猛发展与教育因循守旧的巨大落差,尤其透视了我国学生的高分低能、"一长四短"("一长"指应试能力强,"四短"指知识面窄、独立思考能力差、自学能力差、动手能力或创造能力差)、素质缺失等现象,提出了根治教学教育体系痼疾切实可行的"吕氏药方"。

吕型伟从"第二渠道"体系命名到特点剖析,从理论阐述到实践论证,从解惑误区到回答非议,独立推导出完整的深思熟虑的结论,成了完善我国教育教学体系的上佳方案。

"芳林新叶催陈叶,流水前波让后波。"

一个新事物的出生,免不了要经受世间的冷暖,第二渠道同样如此。

笔者经历了第二渠道的践行全程。从运行角度看,可分为三个阶段:

第一阶段,极少数学校领头干,大多数学校在一旁冷眼看。领头干的学校也只是应用在少数学生创建的兴趣活动小组。冷眼看的学校认为,这些做法不属于学校正业,与成绩、升学率无关,实为可干可不干的闲事一桩。第二渠道初现"竹外桃花三两枝,春江水暖鸭先知"的早春景象。

第二阶段,第二渠道的理论被肯定,我国学校课程出现了必修课、选修课与活动课"三大板块"。领头干的学校开始系统地开发校本课程,学生喜欢的活动课步入正轨,全校学生参与,有板有眼,初见成效。冷眼看的学校也慢慢跟随着来,活动课开得敷衍,校本课也少有校本特色。这时第二渠道的运营,一边是"千江有水千江月"的丰盈,一边是"云在青天水在瓶"的疏离。

第三阶段,新世纪以后,伴随着课程改革的深化,领跑学校已把课程做得较为完善,选修课已上"档次",活动课卓见特色,涌现出一批的人才苗子,显现"小荷才露尖尖角,早有蜻蜓立上头"的生命气象。初始冷眼看的学校,有了认识上的提升、践行上的进取,展示了"苔花如米小,也学牡丹开"的心怀。

这样,课程体系改革,逐渐成板块地向深水区推进,师生开始走出课本,走出单纯知识——在学习领域悄然实行第一次转移,继而又走出教室、学校,走上校外、家庭、社会的舞台——在学习空间扩展上第二次转移。两次转移的本质，是以知识为本向以培养人才为本的跨越。

二

吕型伟的方案，更多注重从理性层面为改革教育体系做出根基性贡献。后来的追随者则更多从践行层面跟进，将教育改革引向更为宽阔的教育大场，将育人导入更为幽深的境地。

一方水土养一方人，一方文化育一方精神。

炎帝诞生地——湖北省随县历史悠远，文明厚重。这里的教育人，从历史的深深纹理，洞见丰饶的教育潜质。他们意识到，教育观念的改变才是教育跨越发展的引擎。只有在历史纵深、文化源头处开拓新教育场，才能以出土的战国编钟的天籁之响，奏响充满磁力、活力、魅力的教育大音。

一日，该县教育局副局长彭静走进随县寻根节的炎帝文化庙会，对着展台上的中药植物标本久久打量，油然生出研发中草药课程的构想。这既能普及中草药知识，又能利用本地的气候、植被、温度等特点，实现中医药文化的开发。路遇随州市花鼓剧团的负责人，他又马上与其攀谈，想到能否兴建非物质文化遗产"花鼓戏"的随县基地校。随县的历史文化之海，给教育留下无尽宝藏。传承乡村古老文明、重建心灵家园的教育场就此破题切入了。

三年后的2015年，在郑州市管城回族区举行的教育高峰论坛上，随县研发的新教育场引人注目。他们将地域文化与乡村教育深度融合，把炎帝文化中的"耒耜""五谷""百草""桐琴""丝弦""陶器""弓矢""麻布""台榭""斤斧"等元素融入教育中，将这些文化元素的外形、特点、材质进行符号抽象，设立陈列室、橱窗、展台，形成文化名片，实现地域故土情结的教育皈依，用炎帝首创"耒耜"的农耕精神来彰显乡村教育的底色，用历史回眸来实现乡村教育的本真回归和未来凝望。

随县小林镇艺林学校编排了千人合唱《炎帝大歌》。洪亮而磅礴的声浪，一次次冲击、洗礼、修复着师生心灵深处的炎帝文化和故土情结。

一些学校在课本剧创作中撰写炎帝文化情景剧,展现了随县后辈人对炎帝的敬意和对故土的依恋。炎帝文化被做成教育品牌,成了当下教育的精神镜像,点亮教育的思想空间,弥补教育的价值缺失。由此,校园氤氲的书香增添了古典的韵味,孩子们插上远古文化幽邃通灵的隐形翅膀。

依托炎帝所代表的农耕文化,该县净明小学王云想校长带领老师们研发了种子课程,编写校本教材《神奇的种子》,建起种子馆,以"每天成长一点点"作为馆训,开辟了农耕体验园。一个月里,孩子们收集到两百多种种子,在自制的花盆中播下,浇水、松土、守望萌芽,并各自在日记中,记录每一次发现……

传承乡村古老文明、重建心灵家园,随县的教育场越发宏大深邃。这里,以深扎乡土、直接地气的创造,提供了一种全新的生命编织和精神穿越,为乡村教育独辟蹊径。

"让学校的学习、活动、生活合成大教育场;让陇原每个学子、教师的生命发光!"这是 2020 年"马云乡村校长奖"获得者包瑞的教育信条。

包瑞在甘肃省岷县大山里的维新学校任校长期间,正是应试教育飓风席卷时。他和老师们却逆此风气,开辟另一番教育气象。他们带领全体初中部学生,进行了"长征"模拟实践远行。1000 多名师生每人只带一个馒头一瓶水,跟着中国工农红军红旗、中国共青团团旗、校旗及彩旗组成的先遣队,两人一排列队前行,彩旗飘扬,口号响亮,红色歌曲班班传唱。全体师生在逶迤之路行走,雄赳赳气昂昂,绵延于山道上体验远征之艰,更体验"红军不怕远征难"!

为历练生存本事、生活能力,该校一次次组织学生野游、野炊,亲近大自然,在石崖湾山腰重现的篝火晚会上,满嗓吼的"信天游",透出古代边关的雄奇与苍凉,载歌载舞的狂欢,尽展西部人的豪情与心气。

为给师生寻得安身立命、钟灵毓秀的美丽所在,学校与当地村委会沟通,承包了学校一侧 150 亩的嘛寺坡林子,集经济林、生态林和文化林于一身,又将柳林村 1000 亩石崖湾荒山承包为学校用地。师生们辛勤劳作,栽植 30 多万株杏树、沙棘树、马尾松等树种树苗,给荒山着上绿装。

传承点点入心,文化款款而来,润物无声,育人有道。行进在大教育场内,每一个生命,都点燃成一支火炬。

三

何为人?亚里士多德说:"人类是天生社会性的动物。"马克思进而说:"人是最名副其实的社会动物,不仅是一种合群的动物,而且是只有在社会中才能独立的动物。"① 既然如此,社会永远是鲜活的学习之场、育人之地。

华夏的先哲们对此早已心领神会,古来注重让教育立足于社会,将书本知识与社会知识相结合,中国也成了最早拥有游学教育、认同社会育人的国家。将课堂上下、学校内外的教育结合最早的,当属春秋战国时期的游学。《史记·春申君列传》有言:"游学博闻,盖谓其因游学所以能博闻也。"

首先提出游学概念的是先秦的诸子百家,游学的标志性人物是孔子。据《史记·孔子世家》记载,孔子周游各诸侯国长达14年之久,一生遍及卫、陈、鲁、宋、郑、蔡、楚等诸国。除孔子外,先秦时期"子"级人物无一不是"游"出来的,墨子、庄子、孙子、孟子、荀子、韩非子等,都是著名的"游士"。

孔子带领弟子周游列国进行治学,庄周更是自由自在地"逍遥游",游学作为他们通晓经术、拜访名师乃至学而优则仕的一种途径,也促进了文化的交流传播。

因此,我们不能不惊羡我们中华先辈的眼界、智慧和先见之明。

可悲的是,我国古代先哲的智慧发现和丰硕践行,在后来漫长的八股文科举应试里遭遇重创,失去光芒,教育出现了长期的黯然颓势。

历史惊人相似之处在于:当当代教育一旦拐上应试轨道时,重才轻德、重知轻智、重分轻能,不闻窗外事只读圣贤书之风也显现出越刮越烈之势,一时间所向无阻。

---

① 《马克思恩格斯选集》第2卷,人民出版社1972年版,第87页。

四

"长风破浪会有时,直挂云帆济沧海。"

现代化的核心是人的现代化。塑造灵魂、成就新人,教育者的理念须率先更新。教育人在思悟里醒来,在践行中守望,于是先行者涤荡沉疴,走出既往的教育定式,冲破教师是"国王"、教本是"圣经"的铁律,借助信息神器,让眼、耳、手、脑、身悉数全开,开辟全新的教育场。这个新教育场穿越时空,观古今于须臾;包举宇内,抚四海于一瞬;身入践行,体悟同心血交汇;手移鼠标,智能与个性融通。

广袤华夏成了偌大课堂,新教育场引来百花竞放。开阔的是眼界,更是心灵;丰盈的是智慧,更是大脑;挺起的是个性,更是广大青少年。

内蒙古自治区鄂尔多斯市东胜区罕台润泽小学建校于2011年,学生来自移民村和部分外来农民工家庭。

该校边国荣副校长,是一位怀有历史责任感的乡土文化探究者。十多年来,他耕耘在乡村教育的原野,目睹了城市化给乡村带来的巨变,通过对学校周边和部分乡村孩子家庭的研究,有了惊奇的发现:

田园式乡村的传统景象——小小村落、袅袅炊烟、绿绿禾苗、田间小路、晚归羊群正在渐渐消失;离开土地的农民像个流浪儿,一会儿敲敲市民的门,一会儿又敲敲农民的门,在市民和农民之间徘徊,丢掉了原本辛勤劳作的农民本色,大多数人对身份是迷茫的,家庭纯朴的文化根基在瓦解之中,急需家庭文化的恢复和植入;乡村生活、农耕情怀与孩子们渐行渐远,当问起孩子们关于种子、农活等话题,他们浑然不了解;乡村是中国传统文化的重要载体,随着乡村嬗变,传统文化受到了剧烈冲击……

他感到心痛,巨大的失落感伴着深深的乡愁,时常折磨得他夜不能寐。

该为乡村孩子提供怎样的乡土教育,培育其健全人格,建立乡土自信、生存自信,进而把根留住,护好童心呢?

边国荣苦苦思索,细细调研,决定把实现传统文化复兴与传承的目标落实在课程中,落实于课堂上。他带领学校年轻教师组成校本课程开发团队,进行主题为"难忘的乡土"的乡土课程的开发。边国荣设计的乡土课程,是以乡村为资源,以晨诵、主题实践、体艺、美术课程为载体,以学生的语文、体艺综合素养的提升为教学目标的一次传统文化的寻根之旅。

李俐瑶老师班的孩子们在学校开辟的试验田进行播种,并承包田间管理,孩子们从一块小小的田地里感受了农耕的艰辛、劳动的创造、劳作的收获。

崔素素老师通过"二十四节气与农事活动"课程,让孩子们感受中国古代人民根据自然规律合理从事农业生产的劳动智慧。

美术老师杨旭利用泥塑课和树叶贴画、纸箱版画课生动再现乡村的生活场景。乡村就是画卷,一景一物皆可入画。老师领孩子们走进乡村观察,将村庄、草木、田野、荷锄的农民都绘入画中。老师让孩子们展开想象穿越时空,去体会屋舍新新、荞麦青青的村野,感受乡村的快乐童年。

在边国荣指导下,李苗苗老师和她的学生们进行"了解我们的乡村"大型主题实践调查。学生被分为三组。第一组的同学负责介绍家乡罕台镇,他们从罕台镇的由来、风景名胜、特产、当地风俗等方面入手调查。第二组负责了解乡村环境变化,实地走访调查乡村土地的使用、水和空气的变化,带回了采集的样本,撰写出《关于罕台地区农民土地及现状的问题调查》一文。第三组搜集罕台地区乡村变化的图片,走访调查记录农民衣食住行上的变化,调查罕台地区的现代化建设进展,观览罕台镇城乡统筹示范园区,从今昔对比中感受乡村的巨变……

孩子们走进田间地头,坐在乡亲家里,听老爷爷讲过去的故事,重温乡村的生态、人文、历史,脑海浮现起"绿树村边小扣柴扉"的昨日美景,承继传统,留住乡愁,面对沧桑之变,一颗颗稚嫩的心萌生了家园的归属感,立志成为未来美丽乡村的守望者。孩子们写下一篇篇乡村调查报告、乡土记事、家谱传记、乡村名人故事……

苦心运筹,引领教育场转换;精细指导,让乡土感回归。李苗苗组织的这次活动获评为教育部级优质课,边国荣被评为全国优秀课题主持人。

"江南无所有，聊赠一枝春。"

这是苏州市昆山市千灯镇的千灯小学。这所1905年建成的乡村学校，上承百年教魂，下启时代丽彩，内担树人重任，外接民族需求，演绎成艺术、科学、文化等特色奇崛的圣园。绵延两千五百多年的古镇千灯，是昆曲的发源地，是昆曲鼻祖顾坚、爱国学者顾炎武的故里，是江南丝竹创始人陶岘的出生地。

走进"千小"，右手边醒目的路牌为"顾炎武大道"，左手边路牌为"顾坚曲径"，校园无处不氤氲着江南水乡特有的典雅之气，形成宏观大气时尚、微观精致邃密的"文化场"。来到教学楼一楼，犹如步入学校的历史博物馆，醒目的校徽昭示着建校的年份，百年"千小"的照片记载着岁月沧桑，1912年"千灯兮小学教育风气开通早……"的校歌，1920年"一个社会雏形的小学，是无数活泼儿童的本营……"的校歌，与"一千盏明灯亮在心房……"的今日校歌，上下排开，诉说着育才的时光展痕。

在每间教室的外墙壁上，都挂着一张扫描版的老课本，这是孩子们的太爷太奶辈的老教材——由叶圣陶编写、丰子恺绘插图，1932年出版的《开明国语课本》。孩子们可在与老辈人的"邂逅"里萌生学习乐趣，无形之中打开遥远的乡村记忆，领会中华文化的袅袅吟唱。

二楼是六艺展厅。学校设有"昆曲馆""国学馆"。一灯一世界，一光一妙境。小学校，大目光；小学校，大课程。该校研发了《一笔一世界》《一乐一世界》《一曲一世界》等校本教材，旨在点亮每一盏心灯，让每一个生命经受课程的润泽。

昆曲为"千小"特中之特。2013年秋，储昌楼任校长，第一次到小昆曲班看训练，就发现了小女孩杨优：容貌清秀，面色深黑；一双大眼睛惊奇、茫然，又藏着难以言说的苦楚；衣服又旧又小，不太干净，像无人过问的流浪儿。但在训练时，她一招一式，极为投入，脚踢得比别人高，劈叉时间比别人长，口一开腔，眼一转神，你马上会被她带入昆曲之中。"好一个昆曲小精灵！"他当场夸奖了她。向指导老师徐允同了解得知，这朵"小花"实为在逆境中绽放：她的祖父母和外祖父母早早过世，母亲和父亲又先后意外亡故，杨优如今和继母住在一个三十多平方米的车库里，靠着继母每个月一千五百多块钱的退休金生活，还经常遭继母打骂。孩子学习一般,不太专心,作业较马虎,注意力易分散,习惯方面的问题较多。

储昌楼被深深触动着,他和班主任、辅导老师一起,对杨优倍加关爱:学校颁发给她一学年两千元的奖学金;为她做三套校服,让孩子穿上校服抬起头走路;冒雨对她进行家访,送去床被和橄榄油,叮嘱继母要对孩子施以爱怀;造访社区,请社区人员关心这个特殊家庭的特别孩子。这一切,为的是杨优能够心无旁骛,悉心学习唱好昆曲,让艺术点亮生命。

十分耕耘,十分收获。杨优渐渐认真多了,成绩赶到中上游,各方面都明显好转。尤在昆曲学习中,能力更强,也更刻苦。昆曲则成了她的人生乐趣,一个人在家闲下来时,便会尽情哼唱,温习白天学的新动作。有时候一些大爷大妈会被吸引过来,给她鼓掌,她会害羞说:"唱得不好的,明天还要跟老师再磨磨。"她会唱十多个昆曲选段,众人认为最难的《思凡》她最擅长。

在全国第十八届戏曲小梅花奖总决赛的舞台上,十岁的杨优闪亮登场。一上台紧张得浑身发抖,当望见台下人鼓掌微笑,她气定神安了,表演的恰是昆曲界所谓"男怕《夜奔》,女怕《思凡》"的《思凡》。瘦弱身躯,娇美扮相,纤细手指、稚嫩嗓音,六分钟内,唱念字正腔圆,做行丝丝入扣,一颗稚嫩的心饱含对昆曲对生活无限的爱,赢得满堂喝彩。她以97.22的全场最高分,摘得小梅花金奖。这也是"千小"小昆曲班自2008年以来累计获得的第十六个小梅花金奖。2015年9月26日下午,在三年评选一次的"德润少年"——第三届江苏省美德少年颁奖会上,十一岁的杨优荣获了江苏省"十大美德少年标兵"称号。省委常委、宣传部部长王燕文为她颁奖时说:"你是全省几百万少年自强不息的典范啊!"

在洛阳市经济开发区孙旗屯小学的校园中,有十二棵桂花树,每年农历八月十五左右,淡淡的花香悠远绵长,处处弥漫着桂花的香味。

九月底,徐林林老师执教五年级三班,讲授台湾女作家琦君(1917—2006)的怀乡忆旧散文《桂花雨》。整节课在轻松愉快的氛围中结束,效果却不尽人意,学生的理解感受也如蜻蜓点水。

学校的校树不是最好的课程资源吗？徐老师蓦然想。对！把课挪到树下。

以往教育孩子爱护花草树木，今天却要摇一摇桂花树！要让孩子们体会到作者当时的那种心情，又能保护学校这些桂花树。

徐林林、张丽培两位老师和孩子们先做好了约定。

下午第四节课，两位老师带着孩子们来到操场，这里有两棵大桂花树。孩子们像一群脱了缰的小马，蹭蹭直奔而去。有的顺着树干往树上爬；有的抓住树枝轻轻晃动，看着落下的小花，欢笑不已；有的拾起地上掉落的桂花，洒向身边的伙伴……一时间操场上笑声不断。是啊，课文中"摇呀摇，桂花纷纷落下来，人们满头满身都是桂花。我喊着：'啊！真像下雨，好香的雨啊！'"的场景正在眼前展现，孩子们仿佛都成了文中的主人公。

体会完摇花的快乐，他们开始收集桂花了。学生们准备精美的瓶子、小花篮、花布包……低处的花摘完了，高个子摇着树枝，小个子撑起衣服接花；灵活的孩子利索地在树枝间穿行。孩子们小心翼翼地收集着桂花，只愿自己是收得最多的那个。

"摇花乐"激发多少乐趣！李晨阳写道：也不知道谁在摇桂花，那金黄色的花朵飘落下来，像一只只漫天飞舞的蝴蝶落在我们的头上、身上、鞋上。我们一个个也成了香的了。我情不自禁地说："啊！真像下雨，好香的雨呀！"赵子宁记下："那星星点点的花朵零零散散地飘落下来，轻轻的，香香的，仿佛一只香滑的小手触摸着我的脸蛋儿，我终于看到我期盼已久的桂花雨了。"

第二天的晨诵时间，伴随着桂花沁人心脾的香味，教室里传来孩子们优美的诵读。"人闲桂花落，夜静春山空。月出惊山鸟，时鸣春涧中。""遥知天上桂花孤，试问嫦娥更要无。月宫幸有闲田地，何不中央种两株。"听，他们多投入呀！边诵读边感受诗句中桂花的美；诗意的清晨，几分浪漫的情怀萦绕于心，有的学生还将诗句绘制成一幅幅美丽的画儿。不少学生在网上查找桂花的资料与大家分享。

诵桂花、讲桂花之后，两位老师又领孩子们以桂花为素材，投入创意制作。雅致且喷香的粘贴画，精美的桂花香包，香味浓郁的桂花香水，清香怡人的桂花茶,令人垂涎欲滴的桂花糕、桂花汤圆、桂花团子、桂花饼、桂花粥……成了成果展示课上琳琅满目的展品。

桂花课程,引导孩子们写感受,抒心曲,做手工。王彻同学因其习性懒散被取了一个外号叫"懒羊羊",他的作文发表在校报上,引来《教育时报》记者采访,他说:"我的文章分为摇桂花、做桂花、品桂花几个章节,这次活动太有意思,写起来很顺利。"新课程揭开他重塑自我的序幕,如今他已经变为人见人爱的"喜羊羊"了。

一叶知秋。在名校长徐良惠的引领下,孙旗屯小学各类创新课程亮相,成为汇聚美好事物的中心,孩子们天性被倏忽唤醒,迸射出奇美的灵光。

旨在激活青少年创造力的新教育场,在更高之处构建。追随1984年在美国发起的展示少年创造天才、享受超级大脑的第一次TED（技术、娱乐、设计）大会,中国青少年创造力大赛（CYCC）由中国科学院院士、中国工程院院士、全国人大常委会副委员长吴阶平于2004年创立,每年一次,全力推进"青少年创新"。

少年强则中国强。华为技术有限公司创始人、总裁任正非介绍,华为每年都从国内外选用一些天才少年,他们不全是世界计算机竞赛金牌状元,还有榜眼、探花。"我们引进的这些人就像'泥鳅'一样,钻活我们的组织,激活我们的队伍。"这种高层次、顶尖级的青少年创造活动,给我国基础教育的人才开发,注入了长效的催化剂。

第十四节　家教永恒

一

从这小小港湾开出育人的第一只小船,一直摇向天赋使命的远方乃至终点。

从这里起步上路的金童玉女,留下人生之旅一串串或浅或深的脚印。

这里的谆谆话语、炽热眼光、温存身影,都是点燃的火,加劲的油,祈祷的诗,祝福的歌儿。因为这里,只有这里,才堪称孩子终身享受不尽的课堂。这里的教师,则是一辈子永不下岗的身心守护神。

这就是永恒的家庭课堂。这里有永恒任教的超全职老师——父母。

在无限的教化时空里,学校为育人田园,有师道护养;社会为育人大场,富含多源营养;家庭则为育人作坊,家庭之爱提供全方位滋养。此外,网络育人更是无边界,敞开时空广角牧养。

只有学校的教育仍是有限教育。有限教育不足以育出身心健康的受教育者。

教育大场,时刻演化着。它在作用与反作用、合力与分力、正面与负面、光明与阴晦之中,此消彼长,彼进此退。诚如恩格斯对创造历史诸因素的合力说所言:"这样就有无数互相交错的力量,有无数个力的平行四边形,而由此就产生出一个总的结果。"①

在数种交错的力量之中,最为紧迫而最显薄弱的,就是家教的力量。最不该忽视却最易遗忘的,就是家教这个永恒课堂。有人预言,未来可能是家庭教育的王者归来,不无道理。

孩子真正的"起跑线"在家教课堂。

家教课堂贯穿孩子生命的全程,甚至是影响孩子成长的主要因素。

孩子是希望,是明天,是家庭发展最大的亮点和增长点。

孩子是父母的名片。个人好,好眼前;孩子好,金不换。父母纵有一百种光环、一百样幸福、一百种成功,都无法抹去育子不力的暗影、痛苦和失败。

家庭课堂,投资育人,是为家庭的未来幸福储蓄。

有一千个理由把家教课堂办好。

家庭教育以血缘亲情为纽带,具有生命基因传承的稳定性;家庭教育以朝夕相处为契机,具有潜移默化濡染的随机性;家庭教育以命运与共为心结,具有人生全程贯穿的始终性;家庭教育以生活和教育的天然联系为屏障,具有融通教育的权威性……

这个课堂若偏离规律的轨道,父母流于了生而不养、养而不教、教而不育,无视育儿第一责任人特殊地位的情态,后果实在难以承受。

作为一门科学,家庭教育无师焉能自通,许多非民主型的家长,所采取的专制型、溺爱型、冷漠型、放任型、牧养型(如几千万农民工子女)的家教,让家庭课堂因缺失理性而失位失序。主要误区有三:

其一,怀有强烈的补偿心理。父母少年受苦,于是不想让孩子遭罪,子女成了宝贝疙瘩。冷不得,热不得,说不得,管不得,顶头上怕摔了,含嘴里怕化了。孩子受不得一点委屈,结果毫无集体观念。21世纪之初,甘肃省天祝县东坪乡51岁农民陈邦顺靠卖血供儿子上大学,为多卖血,假造6个献血证,四年来共给儿子63 500元。儿子虽知父母卖血供他,仍不停要钱,一个月索要1000元生活

---

① 《马克思恩格斯选集》第4卷,人民出版社1972年版,第478页。

费,成了"穷家的富娃娃"。后来儿子又因此事曝光迁怒父亲,与父母断绝关系。

其二,滋生一种攀比心理。家境低微,寄望后代发生改变。这些人习惯拿别家孩子之长比自家孩子之短。攀比将孩子逼得道路狭窄,前景暗淡,变得自暴自弃,招致无穷烦恼。孩子的成长,有明心见性顿悟,也有水滴石穿渐悟;有少年早成脱颖,也有大器晚成圆梦;切勿急功近利,搞个"短平快"。须知,不管成绩高低,孩子并无优劣之别,都是良种,都有成功潜能。只是花开有先后,花型分大小,香气各不同,说不定你家的花后来居上,长成一棵参天大树呢。

当年,马克思揭批普鲁士新检查令时说:"你们赞美大自然令人赏心悦目的千姿百态和无穷无尽的丰富宝藏,你们并不要求玫瑰花散发出和紫罗兰一样的芳香,但你们为什么却要求世界上最丰富的东西——精神只能有一种存在形式呢?"[1] 人世间千差万别的孩子,怎能用一个标尺考量?

其三,深藏顽固的主宰心理。孩子懂个啥?他们居高临下俯视孩子,自以为样样通,事事懂,不理解纪伯伦所说的:孩子并不是自己的。[2] 自以为孩子属于私有财产,就该全听全信父母的,按大人的意愿做,因此长期矮化孩子;还有不少父母,或为谋生或因事业,困扰得时空挤压,家教殆失,对孩子的精神给养断裂。笔者在成都等地,曾见一些家长花大价钱送子女进"一对一"高考补习所。这是当年不管教子女只顾赚钱,时下用钱了旧账。也许这可以帮孩子提高分数,可亲情的陪伴能赎回来吗?成长的守候能赎回来吗?

为什么家庭教育总是不关注培养"正常儿童"?反思的沉重感堪比"钱学森之问"。

二

家庭课堂的核心课题是什么?

是做人,做有人性、有人格、有人品的人。

---

[1]《马克思恩格斯全集》第1卷,人民出版社1995年版,第111页。
[2]《纪伯伦作品精选》,长江文艺出版社2006年版,第25页。

首先要解决的是"灵"而不是"智"的问题。人有了正确灵魂,其智慧也会随之叩门。因此笔者这里说的人性,贯以真善美的特质;说的人格,显现为性情、气质上的崇高特征;说的人品,表现为以责任、严己、利他为标尺的道德。

家教育人的主打形式该是什么?

是家风,"随风潜入夜,润物细无声"的家风,浸透了家规、家训、家道的家风。

家风有那么大的主宰力和影响力吗?

有的。"蓬生麻中,不扶自直。"此言足可比喻家风之重要。

家风,是一家人(含家族)生命的精气神,即民国初期广东省省长朱庆澜(1874—1941)所说的"家庭气象的教育"。[①]它是家庭成员个人精神成长的源头。它似乎无形无影,却是实在实有的。它关乎一个家庭的兴衰乃至天下的存亡。

家风,一家人价值取向的风向标,是长期潜移默化的教化与积淀的结果。它柔如水,软如雪,细如丝,却能量无比。民风、世风皆源起于家风。

家风,一家人命运田野播下的种子。在岁月中或长得茁壮或长得枯萎。

家风,一家人的心灵银行。好家风,成了道德储蓄取之不尽用之不竭的利息;坏家风则是害己伤人的债务。

家风,一家人的核心文化精神,是一个家庭最大的软实力。钱穆有言:"一切问题,由文化问题产生。一切问题,由文化问题解决。"[②]那么可以说,家风乃是家庭的文化缩影。好家风具有不忘初心的定力,文化自觉的动力,生命蓬勃的活力。

家风深处是家规,家规背后是文化。

家规是家风或见诸文字,或流于口传,或显于行为的规矩,体现一家人的精神追求、文化导向、做人准则、处事传统。家规可谓家庭"宪法",凝集了立家的韬略,兴家的智慧,护家的真经,造就出各具特色的风格气象。

---

① 朱庆澜 1916 年任广东省省长期间,亲自撰写《家庭教育》一书并公开出版,分发给全省的家家户户。参见魏书生《家教漫谈》,漓江出版社 1996 年版,第 4 页。
② 钱穆:《文化学大义》,《钱宾四先生全集》第 37 册,联经出版事业公司 1998 年版,第 3 页。

千百年所积,中国拥有极为丰富的家规家训。从南北朝颜之推(531—约597)的《颜氏家训》,到北宋司马光(1019—1086)宣示"俭素为美"的《训俭示康》;从明末朱柏庐(1627—1698)的《治家格言》,到晚清曾国藩(1811—1872)"家俭则兴,人勤则健,能勤能俭,永不贫贱"的曾氏诫语;从现当代傅雷(1908—1966)的《傅雷家书》到周恩来的"十条家规",如是治家育子的文化,无一不厚积教化,迸发正能量。

家教在当下的症结在哪里?

一是没有统一的教化与指导,科学性欠缺。二是缺少与学校、社会的有效连通,还需唱好整合大戏。

三

这是 2011 年 2 月 2 日,农历除夕晚餐,笔者一家人围着餐桌,梳理并评选出 2010 年全家的十件大事:

第一件:9 月 28 日和 11 月 30 日,父亲写作出版《中国教育的顿悟》《从教师到教育家》两部著作,受到教育界人士好评。两书均由中国教育学会会长、著名教育家顾明远作序,序文分别发表在《中国教育报》《人民教育》。

第二件:8 月 1 日,少子松岩写作的《雍正原理》一书,由复旦大学出版社出版,发行 16000 册,势头看好。

第三件:4 月和 11 月,长子松巍的《叫响东北沿海》一文、《我的"十一五"评注》系列评论文章,荣获中宣部阅评组的奖励。

第四件:松巍、松岩组织"盛京六部"文化团体活动的第六年,利用业余时间考察黑龙江牡丹江渤海国遗址、吉林乌拉街清朝遗址、辽宁医巫闾山辽墓遗址及红山文化遗址等,松岩执笔写作数万字的历史游记,发在《金商旅》杂志上;5 月至 7 月,松巍赶赴"珠三角""长三角""京津冀"三大经济圈的 10 多个代表城市,考察中国城市群经济的发展脉络,写出 3 万多字内参,受到省委相关领导的赞扬。

第五件：父亲先后赴上海、黑龙江、河南、湖北、内蒙古、吉林等七个省市，做20场报告，引来多家单位邀请的"涟漪效应"。7月26日，在由中国教育网举办的全国德育研讨会上以《绿色生态德育：教育核心，永恒的命题》为题即席演讲，收到良好反响；9月6日，荣获全国教育专家指导中心颁发的特聘专家称号。10月14日，获得母校——辽宁师范大学兼职教授的称号，由曲庆彪校长颁发聘书。

第六件：2010年11月，二儿媳王方圆成功地主持当年度的辽海讲坛，并参与组织了易中天、纪连海等专家的演讲活动，荣获辽宁省图书馆系统的最高奖项——辽宁省委宣传部评选的先进个人称号。

第七件：在大儿媳杨梓平帮助下，傅楚婕小朋友进入沈阳麦田艺术中心修炼，7月，作为辽宁地区的代表，赴北京参加"华夏艺术风采杯国际交流选拔赛"，取得团体舞蹈第一名的佳绩。

……

自20世纪90年代中期起，由笔者提议，一家人赞同，在每年除夕晚餐之时，一家人围坐，静静回顾、评选过去一年里发生的，体现家庭成员努力方向和效果的十件大事。其途径是，先由家庭成员各自精简汇报过往一年的所行、所思、所获，后经过家庭成员讨论后，依次评选出感动自己、影响家庭的十件大事，再倾吐新一年每个人再出发的思路。以彰显励精图治之家庭锐气，展示蒸蒸日上之发展图景，弘扬锲而不舍之傅家精神。

其情其景，可谓：促膝斗室，敞怀佳节，群言独想，你接我续，互借大脑，彼此给力，心有灵犀，"止于至善"。长者从后生吸纳新锐，后生向长者借鉴底蕴。不尽话语如浪花卷地，无边心志似虹霞凌空。河南省诗家王东武曾为此赋七律诗：每逢新正雪梅春，满座鸿儒家聚亲。辞岁览评十款事，围炉擘画一年新……

当晚，合家群力，除总结、梳理了"爱与理想"的家风，"求真、务实、崇善"的家规，"勤奋、诚直、坚韧"的家训外，还进一步讨论了家人交心、沙龙研讨、家会议题、节日聚焦、年终反思等一系列家庭文化。

四

或问,培育子女成人成才有奥妙吗?

这问题让很多家长大伤脑筋。在他们眼里,家教如一个迷宫,子女像一团乱麻,相处似走进迷魂阵,育子成人好比走钢丝绳,说不尽的困惑,解不脱的困苦。

其实,大道至简。最有用的最需要的也往往是最简单的,你若掌握了这关键性的理儿,就可以变得更具智慧,争当完美父母,家教也就成了人生快乐的趣事,开心的实验。

至简的育子经,除了家校社(社区、社会)共育外,无非是"三字经"——爱、信、助。

爱孩子。爱是给孩子以生存的氧吧。

自20世纪90年代起,家庭开始深度地卷入教育。据估计,如今教育费用占到家庭可支配收入的20%到50%,培养出一个大学生,城市家庭需拿出8.6年的工资,农村家庭需拿出18年的收入。家长们抱着绝不能让孩子输在起跑线上的念头,相互攀比,陷入白热化竞争态势。

现代教育家夏丏尊(1886—1946)说:"教育没有了情爱,就成了无水的池,任你四方形也罢,圆形也罢,总逃不了一个空虚。"[1] 缺失爱心的家庭教育,也就不能称为教育。亦如磨坊缺了水,空气缺了氧。家中无爱,孩子成长就缺少渴望的浇灌,绿苗也会变成枯草。因为,被关爱是美丽的向导,甜蜜的获得。《游戏力》的作者劳伦斯·科恩有个比喻:孩子的心灵像一个杯子。父母要给杯子注满爱,让他有力量面对生活中的困境。在困境里,杯子会晃来晃去,能量也就会撒出去,父母要不断地注入爱,呵护稚嫩的心灵,直到他能自己拿稳这个杯子。

克里希那穆提甚至说:"我们大部分人并不爱我们的孩子。"[2] 可怕!父母不

---

[1] 夏丏尊译:《爱的教育》,上海开明书店1924年版,"序言"第2页。
[2] [印度]克里希那穆提:《一生的学习》,张南星译,深圳报业集团出版社2010年版,第32页。

懂爱,不会爱,不真爱——让爱的天平失衡。

百依百顺不是爱,要啥给啥不是爱,说一不二不是爱,恨铁不成钢不是爱,"男(女)单打"或"混合双打"不是爱,自由散养不是爱——这些父母的"爱",爱近不爱远,爱浅不爱深,爱身不爱心,爱虚不爱实。就像明末清初大学者黄宗羲(1610—1695)所说:"爱其子而不教,犹为不爱也;教而不以善,犹为不教也。"

战国时的赵国左师触龙,劝说赵太后将儿子长安君送齐国做人质,向齐国求救御秦时,就以"父母之爱子,则为之计深远"打动了赵太后。2300多年前的先人就懂得真爱的道理,值得后来人好好玩味。

清圣祖康熙(1654—1722)制定这样的家训:再爱孩子,也要让他受读书的苦、劳动的苦、生活的苦三种苦。

这是21世纪之初的真事。父亲为高考落榜的儿子租一门市房,购得复印机,让他开起复印社。过数日,儿子对父亲表白,特别喜欢法律,渴望当律师。翌日,竟有人来复印报考律师的全部复习资料。儿子如获至宝,连忙加印一份,夜以继日苦学起来,几个月过去,居然一举考中律师。喜忧相伴。患癌症的父亲不幸身亡。儿子在整理父亲办公桌时,竟发现自己曾复印的那份考律师的资料静静地躺在那里,念及慈父的良苦用心,男孩失声恸哭起来……

父母爱子就须爱得清醒,爱得智慧,爱得长远。

真正的爱是什么?爱是情感,是智慧,是艺术,是境界,是能力,是打开各式各样心锁的万能钥匙……

而这种真爱才具有亲和力、洞察力、预见力、化育力、承受力、包容力和定力。

信孩子。信是给孩子立身的基石。

苏霍姆林斯基专门写了《要相信孩子》一书,自始至终突出了"要相信孩子"这一鲜明主题。

就像马克思的夫人燕妮的座右铭"永不绝望"一样,每一位家长要绝对相信自己的孩子是人世间独一无二的种子,注定在岁月里成才,尽管眼下尚不如意,也要静静等候花开的声音。父母的信赖是孩子自信的"定海神针"。丁文钧对儿子丁俊晖,郎国任对儿子郎朗都是信任满满,信得坚,信得实,信得诚,把十足信心传递给孩子,为孩子牢牢筑起立身的基石。

《中国教育报》刊载了这样一个小故事:有一位母亲,对一次次考砸的女儿爱心相对,不仅没一句斥责,一回冷眼,还深情相告:"孩子啊,莫急,别慌!没考好,有妈妈和你一起扛着呢,人生步步是考试,下一次咱们再改进!"后来,她的女儿用心总结,吸取教训,成绩一次好于一次,经过柳暗,迎来花明……

当然,信不是虚空的,说在口头的。让美好的东西在子女身上闪光,成为生命底色,就要把人类的美德善行的种子播在他们心田,还要指明光明之路,引导他们磨砺身心。

信是什么?是理性清醒,文化自觉,相信教育的力量,生命成长会在教育里大彻大悟。父母信孩子注定成檩成梁,当天才欣赏、培育,更要孩子信自己,是天赋的宠儿,是特殊智能的良种。从小站立平视,而不跪倒仰视。

信任决定一切。若父母都不相信自己的孩子,那孩子的心里还会有亮光吗?还能鼓起向上的气力吗?

助孩子。助是为孩子搭就成长的天梯。

孩子缺助力,犹如夜黑不见光,天寒不给热。

在何处相助?在心态的呵护上,在习惯的养成间,在超越的步伐里,在目标的达成中,作为保护神的父母,要为孩子搭台子,架梯子,出点子,挥旗子,喊号子。

笔者说说自己助少子松岩1990年6月底考取重点高中的一段往事。松岩纯真、好动、马虎、自控力弱,偏爱文学,也迷上动笔,先后有九篇习作获省、全国、国际儿童征文大奖。然而,至初三下学期五月上旬五科考试时,成绩排名已被挤出全校90名之外!6月28日中考,仅剩50天!每年该校能考上"重点"的学生仅有20来名。无疑,他远离了师长瞩目的光圈。我呢,并未因此失望,而是想:正好建一个从德商、智商、情商到学业、饮食、起居的立体网络,全面提高服务等级,来一场整体优化的家教试验。

话里没一根刺儿,眼中没一星钉儿,面容没一丝霜痕,我和松岩脸对脸、膝促膝、心贴心地研讨以往失误、差距的陷阱,让他感到父亲是恩师挚友,听得见一颗为他怦怦激跳的滚烫的心!

和他一起细细剖析他的失误,以此拨亮他的心灯,引其洞见潜力,如把读课外书的习惯暂时停掉,把小马虎的历史改写……点着智慧火,照其学法新路;竖起人生灯塔,导其热血沸腾!顿时,他添增了跨越之力!

个别学科有坎儿,我请来高年级学友助他铲平;有的知识板块不牢实,找准薄弱环节全力突破——每日,让他看得见自己跃进的步履。

像踩着钟点儿,每晚九时整,孩子母亲和我都准时送上晚餐(他独住一处),附带一点瓜果,刮风天、雷雨天尤不能延误。我们脚步悄悄、悄悄,温柔的简语轻轻、轻轻,有时只送去一个微笑、一个点头、一对背影,让他感悟无言中的千番嘱咐万般深情……

再买个"金杯牌"足球,他是一名"班脚"啊!周日,领他登龙首山,迸发一星诗的火花。文武之道,有张有弛呀!试前一周,带他回家早点儿睡。考试之晨,我将他最尊崇的读大学的哥哥松巍早写的"锦囊妙计"——一张字条展给他看:

"沉着,冷静,神速;十分地严谨,百倍地准确!胜利必将张开双臂,紧紧拥吻着你的凯旋!"

他激动地默默点头,怀着一颗昂奋而宁静的心。他果真凯旋了!

"凯旋"一词,不是指他以全校第16名的成绩超水平发挥升入重点高中,而是指他的精神、心理和气质的倏而爆发,如鸟儿冲破困笼,抖翅高飞!

这种助是什么?是牵引力,是推动力,也是催化力,是催动心灵所产生的巨大内动力。

爱、信、助,家长与孩子是相互的,如同作用力与反作用力相等。也如照镜子,你笑像也笑;更如对山谷喊,你呼谷也应。

五

在辽宁省家教主题报告会上,笔者以大量成功家教的五条秘籍,向听众建言。

第一个建议：抓住制胜的一件秘宝——言传身教。

育儿先育己。父母是孩子最早、最大的影响源。父母是镜子，孩子是像。优秀父母身边总有优秀子女，问题孩子背后是问题家长，问题表现在孩子，根子在大人。"教育上的真正问题是教育者。"① 孩子现象是大人现象的折射，孩子问题是家教问题结合社会问题的爆发。做人父人母的，你希望你的孩子长成什么样，你该首先带头做成什么样，成为孩子的精神图腾和人生标杆。喊破嗓子不如做出样子。坐而训教哪如起而示范？

兰州市一位叫雷治军的家长和初一儿子协定：在家绝不玩手机。父子二人原来都是"手机迷"，如今彼此监督，果然奏效，双双远离了手机，远离了游戏。这既体现了身教重于言传的示范，且培养了孩子的自律意识和契约精神。父母是根，孩子是花，根有营养，花才绚烂。

第二个建议：填平代沟的一项工程——心灵沟通。

连心先修桥。父母最重要的人际关系是与子女的关系。玩玩、笑笑、听听、唠唠，应该是家庭的固有氛围。彼此是亲人更是朋友，则为两代人的理想人际特征。

沟通中，平等筑起交流的平台，尊重开掘沟通的渠道，共读（含共议、共写）获得共同的心灵密码，分享赢来心花的竞放，善于倾听为父母的基本功，精神给养是育子的总路线。做父母的，切切远离那个令人发烦的角色，即鲁迅笔下终日叹息世风日下，一代不如一代的"九斤老太"。

第三个建议：拥有会欣赏的一双眼睛——笑纳孩子。

赏识先笑纳。南京的"赏识老爸"周弘以海洋般深广的父爱，将自幼双耳全聋的哑女周婷婷培养成神童、中国式的海伦·凯勒。孩子的美善品性，最需要亲情一点一滴的滋养。

数子十过，不如奖子一长。周弘的演讲中，有一句令人泪目的话："哪怕天

---

① [印度]克里希那穆提：《一生的学习》，张南星译，深圳报业集团出版社2010年版，第36页。

下所有人都看不起你的孩子,做父母的也要眼含热泪欣赏他!拥抱他!赞美他!为自己创造的生命而永远自豪!"①

诚然,如台湾获金马奖的电影《阳光普照》揭示,一味对子偏爱,过强的阳光也能伤人,但阴暗过度以至情感极度匮之也是家庭关系的隐形杀手。

教育的本质是爱,爱饱含着理解、宽容、信赖、期待和欣赏,父母学会欣赏就学会了爱。孩子感知被父母爱着,就会自爱,还会爱别人,而不会陷入人穷志短的自卑深渊。笑纳、欣赏、拥抱、赞美,发现智能,发掘潜能,托起自己的孩子,成为一轮金色的太阳,这才是做父母的神圣天职。

第四个建议:把握做人的一把标尺——德才兼备。

成才先成人。司马光(1019—1086)在《资治通鉴》中曾说:"才者,德之资也;德者,才之帅也。"古人还喻德为"水之源,树之根",喻才为"水之波,树之叶"。后人发挥说"先做人,后成才""不成人,勿成才"。因为无德者乃世间废人,无德有才者更是害群之马。1991年11月1日,生于北京市普通工人家庭,李政道博士的高足、就读于美国艾奥瓦大学的中国博士留学生卢刚,因参评论文落选,被嫉恨、失望困扰着的他,竟开枪杀害了4位太空物理学家,继而枪杀了论文获奖的同学,后饮弹自尽。

父母之育子,该千百倍地警惕啊,要牢牢把握德才兼备这把尺子,万不可重知轻德,舍本逐末。

第五个建议:创建一个命运共同体——家庭团队。

给力先握拳。时代大潮负载家庭之舟。每一家都是一个命运共同体,休戚相关,荣辱与共,一家同心,其利断金。

其中,最重要的是父母关系,影响孩子的性格风采和精神长相。笔者几十年经营家庭团队,感触很深,首先父母的目标须一致,心灵融合,步调统一,再协调儿孙,聚智凝神,群策群力,就没有解决不了的各种难题。推而广之,家庭和学校也应建立家校命运共同体,共育共赢,以完成培养后代的使命。

---

① 周弘:《赏识你的孩子》,广东科技出版社2004年版,第4页。

第十五节　时空转移

一

世界,已进入智能迸发瞬息万变的时代。人们的学习和修炼,也面临着时空场的变化。未来,匆匆扑来。巨变,在不经意间悄然发生。蓦然回首才错愕地发现,剧变面前的我们,常常有几分遗老心态,怨"车速"太快,变动太大。

学子离不开学校,错了!

学习已不止于圈养在静悄悄的教室里。面对世间万象眼花缭乱的问题,需要渊深的学识和丰盈的智能,光靠教室的小小空间是无法承载的。有人统计,即便博士生毕业,所学的知识也不过是一生所用的20%。一位著名学者告诉笔者,美国在家上网学习的学子,竟有200万之众。学习只在学校,别无他处的说法可以休矣。互联网正将全球变成一个大课堂。

学业围着课本转,错了!

课本知识当然重要,但毕竟属于他人发现的间接经验,新生活日新月异,新问题层出不穷,大量真知还需在创新实践中学,在刷新生活中学,在革新社会中学,且常常需要尽快在学习中破解。学习内容囿于教科书本的学习观念,应该摒弃。一位德国教育家说得好:"过去,我们把课程当作整个世界;现在,我们要把整个世界当作课程。"是的,真实世界里的各种事物,无一不可以作为学习的素材和对象。

学习围着老师转,错了!

在今日智能网络学习的平台上,老师是一位指导者,学生正成为学习的主动者、主宰者和发现者,有一些青少年学子在网络上完成了科学发明就是例证。而且,"闻道有先后,术业有专攻",每个人都有个性化的智能,值得他人效仿。"传道授业解惑"的教师天职受到颠覆性的挑战。

知识永不过时,也错了!

有人计算,自古至今,人类曾经有过三次知识剧增的时期。而如今全世界的知识总量,七到十年就翻一番。新知识为解决新的困惑应运而生。过去的知识虽然不能宣布过时,却也做不到有效指导当下的全部行动,我们总不能满足用昨天的知识,教今天的学生,干明天的事情。教坛知识不断更新,就像呼吸清新空气一样重要。

以往许多教育实践失灵了。有先知先觉者提出新命题:学习在窗外,他人即老师,世界即教材。

二

"五更侵早起,更有夜行人。"在有识之士摸索路径,以更早适应教坛逐渐加快的巨变时,先行者已完成"进化","只在此山中,云深不知处"。[①]

前段时间,《重庆晨报》报道了美国一所最难进的"神秘"大学,不少人甚至为进入该校放弃耶鲁、哈佛等大学的录取机会。这所大学学制2年,年招收13名清一色男生;学生们会到一个上千公顷、与世隔绝的牧场上耕种和放牧,不能饮酒,不能沾毒品,不准擅自离开。

这就是位于美国加州荒漠山谷——死亡谷的深泉学院。随着网上"重庆南

---

① [唐] 贾岛:《寻隐者不遇》。

开学子彭书涵被深泉学院录取"的消息传开,该校突然变得火爆。

花香不在多,校雅何须大。这所大学采取特立而独行的"参与式"教育模式:学生参与学校治理(包括教授聘请、校长任免),参与课堂研讨,参与真实劳动。其"参与"是"投入其中、卷入其中"。学生很大程度上成了自身学习与发展的建构者,在"参与"中蓄积深厚底蕴,建构起学生成长和发展的根基。

深泉学院创立于1917年。创始人卢西恩·卢修斯·纳恩(1853—1925)就确定了学院的三大支柱:学术、自治、劳动,并延续至今。这三大支柱擎起深泉学院的教育大厦——"学术"支撑学生的思维和能力发展,"自治"培养学生的领导力、主动性,"劳动"培养学生的责任感和服务精神。围绕这样的教育理念,深泉学院的人才培养、课程体系得以建立。该校"学术、自治、劳动"三位一体的教育理念,其目标在于培养学生批判性思维能力、阅读能力、演说能力、倾听能力、写作能力、领导力等服务社会所需要的基本技能和品质。他们培养出来的学生获得了哈佛、芝加哥、耶鲁、牛津等顶尖大学的高度认可。

教育改革最难点之一,是如何激发学生的学习主动性,提高其在教育活动中投入时间和精力的积极性。"纸上得来终觉浅,绝知此事要躬行。"参与即身入,身入方心入。深泉学院"参与式"教育,使学生积极投入到课程、研讨、劳动中,培养主动学习的态度,提高学习能力,建构成长根基,有助于获得高质量的教学与学习成效。此种"参与式"的教育实践和深刻的教育体验,对教育时空转移的思考,具有一定的借鉴价值。

在号称美国硅谷"发源地和思想库"的施乐公司的科学园区里,多学科、多方位地追求尖端的科学成就,从事最基础、最根本的科学研究,工作人员有电脑科学家,有从原子物理学到化学方面的科学家,还有语言、社会、艺术、人文等方面的专家。他们聚在一起相互学习,从不同角度做研究。多年来,这里一直是美国传奇式的思想智库。

这个思想智库免费提供给美国社会,作为社会的大脑、学习的海洋。施乐公司的首席科学家约翰·布朗做过一场有关数字时代学习革命的精彩报告:"我们应从一个系统的角度看待教育,而这一角度需要考虑所有的因素——K(指幼儿园)——十二年级的学校,社区学院,州立和私立学院以及各种大学,社区图书馆、公司等——这些组成了一个地区的学术系统。接着,引发出更多的关于我们如何创造地区优势的问题,如在北卡罗来纳州研究三角区或硅谷,是否有办法把围绕在各大学周围的科学园区延伸发展成为学习园区,再通过本地的知识生产成分和因特网所提供的无尽信息相结合,进而建成一个学习生态。"

在此强大智库的作用下,美国孩子可以与最著名大学、最著名网络公司、最有创造力的科学家建立有效的联系。他们的读书能力不单涉及形象和屏幕,还能"阅读"多媒体文本,读写能力成了一种信息导航搜索能力;网络冲浪已成为一种新型的信息娱乐,推理是查找目标、工具、代码、文件,并以一种新的方法使用它们和把它们运用到新的情境中,判断则是对于手头资料的质量和可信度做判断,并成为最基本的能力。[1]

这就是美国的前沿教育:利用强大的社会智库,八九岁孩子就思考美国南北战争的大势,对美国二战后期投放原子弹做出道德评判,甚至涉猎"我怎么看人类文化"等题材。更有些孩子靠互联网上的学习就成了大科学家。美国教育秉承着文艺复兴以来教育的精神主脉,一直探究着当今社会的更深本质,以世界的未来定位现在的教育。

在当下地球村,人与人的空间距离,早让信息化的射线连通得近在咫尺,而人与人思维、理念的偌大差距却往往会隔断人们的视野,引发人们各不相同的学习生态格局。

三

教育的深化改革注定了教育的全场化,即处处是学习型的家园,而学校只是全时空学习场的一域。

一台袖珍电脑在手,光导纤维像风筝线一样,把整个世界牵在你的眼前。

---

[1] 顾泠沅:《寻找中间地带》,上海教育出版社2003年版,第75—83页。

一部智能手机即是多功能教室,展示着多元课本、万能智库,指尖上的课程改变着教育、教法、学法乃至思路、出路。

教改的深化注定了教育的全人化,国人终生都是学习者、读书人。为做好自己,过好生活,处好周遭,干好事业,走好人生,自童至叟,都是终身的同路人。

有字的、无字的、自然界的、社会的或有形或无形的智慧的书,都现身在有形、无形的课堂里供人们学习,真是社会无处不教人,课堂无时不学问,世间无人不教师。"教室"在每一个人的眼里、手里、心里。

偌大的中国,即是一所大学校,处处都是教室,人人都是学生,个个都在吸纳,像亿万只不知疲倦采花酿蜜的蜂蝶。

学习,成了人生的底线,快乐的源头,日臻完善的动力。

学习的演化趋势越发个性化、定制化、项目化。

在深度的学习中,民族精神其道大光,民族素质全速提升,民族智慧在无穷增长……如是学习的盛景,正悄然走进当下生活,念兹在兹。

四

明天还会有学校吗?如有,该有哪些变化?如无,求学又去哪里?

这是让教育人魂牵梦绕的问题。当下思想开放,出现不同的答案不仅十分正常,更会给人宽宏的视界和幽深的想象,以便未雨绸缪,做"凡是预则立"的准备。在2018年第五届北京中学构建未来理想学校研讨会上,原中国教育科学研究院院长袁振国以《未来,只有学习,没有学校》为题讲述了他的观点。自然,也有学者提出,未来有学校,会出现多种形态并存的局面。著名教育家顾明远一向认为:"学校和教师不会消失。学校是人生走出家庭,走向社会的第一个公共场所,是人生社会化的第一步。"

新教育实验发起人朱永新先后在2016年新教育国际论坛和2017年中国教育三十人春季论坛上提出,未来学校的形态会发生根本的变化,传统意义上的学校会转型为新型的学习中心。

他还预言,未来学习中心将有十个基本趋势:

从学习中心的内在本质来说,它会走向个性化;

从学习中心的外在形式来说,它会走向丰富化;

从学习中心的时间来说,它会走向弹性化;

从学习中心的内容来说,它会走向定制化;

从学习中心的方式来说,它会走向混合化;

从学习中心的教师来说,它会走向多元化;

从学习中心的费用来说,它会走向双轨化;

从学习中心的评价来说,它会走向过程化;

从学习中心的机构来说,它会走向开放化;

从学习中心的目标来说,它会走向幸福化。

2019年6月,朱永新还以其构想的《未来学校》,给教育重新定义。他认为,教育变革,虽然不像社会革命那样,有强烈的人为干预的色彩,但是我们可以主动迎接、主动介入通往未来的教育趋势,这个趋势就可能会向着我们期待的方向发展。我们已经来到了教育大变革的前夜,已经站在了未来学习中心的门前。推开这扇门,就是一个新的教育世界。① 他相信,在不远的未来,今天的学校会被未来的学习中心取代。今天觉得天经地义的学校生活,因为互联网,因为信息技术的发展,会在润物无声的改变中,发生翻天覆地的变化。

这些紧接教育前沿地气的高屋建瓴的预见,从古今中外教育理念之海的深处而来,应时而生;从数以千计名校、数以万计名师的实践之峰的高处而来,至慧而平;从琴瑟共鸣的新教育团队的共识而来,同气相求;回应了历史呼唤,答复了现实诉求,折射出未来愿景。

"马克思主义者不是算命先生,未来的发展和变化,只应该也只能说出个大的方向,不应该也不可能机械地规定时日。"② 说出这个"大的方向"很是重要,当下的教育前驱者能如此地瞭望教育,透析教育,研判、预测教育的变化走势,

---

① 《未来教育的实践和畅想》,参见朱永新的博客。
② 《毛泽东选集》(一卷本),人民教育出版社1968年版,第103页。

为中国教育有一天领跑世界教育进行精心构思和设计,实在是教育的幸事。

五

教育时空在转移,教育内容在转移,教育模式在转移,教育手段在转移,教师的职能在转移,学生的地位在转移,学习方式在转移,考核方式在转移——教育、教学、学习等的多个方面,都在历史性的改革大潮里,实现着巨大却悄无声息的转移。伴随着科技、智能日新月异的蜕变,此种转移必将出现跨越式演化的图景。

这种转移不是别的,乃是一场如法国思想家涂尔干(1858—1917)所说的文化选编,日本教育名家佐藤学(1951—)悉心研究的静悄悄的革命。目标,对准为信息智能时代,多出人才,早出人才,快出人才,涌出大才。

那么,是不是教育的一切都"一风吹"似的颠了个了?

不是!无论何时何地,"一风吹"都要不得,绝对化导致的都是对历史潮流的逆向而动。

西汉思想家教育家董仲舒(前179—前104)有一个重大哲学命题:"道之大原出于天,天不变,道亦不变。"[①]他讲天(自然界的最高主宰或天意)是不变的,道(以三纲五常为核心的封建社会据以存在的根本原理)也是不变的。此言用静止的眼光看天论道,属于形而上学的思维范畴。

用唯物辩证法的思想看教育,自有变易与不易两种成分或曰两种元素。

变易,即为朱永新等人所预言的"未来学校""未来教育"中的科学大发现、技术大颠覆。顾明远具体诠释了互联网时代教育的六大变易:学习渠道扩宽;培养的目标转变,课程内容变化,学习方式发生根本性变化,互联网为个性化学习、个别化学习提供了条件,改变了师生关系。以师生关系为例,他认为:"教师已经不再是知识的唯一载体,更不是知识的权威。学生已经不是光依靠课堂上

---

① 苏舆:《春秋繁露义证》,钟哲点校,中华书局1992年版,第220页。

教师的知识传授,而是可以通过各种媒体获得信息资源和知识。教师主要是要为学生的学习营造适合的环境;指导学生在信息海洋中正确选择信息、处理信息的策略和方法,使他们不至于迷失方向;教师要为学生设计个性化学习计划;帮助学生解决一些疑难问题。因此,教师的角色必须由传统教育的知识传授者转变为教育的设计者、指导者、帮助者,与学生共同学习的伙伴。"①

不易,即至真教育精华,涵盖民族基因、文化认同、核心智慧,教育传承文明、创新知识、培育人才的基本特征,教师敬业爱生、立德树人的根本职责。

就教育者终身诉求而言,在当下与理想之间,不易的是初心;在过去和未来之间,不易的是使命。

变易更多的是方法论——行为方式,技术手段。这主要源于对所处时代的顺应,包括对科技成果的使用与驾驭,对经济发展的助力与策应,对人才战略的支持与配合。不易的更多的是民族观——精神内核,教育要义。这自然源于对优秀民族文化传统,即对民族之魂之根的守望和承继。在新的时代,这仍是亟待深入发掘、弘扬的民族瑰宝。

苹果公司总裁、顶尖科技精英史蒂夫·乔布斯(1955—2011)临终之前留下遗言:"我愿意用所有的财富换取和苏格拉底喝一次下午茶。"他何以想到苏格拉底?苏格拉底会给他怎样的人生启示呢?苏格拉底是古希腊大思想家、哲学家、教育家,最有智慧的人,被公认为西方的孔子。他最著名的格言是"认识你自己"。而人生事业极为成功的乔布斯,如此崇拜人类的天才巨匠,渴望与之进行哪怕短暂的心灵对话,得到如同孔子所言"朝闻道,夕死可矣"的那种"道",以回光返照自己的内心,寻求对人生更深层次的思索和更高境界的升扬。大道至重,大道通天,大道永恒。人类精英的伟大思想对生命的照耀价值胜于一切。

是的,在历史巨匠的思想智库面前,其他的一切——包括技艺、实体、财富、名望、荣誉、拥有,都那么苍白无力,失去了分量。

---

① 顾明远:《未来教育的变与不变》,载《中国教育报》2016年8月11日。

第六章

师之道

办学之道,教师第一。教师之道,师德第一。师德之道,师爱第一。

学、做、思,可谓教师终身发展的"三字经"。"三字经"并无高论,也非玄语,然每字珠玑,内涵金玉。真经往往是赤裸裸的。透骨的概括里蕴藏精髓的提炼,浅显的表述中让人感知入木三分的精深。

第十六节　师道第一

一

办学之道，教师第一。

2007年11月9日，笔者满怀崇敬之心，拜访了曾在41年间担任天津一中校长的韦力老先生，向这位教育家请教如何尽到校长之责，把学校办到百姓的心坎上。他说："当校长最根本的，是建设教师队伍，建设校风。两者相互依存，互为因果。"话语简短，却囊括了一生真经。教师，乃学校的核心，办学的根本。

韦力的结论和梅贻琦（1889—1962）的"所谓大学者，非谓有大楼之谓也，有大师之谓也"那句视大师为大学灵魂的名言，可谓异曲同工。"山不在高，有仙则名；水不在深，有龙则灵。"德智俱佳的名师是办学的"仙"，育人的"龙"，学校因此名气大振。

天津一中教师充满感念的回忆做了印证，韦校长之所以有这样的凝聚力，在于他最信奉这样一条准则：善待教师，自己吃鸡蛋绝不让老师吃咸菜，在有限的条件下尽一切可能改善老师的生活，尊爱老师，胜过亲人。

教师第一，古今相通。华夏自古以来尊称教师为"先生"。民间祭祀设天地君亲师牌位或条幅供奉于中堂，师者名列其中，拥有极高地位，受百姓仰慕。大型纪录片《先生》十集,聚焦民国时讲坛大家身影。该片解说:"先生,一个称谓,一种修为,一份崇敬,一种精神。一百多年来,国民意志之接力及薪火相传,有赖先生。"北宋范仲淹(989—1052)就曾对先生由衷讴歌:"云山苍苍,江水泱泱,先生之风,山高水长。"①几千年来中华民族意志之接力及薪火相传,不也仰仗先生吗?

闻一多(1899—1946)的次子闻立雕在《闻一多图传》一书里,描写了父亲上课的场景。

在一个破饭厅改造的教室里,灯光非常昏暗,坐满了学生,闻一多先生在讲授屈原的《九歌》。"黄昏时分,从四面八方辐辏而来的鼓声,近了、更近了、十分的近了,神光照得天边透亮,满坛香烟缭绕……"听课的学生分不清台前教者是闻一多先生,还是两千多年前的屈原大夫。在此神圣的"杏坛"上,古今叠印,虚实杂糅,学生神游其中,情融其里。哪位学生不对师者油然而生敬意呢?闻一多先生的高尚人格、渊博学识,穿越历史隧道的巧妙教法,形神兼备地产生夺人的教育魅力。

名师诚可贵,高师更难得。名师展示一个巨大的发展空间,让学生在其中闪展腾挪,驰骋想象;高师更创设一个神奇莫测的修炼世界,任学生在其间自主精进,冲击极限。

无论过去先生在什么条件下从教,当下如何对学校进行改革,未来学校转换成何等模样,先生—教师作为教育的守望者,应始终发挥引渡学生成长的功能,担当民族文化基因的传承大任。像百条线、千条线,都要穿过一根针那样,无论教育大政方针、育人章程举措,还是教学模式方法,都须首先由教师的理念——策动,由教师的践行——落实,由教师的反思——升华。

三尺讲台,情系人才,一间教室,关乎天下。教师,只有教师,才是教育改革因素中最根本、最活跃、最有效的因素。这一切,注定了教师在教坛的重要性当排在第一。而其他的什么第一,无非是剑走偏锋之见,吸人眼球之说。道之所存,

---

① [宋] 范仲淹:《严先生祠堂记》。

师之所存。再变换形式,也遮蔽不住师道在教育中的核心价值。

当下一大弊端,是教师晦气,学生硬气,家长霸气;教育只柔不刚,只宽不严,只奖不罚,这与两千三百多年前,柏拉图描绘的"教师害怕学生,迎合学生,学生反而漠视教师……"①的情景,有过之而无不及。"学生中心",几乎不说不管;家长豪横,可搅校闹师;教师斯文扫地,退避三舍,岂敢有为?如此这般,让教育少教失育,伤的是教师,害的是学生,坑的是家长,苦的是国家民族。此风不除,教业何以兴盛?

深入民族、历史、灵魂、文明等层面深入思考,中国曾一直强调师道,从孔子时代一直到"五四"之前,因过分强调以教师为中心的师道之尊,压抑了学生的个性,虽有陆九渊、王阳明等心性学派,仍不免如此;西方则强调个人,从柏拉图的雅典时代开始,一直延伸到19世纪新教育运动的"以学生为中心",因过分强调学生为中心,令师道不振。中国当下的问题,是在其中毁掉了传统部分,又没学到西方教育的精髓,造成了教育学理上的进退失据,教育根基上的传统沦落,师道如此屡弱,如何应对得了变化万千的教育现状?

教师之道,师德第一。

师道,乃教师为人、为学、为教的最高道理,亦可视之为师者的理念、情怀、操守、人格、智慧、方法等集大成的统称,是教师激活教育生命力的基本法则、原理。

师德是师道之魂。凡勋劳卓著的名师,无一不德高望重,以身许教。

28岁获得"美国年度教师"奖,美国前总统克林顿三次邀请至白宫做客的罗恩·克拉克,就以对教育的热忱、对学生的挚爱,点燃孩子们的学习激情,创造了教育奇迹。课堂上,他将30罐牛奶放在桌子上,并与学生们约定,如果学生能集中15秒钟听他讲课,他就喝下一罐。于是,学生们的注意力高度集中。班上有人计时,每到全班学生集中听讲15秒,罗恩·克拉克老师就喝牛奶。当他喝到第14罐时,看上去都要吐了。

---

① [古希腊] 柏拉图:《理想国》,郭斌和、张竹名译,商务印书馆1986年版,第340—341页。

他这样折磨自己,以生为本,以学定教。只因他当时的班里,33位学生个个调皮捣蛋,没人听他讲课,教室里混乱不堪。从那天起学生们开始认真听课了。罗恩·克拉克说:"为了学生我愿意这样去做。"面对10岁的学生,罗恩·克拉克把枯燥的历史知识编成歌词用RAP的曲调唱出来。他边打着响指边手舞足蹈地唱了起来。"让整个一堂课充满了活力,学生们发现这很酷,原来历史可以这样学。"厌倦了教师喋喋不休枯燥讲述的孩子们何等兴奋!

除了永远激情四射、在教学中不断创新之外,罗恩·克拉克把班级的改变归功于他给学生们定下的"55条班规":与人交流,眼睛要看着对方的眼睛;别人有良好表现,要替他高兴;尊重别人的发言与想法;用小小的贴心为别人制造惊喜……

和罗恩·克拉克相似,在洛杉矶市一间会漏雨的小教室里,一位名叫雷夫·艾斯奎斯的小学老师,也凭着热爱教育、喜欢学生而全身心投入的师德,用了将近四分之一世纪,创造了一间充满奇迹的"第56号教室",感动了整个美国。

师德之道,师爱第一。

作为师德真谛和师心归宿的师爱——教师对学子生命无比敬畏而流露出的无比圣洁、美好而深厚的情感,是教师走进职场和泛舟海海的永恒入场券。一个不爱教育、不爱学生、不爱学科的教师,是注定当不好教师的。最大的师爱,是托起孩子飞翔!

33岁的农村教师杨元松,本着"教授知识不如让孩子们自己有梦想"的教育理念,来到贵州大山深处的安龙县万峰湖镇下箐村的毛草坪小学支教。这里只有10多户人家,生活极为贫困。之前分配来的教师,来一个走一个,只有杨元松守望着这一群深山里的孩子,一干就是11年。

这一群孩子因为父母外出打工,必须一边念书,一边用稚嫩的肩膀撑起家庭天空。杨元松经常带着孩子们走出大山外出参观,给他们讲乔布斯等名人的故事,鼓励孩子们追逐自己的梦想。留守孩子不善表达,其中一些孩子宁愿荒废学业也要去打工。于是,杨元松格外注重培养学生的目标感。他相信每位学生都有天赋,指导他们写日记敞开心扉,学生们渐渐爱上了写作,明白未来不只有打工一条路,应该大胆地追梦圆梦。

2010年5月,杨元松从26名平均9岁的孩子的日记中,目睹了他们的艰难和辛酸、坚强与独立,忽生一个念头:何不把学生们的日记汇总整理成书,让更多的人看到这些孩子的坚韧从而关爱他们,让孩子们明白梦想能改变世界。说干就干。杨元松花了3个月时间收录整理好孩子们的日记,通过艰辛努力,2011年底《中国留守儿童日记》一书由江苏文艺出版社出版。笔者被这些稚嫩朴实的言语打动,在此择录三则(有删改):

4月8日　星期四　晴

我们想吃点东西都很难。

就拿包子来说吧,在我们这里没有谁会经常担包子来卖,就谈不上吃包子了。只在一些情况下,母亲偶尔会带我们到场坝上去,才有机会吃到,但是马上就得回家。在学校读书的时候,卖包子的人也偶尔会到学校门前来卖包子,要身上有钱才能买到,但有时母亲一分钱也不给,一个也吃不到。看见卖包子的人来了,就只有看的份。想啊!想啊!想啊!想得口水直流三千尺,想吃个包子竟难于上九天!

4月5日　星期一　晴

昨天爸爸回来了。他没有给我们买什么东西,他这次回来主要是为了带一些钱回来还债。但是我们还是特别高兴,因为从此以后,什么事情都有爸爸在,我们不用担心了。

可是,让我怎么也不会想到的是,今天一早起床,爸爸就说他又要出门了!他对我们说:"今天下午四点钟,我就要走了,你们在家要听奶奶的安排,下雨时,要记得把苞谷种下去。"我没有说什么,就默默地煮饭和做菜,吃完饭就去洗衣服,我没有心情去上学。我真是想哭,爸爸好不容易才到家,可是才这么一个晚上,他又要走了。我在家又要读书又要带弟弟,又要干地里的活,天(天)这么干,还要背水,我怎么办嘛!光说是下雨了要种苞谷,可是我还要上学呢!说来轻巧,做起来就难!难道还要让我再请几天的假吗?我多么希望爸爸可以留下来,可是我能有什么理由呢!

到了下午,爸爸又说他今天去不成了,他说还有两家人的钱还没有送去,今天晚上还得跑路。不过他说明天非走不可。

9月8日　星期四　晴

我家有一头很小的、没有满月的小黄牛,很可爱。有一天,我放大牛出去,妈妈说:把小牛也放出去走走,不然大了就放不走了。

我就把大牛放出来,回头一看,小牛像飞一样跳出来,吓了我一跳。我赶着大牛,边走边用小棍子轻轻拍打大牛的屁股。小牛走在我后面,一直用头撞我的腰,就像在说:"你别打我妈妈,我妈妈也会疼,如果你再打,我就在后面打你!"

我对它说:"我不打了,可以了吗?……"

摘录三篇日记,深山里孩子的日子艰辛,生活竭蹶,情怀质朴,童趣快活,已一览无余,留给我们的不仅是爱怜的情,更有赞叹的心!杨元松对孩子们生命的拓展,灵魂的激活,让人由衷感动。

2017年9月18日,中央电视台一套播出《我有传家宝》节目,作为特邀嘉宾的杨元松,当场为一年级小学生上一堂题目为"家"的课,得到了教育专家们的高度赞扬。大爱无疆。杨元松荣获"全国最美乡村教师""贵州省道德模范"等荣誉称号。

二

大千世界,三百六十行,播火传薪的教育行业为何举世关注?茫茫人海,人来人往,师者何以自古至今备受尊崇?这皆因育人为关乎"修齐治平"的大事。而为师者,又是经过特殊修炼而独具特殊素养的人。

师者具有哪一些特殊的素养呢?

两千多年前,西汉学者韩婴(约前200—前130)明示:"智如泉涌,行可为表仪者,人师也。"① 智慧如泉涌,人品为表率,韩婴直指师者的两大特征,可谓一语道明,深入肯綮。后人对教师的论述车载船装,也难出其右者。难怪,当代中国教师楷模于漪一辈子用这句话作座右铭。

这里,笔者想用四个字——根、魂、核、境,诠释师道的本源之意。名符人师之实者,都做足了这四字的大文章;名不符实者,皆因出现了纰漏和败笔。

"根"。根是信仰,深藏在心里。信仰来自热爱教育、乐当教师、喜欢学生的教育情怀和教育修身、育人、齐家、兴国的教育信念。教育情怀和教育信念铸成教育信仰。教育信仰是教育者立德立功立言的"定海神针",也是教育者精神的"钙"。

德国思想家雅斯贝尔斯早在 80 年前就指出:"教育需要信仰,没有信仰就不成其教育,而只是一种教学技术而已。"② 无信仰的教师,脚没跟,心浮躁,情冷漠,行倦怠,步履散乱。

信仰内化即为良心良知。背叛信仰,就是背弃和撕裂自己的良心良知。如马克思所说:"掌握着我们的意识、支配着我们信仰的那种思想(理性把我们的良心牢附在它的身上),则是一种不撕裂自己的良心就不能从中挣扎出来的枷锁。"③

具有坚定的教育信仰,是古今人师的本质特征。

被辛弃疾盛赞"历数唐尧千载下,如公仅有两三人"的朱熹,一生七十春秋,醉心于教达 50 年之久!晚年在湖南为官,还讲学于岳麓书院。"先生穷日之力,治郡事甚劳,夜则与诸生讲论,随问而答,略无倦色……"④ 就在去世前一天,他仍在孜孜以求地修改《大学·诚意》的注⑤,令人感佩不已。

南京师范大学附属小学教师斯霞,以饱和的"童心母爱",演绎了献身教

---

① [汉] 韩婴:《韩诗外传》,转引自《汉语格言分类词典》,内蒙古人民出版社 1992 年版,第 39 页。
② [德] 雅斯贝尔斯:《什么是教育》,邹进译,生活·读书·新知三联书店 1991 年版,第 44 页。
③ 转引自陈先达:《李达:一个真正的马克思主义者》,载《光明日报》2017 年 6 月 11 日。
④ 《朱熹的教育思想》,参见蔡厚淳新浪博客。
⑤ 《大学 中庸 孟子》,蓝天出版社 1998 年版,第 14 页。

育的伟大灵魂。1978年春,上级任命她为南京市教育局副局长,她仍坚持站在小学讲台。年届九十高龄时,她还倾听家长的求助,到校找班主任了解一名问题儿童的情况,并经常爬上三楼悄悄观察该生的上课表现,然后与其促膝谈心……教育即家,事业为命。灵魂在教坛游走,内心为育人凝思。

只有内在的信仰才有外显的执着。有信仰定力,则无论何种境况都迎难而上,处之泰然:有风有雨是常态,风雨无阻是心态,风雨同舟是生态,风雨兼程是状态。

"魂"。魂是思想,是教育良知,是教师行动的动力引擎,是改革得以深化的望远镜和显微镜。没有思想引擎的教师,常常免不了失魂落魄,只停留在教书匠的层面。

教育思想是文化灵魂的修行,精神能量的传递,教育者只有把自己的前沿理念、高贵灵魂投入其中,才能做出有灵魂的教育,在浸润文化,遵守常识,回归生活的践行中,撞击出耀眼的生命火花。

笔者在《教育大乾坤》一书里,从新中国的不同年代择取了几位典型教师,简述其光耀教坛的教育思想:斯霞(1910—2004)展露于50年代的母爱情结,霍懋征(1921—2010)光鲜于60年代的面向人人理念,于漪(1929—)彰显于70年代的情感熏陶法,魏书生(1950—)凸显于80年代的"学生自主"教育;孙维刚(1938—2002)显现于90年代的素质教育;张思明(1957—)出现于世纪之交的数学建模;洪宗礼(1937—2023)耀眼于21世纪之初的母语研究。正是依托宝贵的教育思想主张,他们教育人生才不同凡响。

无须讳言,也有一些教师走惯了应试教育的磨坊窄道,拼死拼活也要一条道跑到黑,而对综合素质、核心素养的通途则视而不见,他们魂不守舍,不但误人子弟,也贻害自己。正如著名乡村特级教师李元昌喻说:"很多老师本是千里马,可一戴上了应试的'蒙眼',就被当驴用了。加班加点,忘记了素质教育的天地这么宽广。"①

---

① 陈辉:《被高考蒙眼的千里马只能当驴用》,载《北京晨报》2011年8月11日。

有了前沿的理念,才有创新的教育。

"核"。核是智慧,教育实践中所斩获的教育智慧。这种智慧照亮教育时空,增进教育功力,终成教师事业的"百宝盒"。

教师的智慧就在于善于捕捉、开发、创造奇妙的教育契机,和对学生施以润物无声的教育艺术。

这里,说说杭州市青年名师李小军带领学生"栽种梦想"的事儿。

学校给各班布置了挖四个树坑的任务,有的班主任抱怨:"学生初三了,还让劳动,多耽误学习!"

李小军忽然心生一法,他说:"同学们,我们马上就要离开生活、学习了三年的母校,这三年岁月是多么温馨和难忘啊!学校刚才布置了挖树坑的任务,我们开展一项'挖树坑,种梦想'的活动吧。每一组同学认领一棵树,要为自己的树想一个与众不同的响亮的名字。还要在卡片上写上自己的梦想,对学校、对同学的祝福,我们挖好树坑,栽上树,把梦想也种进去。多少年后,我们相聚在亲手栽种的树下,畅谈我们的初心和梦想,多有情趣呀!"

一席话让孩子们沸腾起来,一张张兴奋的脸涨得通红。

李小军的话还没讲完,孩子们已经等不及了,他们分组热议起来。还有人示意自己小组说话声小一些,妙计别让其他小组学去了。

劳动开始了。同学们使用从自家带来的各种工具,干得很起劲。男同学显示男子汉的力量,女同学也不甘示弱。种树,把他们凝聚在一起,将现在和未来连接。

"老师,我们组种的树名字叫'神舟八号',您说好吗?"

"老师,我们每个人都写了一段给您的话,不过现在不能说,等将来相聚在树下时……"

"老师,我们买了塑料杯,把我们的念想都装进去,埋树坑里才不会烂。"

李小军赞赏着,感动着,他知道此时再强调树坑的标准已属画蛇添足。

周围班级的同学和老师都诧异地看着他们:"怎么了,一个个疯疯癫癫的?"

看着学生们脚步踏实,身姿轻盈,李小军知道,他们的梦想之舟已经起航……

　　栽种梦想,多好的创意和行动——用智慧和人格,架起了一座育人的连心桥。在一件寻常小事上,点燃孩子们心灵深处的火光;从司空见惯的劳动中,激活学生们的生命热望,这个教例,很有魏书生育人的科学内涵、李镇西带班的民主灵光。

　　有教育的智慧,才有育人的硕果。

　　"境"。境是境界,心灵世界达到的层次。境是在拥有了教育信仰的根、教育思想的魂、教育智慧的核之后,自然伴随而来的精神收获、灵魂升扬。

　　境体现为一种心态、一种气度、一种精神:怀有追求卓越之心,坚持勤奋务实之行,守望创新突破之举,人的心灵世界就登上了高境。而达到高境的人,一切艰难险阻,就不在话下,一切委屈、误解、压力,也都被前行的脚步甩开,达到"人不知而不愠,不亦君子乎"的超拔之境。

　　一代师表霍懋征,1943年北京师范大学毕业的高才生,却自愿献身于小学教育事业,一干就是60年,无怨无悔,对教育教学孜孜以求,功勋卓著。"文革"中她惨遭迫害,13岁的儿子被人扎死,但暴风雨过后,她对教育依然痴心不改,上下求索,终成了教育大师。

　　笔者有幸在2003年1月5日采访了82岁的霍老,与她在几个小时里谈师论教,听到她用"光荣、艰巨、幸福"六个字,诠释对教育人生的理解,聆听她一个个美丽的教育故事,感受她的博大、高尚、渊深的人格魅力,体会她经受无数风吹雨打修炼,所达到的精神高境。

　　她的句句话儿平缓坚实昂奋,又那么中肯深邃富于情怀。几多风雨,几番沧桑,潜入她那无比渊博而睿智的生命年轮,化作那般波折而刚韧的育人轨迹。

　　如此教育名师大家,志高行远,日积月累,千锤百炼,炉火纯青,绝不是那种靠上头设计、小灶给养、人为拔高、被模式化和批量"制造"的"教育家"。她是一株顶天立地的大树,而非雨后林地里冒出的鲜菇。

三

如何才能不辜负师道?

教育无窍门,名师没捷径。一心为树人,百事走头里。

须从最根基的道理"学高为师,身正为范"做起:先做学生,后做先生;要做好先生,先做好学生。此语言浅意深,做好很难。教师不读书,焉能领引学生读书? 教师不厚德,怎么指导学生立德?

20 世纪 80 年代初,笔者在检查工作中听课,曾遇一则笑料。

一位教师示范朗读课文,颇有情感、抑扬顿挫地诵读一首抒情诗。开头是:

西湖的碧波漓江的水,
比不过韶山冲里的清泉美。

结果,那位教师因误解而将节奏停顿错了,竟读成:"西湖的碧——波漓江的水。"个别学生低声耳语,她也没有发觉,在她的知识辞典里,还真以为中国有那么一条"波漓江"呢!

学高为师,示范为要。如此教师,焉能为师?

为人师者的前提是,大脑先被智化,心灵先被善化,生命先被圣化。为师者走在前头,他的作用就扩大了,话语就权威了。

在这方面,马卡连柯深有体会:"你可以对他们(指高尔基教养院的孩子们——笔者注)极端冷淡,可以对他们苛刻到吹毛求疵的地步;如果他们老是寸步不离地跟着你,你可以不理他们,甚至对他们的爱戴也可以表示冷淡,但是假如你的工作、学问和成绩都非常出色,那你尽管放心:他们全会站在你这一边,决不会背弃你。"[①]

乌申斯基(1824—1871)也有论述:"在教育工作中,一切都应以教师的人

---

① [苏] 马卡连柯:《教育诗》,磊然译,海天出版社1998年版,第204页。

格为依据。因为教育力量只能从人格的活的源泉中产生出来,任何规章制度,任何人为的机关,无论设想得如何巧妙,都不能代替教师人格的作用。"①当人格魅力与学识魅力合二为一时,师者的功力就达到了最佳境。

浪卷潮涌淘沙去,心若磐石梦依然。为师者不忘事业初心,牢记使命担当:你永远是学生健康成长的指导者和引路人。不论指导形式、引路手段或因人工智能的发展带来多少转变,也不管时代对人才的需求会有多少演化,初心和使命只要不变,将其时时刻刻当一面明镜,来审视自己,再塑自己,丰盈自己,就会将教育当成生命,视为事业,看作科研,待若艺术。这样,心拿稳了,脚站定了,眼看远了,路就走正了。

此时,一位学生偶像、师之翘楚的老教师浮现眼前。他叫方祖良(1935—),江苏无锡人,1958年毕业于北京师范大学中文系,辽宁省实验中学特级教师。几年前,读他一篇短文,铭心刻骨。其文如下:

我的唯一一次失误

大约在1971年一天的课间操,一名学生不好好做,我批评教育他,他不服。于是我把他带回办公室,继续批评他,他仍不接受,我一时气急之下,打了他一个耳光。

此事快半个世纪了,我也已83周岁了,一直耿耿于怀,内心始终深感不安。

这是无能的表现,不尊重人格的作为,师品低下的丑事,尽管时隔久远,我却不能忘记。只好对被打的同学说声"对不起"了。表示我的歉疚懊悔之意!

师道虽有尊严,但绝不能动手打人、进行拙劣的体罚,这大失我一贯的对学生"温柔敦厚式"的教育传统,丢了我当老师的圣洁的"面子"!

这虽是唯一一次,已经使我刻骨铬心地记住了它!

光环退去,良知醒来,穿透魂魄的自责,深入骨髓的忏悔,一位八十三岁的

---

① 《苏霍姆林斯基选集》第2卷,蔡汀、王义高、祖晶主编,教育科学出版社2001年版,第714页。

老教师,无情地审视以往教育之旅的步步屐痕,只为让灵魂滤得纯净,守住安宁,走向超迈,"悟已往之不谏,知来者之可追"。他叩问师道,剖析师德,针砭师为,字字见心,句句置腹,良知可鉴。其德白璧,其道大光。榜样何在?就在身旁啊!

第十七节　循径攀登

一

大国崛起呼唤大师。

中华复兴需要良师。

民族领跑伟业亟待万千卓越教师。

教师成长,方有教育成长,人才成长;教师强,才会教育强,国家强——这是如日月经天江河行地一样的因果逻辑。

教师的专业化成长,这个古老而新鲜的问题,永远是至关紧要的母课题。教师队伍该有怎样素质,何等功力？名师该遵循怎样的修炼之道,成长之径？这些问题的答案不仅涉及教师队伍的生命气象,更关乎国家命运兴衰、民族运势起落。

那么,敢问路在何方？

路在提高学养,首先解决学历问题吗？

不全对。学历代表过去的智力,能力代表现在的功力,学习力(含学习的动力、毅力、能力)才代表未来的潜力。只抓代表过去智力的资格问题不放,而无视引领未来的潜能问题,岂不等于自缚手脚？

路在脚踏实地,抓紧做好今天的自己吗?

不尽然。今天若不瞻望未来,为未来做足、做好各方面的准备,明天必然生活在过去,届时会因孤陋寡闻而不知所措。只顾脚踏实地,而不能仰望星空,也有可能成为时代的落伍者。

路在狠抓自身的短板,以求得功力上的不断突破吗?

不全面。短板指向不明,指的是德是智?是心态是个性?是功夫是能力?含糊不清的任务,不会带来精准的突进,还可能将成长之路引入歧途。

路在人工智能、信息网络上抢先,以赢得一个时代的领跑吗?

不完整。此属教育技术层面的要务,"真正好的教学不能降低到技术层面,真正好的教学来自教师的自身认同与自身完整。"[①] 要把握全人化的总体再造和综合素质的全盘提升。一得之功焉能以一当十、以偏概全?

正因为专业化成长之路仰之弥高、钻之弥坚,大部分教师还未能充分掌握。

几十年来,笔者实地考察了几千位教师,发现教师队伍有三种类型:

第一种是技能型,属于普通教师。整个教育生涯都在学习、践行着教书育人的事业,其中许多人因缺乏教育反思和教育艺术而长期停滞不前。这一类型囊括了大多数教师。

第二种是艺术型,属于卓越教师。掌握了智慧教书育人的本领,成果显著,此类名师中的多数,尚缺乏精深的研究和独具特色的突破。这一类型包括了教师的一部分。

第三种是精深型,属于高师、大师。他们以魅力教书育人见长。因拥有教书育人的赫赫成果和学术高地的独有专攻与重大贡献,闻名遐迩,享誉杏坛。这一类是教师中的极少者。

许多教师的专业化成长之路未尽人意,也与当下教师所面临的多重挑战有关。

一场极其尖锐的人才竞争的挑战。竞争的平台像一张大网,绩效考核评价

---

① [美] 帕克·帕尔默:《教学勇气——漫步教师心灵》,吴国珍、余巍译,华东师范大学出版社 2005 年版,第 10 页。

过滤着每一个人。利益,已婉拒均等;改革,不相信眼泪;质量,正无视既往;竞争,让弱者走开!

一场极其严峻的新课程持续改革的挑战。课改是"人改","人改"先"脑改","脑改"即"理改",大脑的教育理念将重新转变,教材文化将重新选编,教学模式将重新建构,传统的教材唯一、课堂唯一、教师唯一的樊笼将从根本打破,素质教育的核心工程已经开工。

一场极其剧烈的超越自我的挑战。创意无处不在,生活天天精彩。任何成功都属于历史的瞬间,已时过境迁。人生就是在不停追索中实现着自我发展与超越。作为塑魂育人的教师,更是挑战自我、实现超越的前驱。超越传统之弊,超越师承之偏,更超越自我之陋。活在当下,剑指未来。未来是你预约你自己,实力是你创造你自己,机遇是你抓住你自己,荣誉是你捧给你自己!

在挑战面前,我们的教师队伍存在着若干差距:

教育理念裹足不前。尽管素质教育已由教育部门倡导变为国家意志,并写入法律,但应试教育涛声依旧,大多数教师手持"教师中心、课堂中心、课本中心"的旧船票,却希望能登上素质教育的新船。

敬业精神出现滑坡。在市场经济负面效应染化、思想教育弱化、世界观改造淡化的情势下,一些教师(青年尤多)不再以"天下兴亡"为己任,不再视教书育人为生命,纯真的师爱开始变得模糊不清,精神原动力显得疲软,职业倦怠感不知不觉地爬上心头。

知识结构、专业能力既窄且浅。四面八方呼唤复合型人才,我们的教师还窄窄地固守他那分支学科(而且专业知识不深),用昨天知识,教今天学生,干明天事情。没有纵横捭阖的能力,在教师角色发生巨变之时,不免因"头重脚轻根底浅"而心虚气短。

自我发展的意识与能力束之高阁。智能好比一杯水,即使当初90℃,过不了多久,也会降下来。教师如不"充电",无须三年五载定会滑落低谷。许多教师只顾讲课带班,很少主动地去学、去改、去思,自己不再行进,焉能引导学生成长?自己一贫如洗,又何以对学生解囊相助?

二

笔者力图从古今中外教育理念之海的深处走来,从数以万计教坛名师的实践之峰的高处走来,亦从本人从教五十余年时空之旅的远处走来,揭开名师纵向支撑、横向交通的立体素质结构的面纱,找出教师专业化成长的"二三三素质"之路。

笔者认定,名师素质有八大要素:师德、理念;学识、艺术(方法)、科研(功力);基本功、能力、个性。以上八大要素,几乎囊括了名师从风采到智能、从外延到内涵的全部特质。

"二三三素质"结构的架构是:夯实"二本",储备"三力",张扬"三点"。

夯实"二本":师德为职业之本,理念为改革之本。

储备"三力":渊博学识为磁力,奇妙艺术方法为魅力,厚实科研功底为伟力。

张扬"三点":扎实基本功为起点,高强能力为支点,鲜明个性为亮点。

此架构是立体的。"本"为深根,无深根便无枝干;"力"为内藏,无内藏便无依托;"点"为外象,无外象便无丰采。三者构成一个神奇的金三角。支撑的底边为"二本",左右两斜边分别为"三力"和"三点",在三角形顶点相交。期间,纵横支撑与交融,彼此浸透与补充,有筋骨又有血肉,有灵活又有主体,大而化,全而实,精而深,浑然而成一体,勃然而达八极。

下面,对其内涵作简要说明。

夯实"二本"之一的师德——职业之根本。

像机械的发动机、江河的泉源一样,师德是为师之本、师之魂、师之原动力。师德映照出师者的文化底蕴,折射出师者的人格品位,蕴含着师者的精神追求与生命自觉。好师德是教师福及终身的第一财富。师德倘若出了大问题,理当一票否决。曾经获誉无数的深圳女教师胡红梅,因抄袭他人著作败露而引发教坛"地震",形象崩塌,即是鲜明例证。

如此聚焦师德,倚重师德,原因十分清楚:

其一，教师自身职业的特点铸造着师德。

学校是精神特区、文化圣园、人才摇篮。师者是人才之矿的开发者，文明之火的传承者，道德之花的浇灌者，心智之田的耕耘者，思想之路的导引者。因此，无论人格、心理、学识、智能、语言与风采，师者都有与众不同的特质。师者是专业性独特、品位性高、前瞻性强的群体。历史学家黄仁宇（1918—2000）曾感慨："全世界最伟大的领导人也只能在他的运动曲线上施加短期的影响力。"而教师呢，却能在学子的心田播下年年可以收获的种子。

其二，古往今来教师的作为透视着师德。

自二千五百多年前我国第一位著名民间教师、被历代奉为圣人的孔子到如今，为师者莫不攀登与人为善的人品之山、学而不厌的学品之山、诲人不倦的教品之山这三座毗邻的大山。他们的劳作产品是人才，职业性质是奉献，工作规律是示范，社会定位是师表，民众眼里是高雅。

其三，当今知识经济、信息智能时代更急切地呼唤着师德。

当今是高速度运转、快节奏推进、全战线竞搏、大能量释放的时代。科学技术越是高速发展，人文精神越是亟需弘扬，社会、国家、民族对教师的要求也越高：敬业，敬到神圣的地步；乐业，乐到神往的境界；精业，精到神奇的程度。

师德，狭义而言，蕴含着师者坚定的教育信仰，美丽的教育情怀，执着的教育求索。广义而论，师德涵盖极为宏富：

一是师心，教师对教育的钟爱和信仰，此为教师的心志；

二是师业，即教师对事业的态度，此为教育人生的脉动；

三是师爱，对生命无比圣洁无比美好的情感，爱生如子、爱校如家、爱教如命，其根基是忠诚教育、信任学子，此为教师的核心动力；

四是师格，即教师的人格，此为教师坚挺的脊梁；

五是师慧，即教师的智能，此为教师的功力、能量；

六是师道，即教师的为人、为学、为教的最高道理，此为师者的理念、情怀、操守、人格、智慧、方法等集大成的统称。其价值重大，影响深远，给师者永恒的精神与践行的引擎。

面对师德这一永恒的课题,每一位教师要有一种理性的沉思,更要用践行作答。历史呼唤师者:截住师德滑坡的山!师者要用行动应答历史:扶起师德下沉的船!

夯实"二本"之二的理念——改革之根本。

像天文台的望远镜、驾驶室的方向盘一样,教育理念是教育改革的核心动力,教育实践的方向指南。教育理念是否高远清晰,直接影响乃至决定教育的发展前程。

理念,作为文化底蕴和思想主张的产物,代表着一种思想追求、精神求索、价值取向。而教育理念则是先导,播撒何种教育理念之种,就绽开何样的教育实践之花。

教育理念每一次更新,心灵深处必然发生斗争,历经痛苦的内化苦旅;教育理念又像冲浪似的,处于不停的动态发展中,企望毕其功于一役只能是梦幻。我们鄙夷将教育理念碎片化、断裂化、陈腐化的人,鄙夷两耳塞豆不闻新理念隆隆春雷的人,也鄙夷把新理念喊得震天响行动却依然故我的人。我们当与时俱进,让不断更新的理念主宰心灵,磅礴教坛,统领育人大业,领跑教育前行。

大自教育观、教师观、人才观、学生观树立,小至一节课优化,一个活动设计,一次谈心要领,教育理念都是一盏明亮的灯。没有科学的教育理念导航,诲人可能毁人,育智会成愚智。

《中国教育现代化2035》提出了推进教育现代化的八大基本理念:更加注重以德为先,更加注重全面发展,更加注重面向人人,更加注重终身学习,更加注重因材施教,更加注重知行合一,更加注重融合发展,更加注重共建共享。无疑,这基于对古今教育理论精髓的提炼,对当代教育主流理念的总括,是引领当代中国教育的指南。

笔者围绕教师应具备的教育理念做简要说明:

其一,确立"三心"。

敬畏之心。对教育伟业敬仰至极,生怕离经叛道,敬重神往得有几分畏惧心理。明代方孝孺(1357—1402)说:"凡善怕者,必身有所正,言有所规,行有所止。"敬畏者心有标尺,行有方位,自我约束,自觉慎独。

虔诚之心。面对学子生机勃勃的生命,满怀恭敬而有诚意的仁爱之心:学生至上,师爱天下,诲人不倦,与人为善,全身心地投入,做坚实的铺路石,让学生踏"石"而进。

苦恋之心。酷爱教育胜过生命,身许教育可舍弃一切。为达到教育理想、教育目标,有"亦余心之所善兮,虽九死其犹未悔"[①]的信念。

敬畏—虔诚—苦恋,是彼此连接的心链。没有敬畏,就没有对教育本质的终极追求;没有虔诚,就没有孜孜助人生成的极度渴望;没有苦恋,就没有修为得道、育人成梁的双赢硕果。

"三心"皆源于对教育的崇高信仰与使命的责任担当。

其二,拥有四种意识。

主责意识。为师者对学生发展具有第一位的主导性责任,实为职业德行之纲。

导思意识。为师者深度开发学生必须抓住的主攻方向,实为心智开发之纲。

规律意识。为师者从事教育教学活动必须把握的核心要求,实为高效教学之纲。

创造意识。为师者教学相长、师生共赢的育人目标,实为前沿育人之纲。

拥有了四种意识,职业品质还有什么疑问吗?

其三,追求十大境界。

大师无类。"君子周而不比。"[②]孔子主张君子博爱而不偏私,让所有的人尽受教化。此足以彰显师者普照众生的博大襟怀。

大爱无我。大爱至真、至圣、至德,视学子的生命与成长超越一切,这是师者忠于职守的心曲,是身许事业的支点,为师者的崇高灵魂。

大道无为。大道即顺应规律,无为即"无为而治"[③]。无为并非不为,而是不

---

① 《离骚》,参见《楚辞》,蓝天出版社1998年版,第18页。
② 《论语·为政》,参见《论语 孝经》,蓝天出版社1998年版,第12页。
③ 《道德经》,参见《周易 道德经》,蓝天出版社1998年版,第85、113页。

妄为乱为,顺应态势尊重规律,暗含淡泊宁静忘我益人的幽微意蕴。

大德无境。厚德博智、筑梦树人没有止境。"千学万学,学做真人。"生命的升华岂能抵顶?超越一时一事,求得与天地间万事万物的和谐。

大净无色。师者的心是一个净化池。任何浊流从这儿流过,都可以得到净化。出淤泥而不染,濯污水而不沾。大净无色,道出了师者的美丽操守。

大智无惑。"知者不惑"①,源于大脑渊深,以致内心强大,成就智能无穷,从容淡定,这是师者的博智所特有的大境界。

大教无痕。高师育人功深如海,浑身是招。"以无法为有法,以无限为有限"②。表象了然无痕,深处醍醐灌顶。此乃已臻化境的极品教育艺术,如风掠山野,雁点长空,羚羊挂角,无迹可寻。

大育无小。悠悠万事,树人为大。教育无小事,事事有大育。育德无细微,处处是大节。"天下大事,必作于细。"③ 小中寓大,积小成大。

大法无术。教育之法,千变万化,博采众长,自成一家。无术是无固定之术,但包千门之术、融万家之法,实为高法高术、智法智术、大法大术。

大路无歧。指立德树人的佳境:全部时空没有邪径,家校社会皆是育人者,育人如同众人划桨。此为高师大师追求的光明世界,是常人难于窥见的博大精神境界。

其四,以人为本的三种内涵。

一曰尊重生命——天地之物,人为至尊;为师之道,生为至重;学子之心,爱为至求;认知之峰,悟为至高;授学之理,思为至本。

二曰相信潜能——坚信一个口号:没有一个教不好的学生。确立一个原则:人人有才,人无全才,扬长补短,人人成才。恪守一个信念:态度决定一切,"说你行,你就行"。

三曰关爱灵魂——爱即教育,心灵深处的宽容是爱的至极。

---

① 《论语·子罕》,参见《论语 孝经》,蓝天出版社1998年版,第36页。
② 李小龙墓碑上的习武哲言。
③ 《道德经》,参见《周易 道德经》,蓝天出版社1998年版,第116页。

冷漠比死神可怕一万分，爱心比良药神奇一百倍，一双眼睛管不住许多学生，一颗爱心却可以拴住无数颗心。好的教师是爱的化身，爱的天使，爱的精灵；使学子的灵魂如清泉，似金子，像碧空……

一个真人实事：在某婚宴中，一位中年男士认出小学老师，上前恭敬打招呼，问老师认得他吗，老师歉疚地说实在记不起。男士提示说，自己是当年偷了同学手表的那个学生。老师仍摇头说："我真得认不出你。"男士帮着回忆说："当时您叫全班同学站起来，面朝墙壁，再用手帕蒙上自己的眼睛，然后您一个个搜查我们的衣兜。当您从我的衣兜搜出手表时，我怕极了，心想准会受到谴责和处罚，遭同学鄙视，从此烙下耻辱和创伤……然而，您把手表归还给物主后说，让我们继续上课。直到我毕业离校那一天，偷表的事儿都从没被提过或传过。老师，这回您该想起我了吧。"老师微微笑着说："我怎么会认得你呢？当时我也是蒙上眼睛的。"男士听了，紧紧拥抱着老师，两行热泪如泉而涌……

如果能守住爱心，与时俱进地更新教育理念，教师就会做到眼明心亮，认清自己的坐标点，把握成长的支撑点，寻找事业的突破点，抢占教育人生的制高点。

储备"三力"之一：渊博学识的磁力。

培根说："知识就是力量。"①

歌德说："知识是能力的产床，一切才能都要靠知识来营养，这样才会施展才能的力量。"②

莎士比亚说："学问是人们借以飞升天堂的羽翼。"③

胸罗峰壑视野阔，腹有诗书气自华。学识是智慧的航空母舰。笔者认为：拥有知识多棱镜的教师能形成一个巨大的强磁场，左右逢源，八面交通，才华四溢，妙语横生，一下子把学生心的磁力线、注意力的磁力线全部吸了来，形成群星绕北斗、绿叶托红花的氛围。

---

① [英]培根：《新工具》，许宝骙译，商务印书馆1986年版，第8页、108页。参见周林东：培根名言"知识就是力量"三解，复旦学报（社会科学版）2007年第5期。
② [德]爱克曼·歌德：《歌德谈话录》，朱光潜译，人民文学出版社1978年版，第104页。
③ 《莎士比亚全集》第6卷，章益译，人民文学出版社1988年版，第195页。

为充实学识宝库,教师最该读哪些书?

一是学科专业书,建立学术高地的"孵化器"。这些书犹如精品细粮,需要细嚼慢咽,来厚积学科知识,激活学术智慧。

二是人文科学书,如文学、哲学、历史、社会学、科学、美学、伦理学、人物等多方面的书,竖起健全人格的"定海神针"。这些书好像粗粮,粗细搭配,营养齐全,方能广开视界,全息思维,纵横支撑,多元建构。

三是教育理性书,如教育学、心理学、管理学、脑科学、人才学、成长学、信息学等方面的书,当下教育心理学的书籍尤受青睐,因其揭示了教者与受教者的心理奥秘,提供了教海学海的"游泳术"。这些书像金钥匙,应用在教育、教学的践行中,开锁一扇扇心门,搭就师与生的情感之桥,让快乐充满校园。[1]

书籍乃文明史的沉淀,智慧海的汇聚,思维流的卷扬。书比人长寿,人靠书常新。让读书成为生活方式,化作高雅享受,去追求文理通透、东西贯穿的目标。酷爱阅读的人,生活和世界会给他厚重的爱的馈赠。

储备"三力"之二:奇妙艺术方法的魅力。

雨果曾说:"科学是我们,艺术是我。"[2]

我们要说,教育是我们,艺术是我。

原《人民教育》主编刘堂江、记者梁友君曾记述上海师大艺术系冯季青教授在建平中学所作的一场报告——音乐中的知和乐。

当时,流行音乐当中的爱情歌曲问题,是青春期少男少女最感兴趣的话题,也是他们的师长们最为敏感的问题。报告人讲到这个问题的时候,并没有正面回答,他首先放了一首女声独唱歌曲《我一见你就笑》。

放完了他问:"请同学们想一想,我一见你就笑的女青年是一个什么样的女青年?"

满礼堂的学生摸不透他葫芦里卖的是什么药,没有一个人回答他。

"这个女青年热情、纯真,追求真善美。"报告人出其不意地首先肯定这个女

---

[1] 傅东缨:《读书,为什么?》,载《中国教育报》2013年5月6日。
[2] 转引自寇鹏程:《古典、浪漫与现代:西方审美范式的演变》,上海三联书店2005年版,第170页。

青年。接着又说:"但是,我觉得她不太成熟,因为'我一见你就笑……出乎你的意料',这很明显,她这个爱是一厢情愿,是单相思。这个单相思的结果会怎样呢?我先不作结论,我请同学们再听一首你们熟悉的流行歌曲。"

录音机里播送的是男声独唱《迟到》:"你到我身边,带着微笑,带来了我的烦恼,我的心中早已有个她,噢,她比你先到……"

这真是恰到好处,匠心独运。报告人适时引导学生:"你们生活中遇到了类似的烦恼,要向这位男青年学习,他处理矛盾的方法是完全符合'五讲四美三热爱'精神的。他没有骂这个女青年:你神经出了毛病。而是告诉她:'直到有一天,你心中有个他,你会了解我的感觉,爱要真诚不能分享……'最后,他很有礼貌地对这位女青年道了声再见。"

全场爆发出暴风雨般的掌声。"那么我明明有感情,又说不能'我一见你就笑',这种感情该怎样处理呢?我请同学们再听一首台湾校园歌曲《小秘密》。"

录音机里这时播放优美动听的女声独唱:"我心里埋藏着小秘密,从没有再提起。这秘密写在我心底,永远变成回忆。"报告人将这首歌曲和第一首歌曲进行了对比:"这两个女青年,都纯真、热情地追求真善美,但他们处理感情矛盾的方法却截然不同,哪一个更成熟呢?我看是后者,而不是前者。心中的秘密,只能埋藏在心底,只能变成永久的回忆。万万不能'我一见你就笑',给你带来无穷的烦恼。"

1700多名学生再次报以热烈的掌声。报告人借机深入:"你们中学生十五六岁,十七八岁,正是豆蔻年华,情窦初开。今天看见一个眉清目秀的异性,谈得很投机,心中有一个小秘密;明天又看到一个落落大方的,心中又多一个小秘密,这可就麻烦啦。我们这个国家人口众多,天长日久,这两个因素加起来,心中埋满了一个又一个小秘密,心灵的天地是有限的,小秘密多了,数理化、音体美就通通被挤到脑子外边去了,那最后的结果会怎样呢?"

说到这里,他播放了第四首歌曲《小儿郎》。"小呀嘛小儿郎,背着书包上学堂……没有啦学问呀,无颜见爹娘。"

整个报告会,2个小时10分钟,其间出去上洗手间的只有两个人。报告会反响强烈。①

从内容到形式,此报告自始至终充满了艺术气息。

那么,教育艺术方法有哪一些要点呢?

首先是引学习者进兴趣之门。有了兴趣才有痴迷的学习。"做任何事,刻苦的结语常常是两个字:及格;兴趣的结语常常也是两个字:出色。"② 兴趣出深悟、出发现、出奇迹。

其次是创造学与教之法。方法是艺术,是智慧,贯穿着科学。师者就要千方百计寻找最佳的观察法、记忆法、思维法、发现法、学习法等方法,以取得事半功倍的效果。教坛上长期因教与学的方法拙、效果低、效益差产生的问题已成了急需解决的瓶颈问题。

其核心是引领学生养成向学、研学、善学的良好习惯。好习惯,在娃娃时最易习养,有目的结合实际,指导习惯养成,是快捷修炼的办法。

其教育追求是构建自己的风格。每一位教师要在相互学习彼此借鉴中,致力于自己的教育个性和教育风格的打磨,直至日臻完善,就像优秀作家塑造独特、鲜活的人物形象。

其动力是对自己教育实践的追溯性反思,叶澜说:"一个教师写一辈子教案不一定成为名师,如果一个教师写三年反思,有可能成为名师。"静心反思,会极大提升教师的教育艺术。

其根基是对事业、对学子的爱。

储备"三力"之三:厚实科研功底的伟力。

教育中的科研含金量决定教育的水准。教育科研将教育理智地送上了发展的快车道。以科研为靠山,是现代教育的"日常景观"。

作为加速器的教育科研,精彩人生内涵,简洁思维程序,优化工作内容,改变行动方式,增加自身能量。

那种开题有人管、过程没人抓、收题众人上的形式主义科研形态,是对教育

---

① 参见《跨世纪教育工程——记上海市建平中学整体教育改革》,载《人民教育》1993年第9期。
② 钱理群:《兴趣是一个人的生命质量》,载《格言》2009年第12期。

科研的亵渎与戕害。

课题在哪里？在你身边的问题里。

起点在哪里？在你脚下的行动里。

科研在哪里？在你创新的行动里。

收获在哪里？在你活生生的教育故事里。

归宿在哪里？就在你灵魂、智慧的升华里。

张扬"三点"之一：扎实基本功的起点。

"台上一分钟，台下十年功。"教师基本功乃是教师的看家本事，即敬业之基、精业之能、创业之本，犹如在土地上"做文章"的农民，对作物栽培逐个环节能否娴熟把握。当年黄冈中学资深校长曹衍清对笔者说："教师基本功一目了然，它很容易让你觉察到他有无潜能，及其未来发展走势。"

基本功藏不住也假装不了。笔者曾目睹湖北省宜昌一中优秀地理教师闫明刷刷点点，转瞬间用粉笔画出逼真的中国地图，亦亲见辽宁师大附中数学教师姜崇志徒手画圆，精准如圆规。辽宁省开原市民主小学老校长林群、新校长靳海霞带领全校教师，三十年如一日苦练基本功，人人写得一手好字，讲得一口标准普通话，画出一笔好儿童画，制作一批好课件，"多面手"的真本事令各地参观者啧啧称奇！

扎实基本功是一种勤学苦练、精益求精、追求完美的工匠精神。①

教坛有人说，互联网的使用将消灭板书，写字基本功可以休矣，记忆基本功几等失效，口才似可有可无……

其实，无论写板书，还是做软件，写字永远不会"下岗"。练读说写画做等基本功永远是教师一辈子的事，记忆力永远是成才的基础，基本功不因学历之山高而技艺高。教坛常在，练功不息，熟能生巧，巧能升华。变的是因时、因校、因生而生成的练功内容，不变的是至熟、至巧、至高的练功过程。

张扬"三点"之二：高强能力的支点。

---

① 工匠精神，指对自己的产品精雕细琢、精益求精、追求极致、视为艺术的精神理念，和庄子所述的石匠运斤、庖丁解牛般的顶尖级工艺，蕴含着敬业、严谨、踏实、专注、创新、拼搏等可贵品质。

一次，大发明家爱迪生要求助手阿普顿测量一只梨形电灯泡的体积，阿普顿对着灯泡量了又算，算了又量，过了一个多小时，他急得满头大汗，"只算好了一半"。爱迪生附耳告诉他："你往灯泡里注满水，然后量水，不就可以测算出来吗？"阿普顿恍然大悟。有效的思路实在是一种能力。

对于特殊专业职能的教师，能力是立于基本功线上的支点，是从教之旅坚挺的拐杖。

学历只代表资历而不代表能力。文凭只象征凭证而不等于水平。知识只表示储备而不表示教绩。甚至，职称只关乎评价而不完全标志素质。

教师最缺的，永远是能力的拐杖。它不像知识只须学，更要练，还要干，也要干中思，思中悟！能力是天长日久修炼、积蓄、提升的结果。

要有什么能力？抛去学科教学、学生管理、心理辅导等专业性能力外，还需要一些极其重要的能力。

一要有学习内化能力。

像海绵吸水、宇宙黑洞吸光一样，时时快速地吸纳、梳理、加工外界有用的思想、方法、知识、经验的精华，营养自己，发展思维，化作智慧。

每一天都在学习之中，吸纳之中，内化之中，发展之中，进而自我不断完善。在云计算和大数据时代，面对狂涛巨浪般席卷而来俯拾皆是的海量信息，其学习中处理、吸纳、消化、驾驭、开发信息的能力，益发显得重要。

二要有实践创造能力。

知为行，学为用。如转变教与学的观念，如何教师搭台学生唱戏？全靠实践里一次次探索，开拓中一番番创造。

创造的践行以推陈出新的行动引领，创造的精神靠诉诸文字的理性升华。前者是后者的依托，后者则是前者的高境。走出前一步，才有后一步的突破；没有后一步，前一步也就缺失归宿而大减其成色。

三要有反思审视能力。

"一个未经省察的生活是不值得一过的生活。"[①] 两千多年前的智者柏拉图如是说。

反思是通过冷静的回眸,对来路给予理智的解剖,从而清醒地正视不足、直面缺憾。审视则要求像法官一样,对来路给予全面科学的定位与判断,进而增强信心、增长才干。反思是心灵的彻悟,审视为理性的估衡。有了准确的估衡和彻悟,就有了知人之智与自知之明,眼前和心里的路就会越走越宽坦,一步步走向成熟,逼近完美。

除上述三大能力外,还有一个核心能力,它能让教师从"教学菜鸟"到"讲台大侠",从管班外行到育人高手,从教研学徒到科研专家。这就是教师的思维能力、导思能力。它为诸种能力的发展搭建起包含专业知识、艺术方法、多种智能、职业情操等专业基础架构。

张扬"三点"之三:鲜明个性的亮点。

个性是什么?生命个体各不相同,涵养着生命密码的特质,即与众不同的心性与智能。爱迪生说:"个性就是差别,差别就是创造。"

就像山有高度,水有深度,风有速度,个性乃人立身的存在方式,是灵性中最迷人的那座山峰,是人性最坚韧的那根神经,是体性最璀璨的那个瞬间。没有个性的教育像没有骨骼的身体,难以挺立,绝无生命力。

教育个性是教育者成熟的标志。

1957年秋,笔者在辽宁省康平县第一中学读初一,当时的一堂政治课至今仍记忆犹新。伴随着上课铃声,四五十岁、头发花白的临时代课老师张固峰,跨着标准的大弓步,第一步从门口跃到讲台边,第二步跨至讲台中间,笑眯眯地看着同学们。全班同学也都惊喜地笑视这位老师奇异的动作,只见他在黑板上飞快地书写三个大字:两步走。紧接着,他便开门见山地说:"新民主主义阶段是社会主义阶段的必要准备,社会主义阶段是新民主主义阶段的必然趋势。"这两句话即是那节课的核心旨要。

---

① [古希腊]柏拉图:《苏格拉底的申辩》,吴飞译疏,华夏出版社2017年版,第131页。

光阴荏苒,逝者如斯,60多年过去了,只为我们上过一堂课的张老师却萦绕脑海,恍然如昨日,那"两步走"的扼要解题,犹历历在目,就在眼前。这就是教师亮丽个性的永恒魅力啊!

名师在教育教学中八仙过海,各显神通:有的巧于引发疑问,有的善于画龙点睛;有的精于融会贯通,有的长于各个击破;有的优于静中明理,有的惯于现场煽情;有的高于妙语连珠,有的强于手脑并用;有的工于示之以范,有的胜于引而不发……

教育个性是品牌,是卓越,是教育人生的高峰。它比智力更优秀,比力量更传神。

个性的反义词是平庸,平庸只有碌碌无为。无教育个性特色的学校为庸校,无教育个性特长的教师为庸师。

无个性者似乎虽无长处,也无短处。然而,由表及里而论,其最大的特点是没缺点,最大的缺点是没特点。无个性者如同无品牌、无拳头产品,无独占鳌头的优势,每每令学生吐槽,家长患忧,校方无奈。

发展个性,高扬个性,乃名师首当其冲的追求。这种个性化的追求,和帕克·帕尔默在《教学勇气——漫步教师心灵》里所说的"教师的自身认同和自身完整"的理念彼此相通。有了这种追求,不仅会欣赏他人而"临渊羡鱼",更懂得认同和完善自己须"退而结网"。

个性如何形成?立足自身,提升素养,发掘潜质,磨砺特长,习惯成风格,坚持出个性。

一是抓住践行根基,在突破一个个教学关隘中站稳脚跟,从虚幻"理念"、浮躁"模式"的泡沫里解放出来;二是抓住学识产床,在眼观六路、耳听八方、博学多识之中,打造多思而睿智的大脑,从随帮唱影的盲目中解放出来;三是抓住创新灵魂,做重塑自我、创新自我、扬长自我的智者,从庸庸碌碌的无为中解放出来;四是抓住自身智能支点,突破短板,练就"绝活",从周而复始的因袭中解放出来;五是在科研领域突破,将海纳百川的索取结合独树一帜的内化,打磨风格,创造品牌,占领高地,从厚古薄今、慕人薄己中解放出来。

综上"二三三素质"结构,当咬住师德立人和理念创新两大根本,夯实学识地基和基本功基点,磨砺能力的支点,攀登科研的云梯,方能收获融合着科学与艺术的教育个性珍宝。

模仿郑板桥的《咏竹》,笔者将教师素质的修炼概述如下:

咬住二本不放松,

扎根知识能力中。

功夫方法扬个性,

把脉科研借东风。

三

笔者:您一边教书育人,一边又写了那么多著作,您肯定有一条别出心裁的捷径,而这条捷径一定是您的成功之路吧?

于漪:有的青年教师问我,自己为什么写不出东西,我对那位青年教师说:"你写不出来,是因为实践没做出来;实践你做出来还写不了书,是因为你没思考出来。"

我就是学而知,知而行,行而思,思而写,日积月累,就有了这么多著述。我从来不是为写文章而写文章的。比如《人民教育》约我写的《思念》[1]就是写我对一名女孩潜移默化的教育,从发现到开发她的潜力使其成长、成人、成才的一段往事。若没有教育实践,怎么能写出来?有了实践还需深刻思考,因为你的实践不可能百分之百做得对,哪些对,哪些不对,你没有思考,又怎能写出来?当然,你学了,做了,想了,却不去写,也是不行的。这一切又靠一点一滴积累,你今天把种子撒下来,明天就成了参天大树?不可能。树的年轮一年一个圈呀!从教育的一个问题、一种倾向、一个角度切入研究,不愁找不到办法,要说

---

[1] 参见《人民教育》2003年第6期。

捷径,其实没有,几十年我就这么走过来的……①

这是笔者2003年4月2日上午在于漪家里访谈的一段记录。

于漪描述了她几十载所走过的一条路,一点一滴、日积月累的自我完善之路,一条用爱心贯穿,学习、践行、思考、写作四位一体联袂推进之路,一条从普通教师到达名师大师的攀越之路。

五十度春秋心血,700万言8卷21册的《于漪全集》,铺就而成的这条岁月流金之路。

尽管全天下的老师都在为发展自己独辟蹊径,全天下教科研者都在为提升教师的灵智冥思苦索,然而,规律总是深深隐藏着,每个人的探索不过是异曲同工,殊途同归,哪里有什么便捷之路呢?苏霍姆林斯基带领的帕夫雷什中学老师是这样,创造了"第56号教室的奇迹"的雷夫·艾斯奎斯也是这样。

这条路可归结为三个字,即学、做、思,可谓教师终身发展的"三字经"。"三字经"并无高论,也非玄语,然每字珠玑,内涵金玉。真经往往是赤裸裸的。透骨的概括里蕴藏精髓的提炼,浅显的表述中让人感知入木三分的深刻。

学,为源泉之路,即吸纳、内化、更新自己现有的知识、践行、经验、理论。勤学、苦学、乐学、善学、博学,应该成为每一名教师的职业习惯和内在需求,并由此升华为教育信仰,呈现为无法放弃的精神生活方式。学习,立教强身之本。教师若不精深学习,学生怎能蓬勃向上?

学什么? 一是读书;二是上网,会处理、吸纳、驾驭互联网上搜索的海量信息;三是学贤,瞄准楷模。京剧大师梅兰芳(1894—1961)说:"不看别人的戏,就演不好自己的戏。"教师又何尝不是如此。

学习为拥有一个"广阔的智力背景"。教师学习得越博大精深,越像立于高山之巅俯视学科大林,林之情状、树种、连接、走向、路径、出入口尽收眼底,使教学指导游刃有余,从而进入自由王国:导入八面来风,精讲左右逢源,点拨点石

---

① 傅东缨:《站在语文教改的前沿——于漪老师访谈录》,载《中小学教学研究》2003年第6期。

成金,启发顿开茅塞,联想漫江碧透,达至清代画家布颜图所说"汇万象于胸怀,传千奇于毫翰,尺幅之内瞻万里之遥,丈缣之中写千寻之峻"①的境界。

"学然后知不足。"学越入深处越自感浅薄,也越催发加紧学的勇毅。

做,为圆梦之路,即把学得的、悟到的、内化的有用东西,创造性地运作于行动里,不断地做强自己,做好自己,做大自己。

践行是试验,又是发现,还是创造。把践行过程的每一个环节,视为开拓型的实验去做,当成原创性科研来搞,用心力拼出全部智慧,给践行熔铸创造力,让践行在实干中变化,又在变化中实干,循环反复不断提升,一次比一次美妙。因此说,践行的最大价值是不断创新,创新是提升践行质地的有力杠杆。

于漪对笔者说:"我教课没模式。教两个班,一个班这么教,经过反思,到那个班又那么教。每堂课都是师生互动的'公开课',随便让人听。我上的公开课,有2000多节。一位年轻女教师随堂跟踪听了我3000多节课,我问她最深刻的感受是啥,她说是从来不曾重复自己,即使是同一篇课文教第二、第三遍,也绝对不重复,课课有新意。"②

自古至今,教海泛舟从来没有一位"救世主"和一盏"苦海明灯",也从来没有一部包治百病的教育"圣经",科学的教育理论只不过是思维引信、精神向导,真要奔向自己心目中的理想教育王国,还要靠自己"量身定做"的践行。正如列宁那段名言:"如果要开一张包治百病的丹方,或者拟定一个适用于一切情况的一般准则……,那是很荒谬的,为了能够分析各种不同情况,应该有自己的头脑。"③

思,为智慧之路。勤于动脑,潜心研究,多思出智慧。智的开关是思。能思者能为,善思者善为。智者一日胜过庸人十天,思者一年长于常人十载。不思者、不会思者只能做别人的影子。

思考,作为心灵深处的知觉活动,是教师极为可贵的品格,是教师始终要守

---

① 许祖良、洪桥编译:《中国古典画论选译》,辽宁美术出版社2014年版,第13页。
② 傅东缨:《站在语文教改的前沿——于漪老师访谈录》,载《中小学教学研究》2003年第6期。
③ 列宁:《共产主义运动中的"左派"幼稚病》,人民出版社1971年版,第48页。

的一颗研究之心。思考给行进以导航图,让大脑成为智慧海。

教育人生乃是一场科学实验:学习、教学、育人、生活都应该在科学考量之中。

当下,尚有一些教师,思想近乎一潭枯水,现出贫瘠态势;思想的风帆似已落下,思维激不起鲜活、灵动、创意的水花。最需思考的职业,最需思考的人群,最需思考的时候,反倒捆缚起思考的翅膀,出现思考的缺位,因此造成的对自己的贻误,对事业的失误,实在难以度量。

思的抓手在哪里?一是从案例研究入手,二是从问题的破解突破,三是从自身及学子们的成长透析。让思考成为大脑的常态,像鸣笛待发的快艇,随时随地可以驶向预定的思想港湾。

如是,在思维的统领下,教师就走上了发展之路:快速发展做科研,优化发展练特色,长远发展升素质。

第十八节　啄羽再造

一

自然界与人类，大道至理息息相通。作为万物之灵的人，若能从自然界的启示里，灵犀一点，斩获天机，必会及时地更新自我，强劲生命。

就说阿尔卑斯山上雄鹰的再生吧。这种雄鹰的寿命在百岁以上，它活到六十几岁时突然老化，变得无精打采，如患大病。爪子变秃变钝，无法有效地抓住猎物；翅膀越长越密，变得沉重无比，飞翔十分吃力。此种孤寂无助的境况持续几周，忽一日，它幡然醒悟，开始用嘴去啄击岩石，又用它的翅膀和尾巴用力地拍打岩石，直到老化的羽毛都掉下来，老喙磨落再长出新喙。岩石上滴落斑斑血迹，它的嘴、翅膀、尾巴也现出血染的风采。尽管剧痛难忍，老鹰的心儿却通明：不如此只能老死。只有历经啄羽再造的悲壮一幕，方能再生活力，自由翱翔，续写后四十年的生命华章。

鹰的啄羽再生，是青春的复活，生命的涅槃。这对于人类，堪为生命的醒世录：壮丽的生命，若不经过一次次吐故纳新的内化，乃至脱胎换骨的再造，不可能实现人生持续提升的完美之旅。

二

教师军团,是最需要啄羽再造、不断超越自己的一个群体。这是因为:

时代巨变,生活巨变,需要的人才类型也在巨变。

人才类型巨变,所需要的教育模式(手段、方法、策略、技术)随之巨变。

学与教在巨变,其所依据的前提、根基和达到的目标因而巨变。

生与师在巨变,其所秉持的关系、作用和价值同样巨变。

总之,这是中外教育史上一个从走到飞的时代。多维度的巨变推助多方面的迅疾反应。

学生与日俱增的需求,催得改革在蓬勃状态中创新,创新才是风景;创新来源于蓬勃的发展状态,有发展才有活力。

教师对教育教学管理的重复,意味着教育生命的枯萎和倒退,退路就是末路。今天不是昨天的复制品,明天不是今天的影印件。有的教师教一辈子书如同教一天书,因不断重复既往;有的教师教一天书,却等同教一年的书,因他在创造生命。"人不能两次踏进同一条河流。"① 这一切都告诉教师军团,必须奋起自救——啄羽再造。

况且,在中国教师军团里,数量相当多的人,已沦为病态的"鹰"。

初任教师时,往往激情鼓胀,梦想七彩,而在周而复始的征途中,渐而蜕化,显示病象:激情流失,活力枯萎,斗志衰微。

教师中的病态"鹰",不只因到了一定教龄,更因躲不过的难关:

一是教龄三至六年时,即一个教学循环周期时,自以为入了教门,事理通晓,闻鸡起舞似的状态开始懈怠,满腹激情的梦想悄然蒸发;

二是成家添子、上有老下有小时,琐事缠身,矛盾加剧,捉襟见肘,如牛负重,身心疲惫,初心远遁;

---

① [古希腊] 赫拉克利特:《著作残篇》,参见《古希腊罗马哲学》,北京大学哲学系外国哲学史教研室编译,生活·读书·新知三联书店1957年版,第27页。

三是高级职称搞定,再无目标可索时,追求怅怅然,眼前茫茫然,心里空空然。

这就是患上了职业倦态综合征,即面对高期待值、大工作量、强竞争压力,在重压与烦躁里心志滑落,身心产生高度疲惫症。

这个偌大的黑洞,像蛀虫一样慢慢吞噬教师的心,让其主动性和创造力神不知鬼不觉地丧失,事业坐标轴发生错位:目标呈现一片空白,心志空无所依,激情犹如船帆没了风助,心浮气躁地重复编织着教坛经纬。久而久之,一步步滑落教学生涯谷底。

教师的职业倦怠实乃精神倦怠、思想倦怠、心态倦怠,一句话,教育人生的动力源疲软。此倦怠有轻有重,轻者尚可在自我救赎中渐省渐悟,重者则坠落精神的深渊难以自拔。教师的职业倦怠,造成生存与职业分离,生命与事业分离,因此说,职业倦怠是冷面杀手。

若问,中国教师何以患得此病?从教育大环境看,中国教育病了。许多教师在被异化的生态下,觉得手足难动,思维难展。进而观之,教师的地位、待遇与其奉献、作为不在一个天平上。知识贬值,斯文冷落,职业困顿,师者的心魂难免不招致伤害。

出现在精神上、文化上的职业倦怠,虽说客观上有其土壤,但从育人事业计,则构成莫大销蚀。身患该病症的教师,教育人生既无兴趣吸引,又无幸福感受,何谈做得优秀出色?

三

当下,教坛的目光该聚焦在哪里?

聚焦在教师的专业化发展——教师的综合素质、专业化水平和创新能力大幅提升,即具备笔者提出的"二三三素质",此可视为教师啄羽再塑的内容。再造内容若简化,则是"二字经",一个是灵,一个是智,灵智双修,即教师的心志雄起与智能重塑。

重塑的内容,不必再加阐释,需要解决的倒是制约啄羽再造的几个认识问题。

首先,是须怀有终身持续再造的文化自觉。

君可见,教育行政部门将教师专业化培训提上了议事日程,进行顶层设计和实际运作,惜乎不尽人意。在一些培训大厅前,一些被培训者签个字,便走人了事。有的台上讲师"讲经布道"滔滔滚滚,台下学员谈天说地不紧不慢。有些学员提交的作业像一个模子刻出来的,原来是抄同一答案。不少培训流于走形式做样子。什么原因? 缺失啄羽再造的自觉自愿。行动自觉仰仗教师的文化自觉。

《中国教育报》2010 年推出的"读书十大人物"之一的张硕果,即有以书籍改变自己的强烈渴望,这使她经受两次阅读磨砺,而成为教师中的读书典范。

第一次在 2000 年,她入选"河南省中小学百名教育教学专家",进行为期一年的脱产进修,听顶级课程专家全新的教育理论,读《课程与教学论》《新课程的理念与创新》《多元智能理论》……选购的书大部分都是客座教授的课程理论书籍,和自己的实践之间还存在一段真空地带。这个阶段,书读得多,读得深,却因不清楚自己的知识结构,也不知晓该具备怎样的知识结构,便无法借助阅读解决在专业成长和教育实践中的诸多问题,反而一下子迷失在这些书籍和词语中,书海茫茫,云遮雾罩,路在何方? 她陷入更深的焦虑。

第二次在 2007 年春季,她赴贵州省凤冈县支教,与阅读领域的专家及优秀同人邂逅,阅读开拓了她的教育生命。《学校是一段旅程》《孩子们,你们好》《朗读手册》……这些针对性极强,紧贴"最近发展区"的书,让她如获至宝。她疯狂地阅读,紧张地思考,步入了快速成长期。在交流碰撞中,她慢慢学会了"啃读",尝试通过对一本书的聆听、梳理、批判和反复多次的对话,吸收内化书中的信息,完善自身的知识结构,形成教育智慧,使理论和现实、阅读与实践之间的距离一点点缩短。华德福学校的教育理念、阿莫那什维利的课堂教学实践、帕尔默的教师职业认同等理论,如水之浸润,气之弥漫,光之照耀,先前阅读的教育理论开始复活,并相互融通,她拥有了思考教育教学及阅读其他书籍的原点。

张硕果给人的启迪是：求知若饥，虚心若愚。灯塔在前，军号在耳，自觉再造，疯狂向学，便能爆发出十倍的勇气和力量，且琢磨出科学的策略。读书并非脑海里让别人跑马，而是在心灵里与智者对话。

教师的再造，需贯穿终身，活到老，学到老，再造到老。朱熹对学无止境，逐渐深化，以至穷理融通的读书体悟深邃至极，他曾说："为学读书，须是耐心，细意去理会，切不可粗心。为数重物，包裹在里面，无缘得见。必是今日去一重，又见得一重。明日又去一重，又见得一重。去尽皮，方见肉。去尽肉，方见骨。去尽骨，方见髓。""举一而反三，闻一而知十，及学者用功之深，穷理之熟，然后能融会贯通，以至于此。"而今人呢，学习常常流于形式，粗枝大叶，一目数行，囫囵吞枣，浅尝辄止，有广度无深度，有速度无精度，这正是治学、修为的大忌。

其次，是自持终身持续再造的道路自觉。

此道路自觉的要点，是坚信这条道路。只有终身再造，才会持续提升。教师有素养，才有育人的能量，才有事业的重量。教师再造的意义无论如何强调都不过分。

此道路自觉的状态，是教师较彻底地摆脱种种虚无与倦怠，以孔子为职业典范，开足马力，不断重塑，书写自己的生命传奇。须知，尼采说过："每一个不曾起舞的日子，都是对生命的辜负。"

此道路自觉的标志，是按动专业化发展的快进键，在三个层面拓进。

第一个层面是广而博的专业学习。采百花兮酿蜜，寻千泉兮润心，厚积而薄发，久蓄而突进，成就自我芬芳，一朝惊艳绽放。大量专业学习滋养丰盈生命，重造一个睿智的大脑。

此专业学习，不是随意的、零乱的，仅出自兴趣的，而是从建立教师终身受用的职业核心素养出发的，是将自己变得无比精深、灵光、强大的主要手段和路径。其学习方式，有研读、聆听、交流、批判等，进行正能量的源源吸纳，逐渐建起自己的知识城堡。

第二个层面是持之以恒的专业写作。专业学习是信息的输入，在自取所需的吸纳中，完成至关重要的积累，包括间接的生命积累、思想积累、表达积累等；

专业写作则是信息的内化,即以反思为主线,在梳理、取舍、重组、深化、发展、润色中,实现与他人沟通与世界对话的跨越,将活得精彩,做得精彩,深化升华为写得精彩。如是,知识的雪花就不会随时融化得不知所终,思想的碎片也不会被时间的风吹得零落成泥,获取的信息便得以更高层次的转化。

长期以来,教师为完成各种写作任务,不免东拼西凑,书抄网摘,费时耗力伤神,于成长无补,对事业无益。这次,我笔写我行,我文书我心。从虚到实,自身至心,践行的案例,案例中的叙事,叙事中的感悟,再不用生编硬造,专做给别人观赏,而做得踏踏实实,叙得真真切切,悟个明明白白。这堪为教师的解放,心灵的歌唱,思维的演练,修为的提升。

第三个层面是在同人合作的良好生态中成长。此种合作超越了传统的课题组、教研组和备课组的范畴,而包括读书会、名师工作室、项目工作室、课程研发小组等,构筑了教师在合作互动中成长的交往方式、生存样式和齐走范式。

自古"同行是冤家"的流习将被彻底打破。同人是伙伴,教友是知己。可通过组建专业教育合作体的方式共同追梦,相互寻找彼此认同。在合作体内部,文人相逢,开诚布公对话,推心置腹交流,针锋相对碰撞,不遗余力扶持,群策群力攻关,众人接力冲刺,彼此激励取暖,成了相互关系的常态,共同创造一个立足于网络、以知识为精神食粮的互动空间和自我发展的宽宏世界。

再次,是守望终身持续再造的践行自觉。

灵智再塑不光靠想、说、写,更依靠一点一滴去做,一脚一步地走——实践、实践再实践,学与做结合,做与思结合,思与写结合,方为至高至上的教育哲学和教育美学。毛泽东说:"实践、认识、再实践、再认识,这种形式,循环往复以至无穷,而实践和认识之每一循环的内容,都比较地进到了高一级的程度。"① 应时常以一种加速度的方式前行。

一切创新来源于对实践的审思、改造和持续坚守。无论是教育人自身还是教育事业,实践出真知,创新出卓越。此为天道、正道、大道。新时代的教师应

---

① 《毛泽东选集》(一卷本),人民出版社1968年版,第273页。

该自觉投身于时代大潮,在教育大改革中勇于开拓,善于创造,勤于守望,精于突破。

在这方面,前人做了榜样。中国绘画大师齐白石(1864 — 1957)生命不息画笔不辍的事例,令人钦佩。他的"学我者生,似我者死"和"作画妙在似与不似之间"两句名言,道出了他艺术追求的创新境界,而活到老画到老则是他艺术生活的创作常态。在70余年的艺术生涯中,他几乎天天作画。27岁以后,只有两次害病、一次遭父母之丧才搁过笔。即使到了晚年,也从未睡过早觉,每日黎明即起,吃过早饭,便要画上几幅。他逝世于1957年春夏之际,此时他精神不济了,健康已大不如以前,还丝毫不服老,顽强地和衰老作斗争,并画了一幅花中之王——牡丹,这是他一生中所画的最后一幅画。

自觉,发自内心与真情的自觉,唯自察自省自悟耳。察天赋所用,省心志所向,悟道路所在。当自觉与终身再造相契合,则纵贯而成人生的大使命。此乃心灵的觉醒,精魂的升腾,内生力的迸发,是恒心与定力的持守,更是动态的演进,愿力的奇迹。其情如火,其势如虹,其利断金!

忍得了日复一日的单调,抵得住心魔的袭扰,避得开"海妖塞王"的诱惑,自觉方能从摆脱"琐屑事项无限纠缠"(黑格尔语)的自控,过渡到"守得云开见月明"的自律,再过渡到"世事沧桑心事定,胸中海岳梦中飞"的自如,收获"吹尽狂沙始到金"的自得。

自觉从哪里来?从"腹有诗书气自华"的阅览中来,从"新松恨不高千尺"的励志中来,从"千淘万漉虽辛苦"的践行中来,更从"历览前贤国与家"的审思中来,也从"十万军声半夜潮"的感化中来。在教育改革的流变里,自觉者踏着大时代的钟声,谛听且掌控着自己心灵的脉动,在"曲径通幽处"辨析,朝向柳暗花明的前方迅跑。

第七章

改之势

目前,代表升级版的智慧课堂,乃是以人本理念为依据,以信息技术应用为驱动,以智慧赋能与教育艺术相融通为特征,以师生的深度学习与沉浸式体验为教学新生态,旨在探索智能优化、思维高效的课堂。

第十九节　问路立德

一

　　教育改革几十载,所涉者广,所变者巨。然育人首在育心,立德是其要;育人借助媒介,课程是其本;育人之大场,首推在课堂。故而,观育德、课程、课堂之流变,或可管窥蠡测,于"浩浩汤汤,横无际涯"间,体察教改之走势与出路。
　　为师有德天长佑,施爱无求福自来。
　　这是一个美丽的故事。
　　开学第一天,王老师站在五年级学生们面前,说她会平等地爱班里每一位同学。但对坐在前排的那个小男孩李毅,一开始她并没做到。
　　小毅衣着邋遢,脸不干净,不受大家欢迎,根本无法与其他孩子玩到一起。王老师常常在他的卷子上画一个个红叉。
　　不久,学校要求老师对每个孩子过去的记录进行审阅,王老师把小毅的档案放到最后一个才看。看后她大吃一惊。
　　小毅一年级的老师写道:"小毅是个聪明的孩子,很有礼貌,永远面带笑容。作业写得很整洁,他给周围的人带来了欢乐。"
　　二年级的老师写道:"小毅是一个优秀的学生,深受同学们喜欢,但是他很苦恼,因为他妈妈的病已到晚期,家里生活困难。"

三年级的老师写道:"母亲的去世对他是个沉重的打击。他试图尽最大努力,但他的父亲责任感不强,如果不采取一些措施,他的家庭会对他产生不利影响。"

四年级的老师写道:"小毅性格孤僻,对学习不感兴趣。他没有什么朋友,有时会在课堂上睡觉。"

此时,王老师恍然大悟,意识到问题所在,她为自己的行为感到羞愧。

教师节到了。学生们送给王老师一些小礼物,用鲜艳的彩纸包好,上面扎着漂亮的丝带,唯独小毅的不是,小毅的礼物令她无地自容。

小毅的礼物用厚厚的牛皮纸包裹,那纸是从杂货袋上扯下的。王老师费力地打开包装。

那是一只水晶石手链,上面有颗水晶石已经丢失了,还有一瓶只有四分之一的花露水。

一些孩子开始发笑,王老师制止了他们。

她大声赞扬这只手链漂亮,并把它戴在手上,还在手腕上擦了些花露水。

那天放学后,小毅说了一句话:"王老师,今天你身上的味道跟我妈妈以前的一样。"

孩子们走后,她哭了至少一个小时。从那一天起,她不再只是研究怎样教阅读、写作和算术,而是研究怎样走进孩子们的心灵。

王老师开始特别关爱小毅,小毅的大脑也渐渐"灵光"起来。她越鼓励他,他的反应越快。到了年末,小毅已成了班上最聪明的孩子,尽管她说过平等地爱所有的孩子,但小毅成了"宠儿"。

一年后,王老师在门缝下发现一张纸条,是小毅写的。他告诉她,她是他一生中遇到的最棒的老师。

又过了六年,王老师又收到小毅的一张纸条。他说自己已高中毕业,成绩排在全班第三名,说她仍是他一生遇到的最棒的老师。

多年后,王老师收到一封信,小毅说,当初拿到学士学位后,他决定继续留在学校深造,他还说,王老师仍是自己一生中遇到的最棒的老师。但信上的落款变长了些:您的学生医学博士李毅。

那年春天,小毅又来了一封信,说他马上要结婚了,他真诚邀请王老师参加,并将坐新郎母亲的座位。

王老师愉悦地去了。她戴着那只丢了颗水晶石的手链,还专门喷了小毅母亲用过的那种花露水。

师生俩热烈拥抱,李毅博士动情地对王老师耳语说:"王老师,非常感谢您,是您让我知道自己可以有所作为……"

王老师眼含热泪,低声说:"小毅,你全搞错了,是你教会了我,直到遇见你,我才知道如何做老师。"

一个孩子立德成人,老师的关爱像天地一样博大。孩子亟需这样的老师,像干枯的心田渴望天使倾洒爱的甘霖……

育德,教师是永恒的主导者。正如美国著名心理学家海姆·G.吉诺特(1922—1973)在做了若干年教师后才获得的切肤体悟:"我得出了一个可怕的结论。我成了教室里的决定因素。我个人的方式方法,决定着教室里的气氛;我每天的情绪,左右着教室里的氛围。作为一位教师,我拥有巨大的力量,既能让一个孩子痛苦,也能让他欢乐。我可以是折磨孩子的工具,也可以是激励孩子的手段。我可以羞辱他们,也能迁就他们;我可以伤害他们,也能治愈他们。在所有情况下,都是我的回应决定了一个危机是升级恶化还是逐步化解,一个孩子是更具人性还是泯灭人性。"①

二

育德,面对一团团阴云。

地球变暖,人心变冷。如今有些孩子也变得三分陌生,七分难解。

---

① [美]海姆·G.吉诺特:《孩子,把你的手给我——老师与学生实现真正有效沟通的方法》,张雪兰译,北京联合出版公司2018年版,"引言"第1—2页。

一个读小学的男生,给同班小女孩写去"我对你的爱很深很深,像无底洞一样深"的情书,经网络传播,让大人们感慨唏嘘。

一场高三毕业前的疯狂撕书活动上演时,上前制止的老教师竟遭六名学生用拖把棍一顿暴打,老教师的头上脸上鲜血流淌……

一名深陷网络死亡之旅的高一男生给亲人留下遗书:"假如我死了,请不要悲伤,也不要找老师,找学校……"随后纵身从教学楼顶跃下。

说来惊心,听来错愕,然事出有因。

在物质繁荣与精神失序、经济崛起和道德沉沦、科技突飞猛进人性根基却动摇的环境下,种种社会问题暴露的是人们的心灵危机——欲望膨胀,文化虚无,人心灼躁。

学生问题是社会问题的翻版,孩子现象是大人现象的投影。社会上心浮气躁的情绪,趋利忘义的思维,急功近利的脚步,不知不觉间折射到了学生们的内心世界。

为此,有的孩子怒而出声了。

上海十岁男孩陈鲁直,一次挨了亲人打骂,含着泪,十分钟一挥而就写下《我们孩子的痛》的诗,真是"愤怒出诗人"。该诗如下:

> 我们这些小学生,
> 痛苦实在太多太多,
> 在我们这年头,
> 光是思维就已被大人侵入。
> 即使不被侵入,
> 也已经陷入黑暗。
>
> 因一点小错误而挨骂,
> 因成绩不理想而被斥责。
> 因想考上好中学而被迫奔波于补习班,

这些都是大人制服我们的军队。
我只是想通过这首诗,
给那些大人提示。

如果你们觉得语言过激,
那我就告诉你们一个道理:
当局者迷,旁观者清! ①

对如此诗句,做怎样解读都难免苍白。在这观念多元化的时代,我们还是应俯下身来,听一听孩子的心声,体会一下幼小心灵深处的苦楚。

2012年1月10日,在中国人民大学图书馆召开的《朱永新教育作品》新书首发式暨新教育新年报告会上,来自石家庄市四维小学的四名小学生,用诗歌表演的形式,表白内心诉求:

我要上学了,邻居大姐姐告诉我,上学就是做题做题还做题。不好玩。
我要上学了,邻居大哥哥对我说,上学就是考试考试再考试。很可怕。
我要上学了,妈妈说,上学要听话,不然会被老师批评,还会挨罚。
我要上学了,爸爸说,上学要听话,不然回家挨揍,让你屁股开花。
我不想做题做题还做题,我不想考试考试再考试……我不想上学,我还想玩耍!

时代在变,人在变,孩子们心灵的回音壁,也充满着对异化教育的抗议。

---

① 参见《新民晚报》2007年6月21日。

三

当下青少年,究竟是具有怎样特质的一代?该如何精准地为他们把脉?这是时代大课题。脉把不准,心察不透,育德的门就扣不开。

纵向看今昔青少年坐标。

先看看近几十年的青少年演变的画像:

70年代画像:困惑、迷茫和焦灼。当时风浪迭起,人妖难辨;路标不清,行走艰危;惊雷十月,始现曙色。这一时段的青少年,有理想而缺路径,很像歌词中所言:"迷迷瞪瞪上山,稀里糊涂过河"。

80年代画像:朗润、自信和豪迈。当时天地更新,春光明媚;国运扭转,人心思变;少年气盛,朝霞如火。此时的青少年,突兀天高地阔,顿觉心潮澎湃,为未来苦学苦练,成标识性心态。谷建芬谱曲的《年轻的朋友来相会》,抒发了莘莘学子的火焰般情怀。

90年代画像:奋发、开放和缺失。当时改革深化,国门洞开;地球"变小",碰撞加大;智能解放,个性初显。这时的青少年,因德能及功力的准备不足,在突然变幻的时空面前显得手足无措,教育上的乏力也在此时显现。

新世纪画像:张扬和多变。处于经济崛起、信息爆炸、人工智能的时代,多元思维、个性彰显的青少年,多为矛盾的"多棱镜":聪明而糊涂,思考而盲目,果敢而草率,求索而迷惘,自我而从众,热忱而冷漠,阳光而阴暗,坚强而脆弱;追求完美又总有缺憾,回避教诲又渴求支助……

聚焦数十年青少年的演变史,他们从格外单纯到精明复杂,从循规蹈矩到富有主见,从闷头听话到善于表达,从不出校门到闯出国门……

横向体察中外青少年的对照。

笔者愿重温中外青少年几次有影响的碰撞。

一次是中美小学生的调研比较。

1979年,中国、美国初等教育访问团互相考察。中国的考察报告认为,美国学生趾高气扬、踌躇满志,整天奢谈发明创造,重音、体、美,而轻数、理、化,课堂几乎处于失控状态。该报告结论：美国的初级教育已经病入膏肓。而美国的考察报告认为，中国的小学生规矩，学习最勤奋，起得最早、睡得最晚，还做"家庭作业"，都追求成为考试分数最高的"优秀学生"。该报告结论：中国学生的学习成绩和世界上任何一个国家的同年级学生比较，都是最好的。预测20年后，中国在科技和文化方面，必将把美国远远甩在后面。

25年过去了，"病入膏肓"的美国教育培养出43位诺贝尔奖获得者和197位知识型的亿万富翁，而扎扎实实的中国教育却未能如人们期望那么闪光。①

透过中美两国小学生迥然相异的学习生活方式的强烈对比，直逼中国教育的软肋，揭示出智慧律动、生命开发、教育关注的不同目标与路径，激起我们用另一种眼光换位思考。

一次是中日孩子夏令营中的较量。

1992年8月，77名日本孩子来到内蒙古乌兰察布草原，与30名中国孩子共同参加了一个草原探险夏令营。这场心性较量、意念博弈、毅力抗衡的活动，经青少年研究专家孙云晓采写并撰文《夏令营中的较量》②，让国人震撼，央视专题片称其为"教育改革的前奏曲"。

中日孩子在草原野营拉练的较量令举国醒思。因其毕现了两国下一代对生活、生命各不相同的答卷。在表层上，让国人看清我们教育目标与路径上的缺憾，深层次透析，已经触碰改造中华民族的心理性格乃至精神魂魄的着力点。

还有一次是上海学生PISA测试排名"全球第一"。

2011年3月17日，《中国教育报》以"上海学生PISA测试排名'全球第一'引发教育思考"为题，报道了上海学生2009年首次参加PISA测试，在65个国家、地区中，成绩排名全球第一。该消息立即占据各大媒体的头条，一贯被西方人看作只会死读书的中国学生，居然在国际性的素质能力测试中获此佳绩！这也引发了中国对学生素养问题的关注、审视和思考。

上海学生在认知方式各方面分量表上成绩均位居第一，访问和检索上却比

---

① 刘燕敏：《保护好你孩子的天赋》，载《读者》2004年第4期。
② 参见《读者》1993年第11期。

较薄弱。

此外,自我调控策略低于平均值,说明学生自学能力还不够;学生网上阅读活动广度指数平均值仅为 –0.35,这在一定程度上折射出我国中小学生有效的网上阅读活动很是欠缺。

更为严重的是,上述结果与学生课业负担繁重关联极大。上海学生每周校内外上课共计 34.8 小时,尚不包括作业时间,比美国和芬兰的学生多 10 小时以上。这就剥夺了本应属于学生的休闲时间,包括课外网上阅读时间,也导致网瘾学生数量居高不下,学生需要用网游来宣泄课业带来的心理负担。不像欧美学生,课外还有余暇进行网络综合阅读和探究活动。

认知技能不代表创新技能,上海学生也不代表中国全体学生。况且,用长时间苦练苦磨,以牺牲学生自由时间为代价换取成绩,竞争怎见公平?对学生立德又有何益?

四

康德在《论教育》一书的第一句话说:"只有人是需要教育的生物。""人完全是教育的结果。"他还下了结论:"有两类人类的发明被认为最困难,一是政治的艺术,一是教育的艺术。"[1]

教育是有所发现有所发明的最困难的行当,育德又是教育中最困难的"命门"。古人就将立德当做人生跨越的第一山:"大上有立德,其次有立功,其次有立言,虽久不废,此之谓三不朽。"立德于当下尤重尤难,因世情、社情、生情发生了急剧变化。

从世情、社情看,处于社会转型期的我国,一是矛盾丛生,错综复杂:许多深层矛盾逐步凸显,令人眼花缭乱,集中反应在思想精神上的多元价值观与经济上的两极分化。二是热点迭出,目不暇接:出国学习热、偶像热、才艺热……就

---

[1] [德] 康德:《论教育》,参见任钟印主编《世界教育名著通览》,湖北教育出版社 1994 年版,第 498—499 页。

教育态势说,过去是"平湖秋月",如今是"大海"。三是家教盲区,家长蒙昧:做父母的未经家长专业课程培训就"上岗",而且永不"下岗"。

从生情看,当下青少年具有三大特征。

一是时代特征。求新、求美、求特,开明、开放、开通,稚弱、脆弱、薄弱,信息量大、交往力旺、表现欲强。

二是整体特征。每一个人都是活生生的生命个体,每一个生命个体皆有独一无二的个性,每一个个性化的生命都可雕琢成一件卓有特色的"艺术品"。

三是身心特征。学生们难免要经历以下三个阶段:精神断乳期,通常在小学三四年级和初中一二年级,出现两次,表现在思想意识上渴求独立,实际处于头脑不清楚或不能明辨事物的懵懂状态;心理中心期,渴求外界对自己像对大人一样尊重,常常体现为我行我素的自我意识;青春躁动期,进入初高中的学生,伴随生理成熟,开始卷起极为棘手的青春风暴,表现为渴求男女生炽热交往,此时又尚未摆脱心理的稚嫩。

上述情势引发下,为数相当多的孩子思想漂泊,灵魂流浪,理想虚脱,心志疲软,激情蒸发。他们陷入了三大困境:

一是情感困境。异性相吸,早恋成风,很难弄清是情感的释放、情绪的泛滥,还是心律的失序、精神谱系的紊乱。陕西省汉中市龙岗学校一个初三女孩因班上一个曾对自己示好的男孩另有新好,经过几日痛苦徘徊后,留下一纸如诉如泣的告白,表示"此生此世,我虽得不到你的爱情,当轮回后我做你的孩子,得到一份父爱好吗?永别了,请记住,曾有人用生命祭奠过对你的爱",随即纵身从五楼往下跳……

二是理性困境。缺失理性,心如暗夜。网络世界,陷阱多多。大兴安岭实验中学一名男孩,长久迷恋于网络不能自拔,性格扭曲,在寻找刺激的心理驱使下,走上不归路。"……很久很久就想品尝一下不靠任何飞行器在天空中飞翔的感受了,祈祷我摔死吧,在马上跳楼一瞬,我的心跳得很快。"在灯光下最后完成"致父母"的短信后,他真的踏上了"刺激计划的最后一步"……

三是心灵困境。心泉干涸,眼无征帆,精神贫穷,只见荒漠。如今,有多少孩子志存高远,少怀壮志?有多少孩子心忧天下,眼望未来?沉迷于当下,无视于前程,似已成了今日一部分孩子的心态。当然,还有另一类疯狂苦读的学生:"流血流汗不流泪,掉皮掉肉不掉队!""我们不能成为贵族的后代,但我们要成为贵族的祖先。"如此心语,百倍自信里含二分凄婉,万般雄豪中藏半腹悲怆。

于是,一些学生出现了三大缺失——缺生命动力、缺生长习惯、缺文化营养素。若要弥补这三大缺失,则需要诸多条件,具体而言:

需要激情,需要微笑,需要举止有度的大家风范;

需要礼仪,需要儒雅,需要谦恭慈厚的交往习养;

需要感恩,需要诚信,需要儒家的仁爱心怀;

需要自信,需要坚强,需要具备抗挫性格;

需要宽容,需要尊重,需要与他人携手并肩;

需要负责,需要担当,需要做事情尽善尽美;

需要睿智,需要个性,需要一双发现的慧眼;

需要自主,需要思想,需要大胆的探索精神;

需要侠骨,需要柔肠,需要一腔的爱国真情;

需要惜时,需要精细,需要努力开掘精彩人生;

……

泰戈尔说:"我们把世界看错了,反说它欺骗我们。"[1] 是的,当下的孩子涉世不深,面对社会转型期的矛盾丛林,世界广角镜的竞争浪潮,文化大环境的万花筒,家教小环境的盲角区,难免在比前辈儿少时多得多的困惑面前,不能承受压力之重,是非糊糊涂涂,做事马马虎虎,错误反反复复,成绩起起伏伏,思维异化,进退维谷,急需社会环境的激浊扬清,老师和亲人的理解、点化与助力。亲人应自觉地承接代际担当。孩子们的心,宛若易碎的蛋壳,清晨的露珠,经不起撞击。遵循规律,守护其心灵健康成长,是一项刻不容缓的要务。

---

[1] 泰戈尔:《飞鸟集》,郑振铎译,湖南人民出版社1981年版,第80页。

五

当下,学子之德如何立？路径在哪里？目标在何方？

目标所向,当然是满怀中国灵魂、世界眼界的有理想、有道德、有文化、有纪律的"四有"新人,这与中华民族数千年来形成的本质人格和道德修养是吻合的。

该用什么方法达到让学生立德的目的？

用传统政治化灌输解决思想性问题,用道理观念的口头讲解替代品格人性的深层体悟,行得通吗？注定行不通！

正确做法是,以尊重爱护为基础,以示范为特点,以熏陶为常态,以体验为入口,以思悟的内化为最高境界。具体方法应该讲究新(形式)、细(运作)、近(切入)、活(手法)、实(效果)。

江苏省泰州市姜堰区四中的石建华老师,每接新班级都主动加学生为 QQ 好友,并妙用 QQ 签名这个心理变化的晴雨表,解读学生心灵。

一天,她见男生小 A 的 QQ 签名更新为：你是方便面,我是白开水,泡定你啦！小 A 花钱大手大脚,情感却丰富细腻,这个签名暗示小 A 有了心仪的女孩。石建华不动声色,先暗中找和这个男生走得近的学生了解,果如所料,小 A 喜欢上了别班一个女孩,而那个女孩对他的热情嗤之以鼻,这很伤他的自尊。他亮出这样的签名,以昭示决心。

石建华没有立刻"出击",而是迂回地找到那个眉清目秀的女孩,女孩开门见山地说她不喜欢小 A,还请老师让小 A 不再打扰她。得知女孩心意后,石建华继续关注小 A 的 QQ 签名,静候时机。一个月后,他的 QQ 签名更新为：方便面怎么泡不开的？看出他有退缩迹象,但未死心。又等待月余,小 A 的 QQ 签名变为：没有了方便面,白开水依然是白开水。看来他试图放弃了,该出马了。

一天放学后,石建华留下小 A,先和他聊学习,再自然转到见他不断更新的 QQ 签名,"近来的签名有点奇怪",小 A 的脸微微红起来,石老师假装没看见,自顾自地说,强扭的瓜不甜,早开的花注定是个美丽的错误,何苦为难自己呢？放弃也是一种选择。小 A 听了这话,"嗯"了一声,似有所悟。次日,他又更新了 QQ 签名:放弃是种别样的美丽。

一朵遮掩心空的积雨云,就这样悄然散去了。

在立德的践行上,当今更加注重理论引领,更加注重目标导向,更加注重心理分析,更加注重艺术方法,更加注重网络手段,更加注重案例解剖,从中收获五大效应:

一是情感撞击效应。

贯穿世间茫茫人际、悠悠万事的纽带,永远是情感,而且须臾不可缺失。无论社会发展到何等匪夷所思的科学文明的境地,情感的撞击仍然无处不在,总会产生奇异的心灵火花。

"我记着你的生日,祝福你!你入学登记表上填写的生日是阴历生日吧?换算成阳历,今天就是你的生日……本来早上不到 5 点就写完了,怕打扰你休息,现在才发给你。"

这是大连海事大学辅导员曲建武发给学生的一条微信,学生回复:"其实早上自己都没反应过来是阳历生日……您能记着每位学生的生日也是我很佩服很敬畏的一点……有时我想,我们何德何能,有多大福气,得到您这样一位长辈为我们这样付出!"

两段文字,尽传师生真情。这只是曲建武祝福学生生日的普通个例。他为学生成长发的微信已达 260 多万字。除祝福外,他还结合人生经历、学生自身成长,送上殷切希望,领攀精神高地,传递直抵人心的力量。

曲建武何许人?时代楷模。2013 年,他辞去辽宁省教育厅正厅级职务,执意到大连海事大学担任辅导员,给每一位学生做电子档案,并将手机、微信公开,24 小时开机,给他们煲"心灵鸡汤"。他开通了"仍然在路上"公众号,还自己出资建立爱心基金,全用于帮助家庭困难学生。他以德立身,情满学生,做学生的代理"父母",视学生为自己的一切,点燃学子一簇簇心灵之火。

二是习惯渐成效应。

帮学生立德是慢工细活,是在教学生尽早步入良好习惯的轨道,形成受益终身的素养。

这里最关键的,是各学段的持续接力:习惯从少儿的芽季里起步,在花季里展延,在果季里定型。起步的习惯要精简,贴近孩童,如饭前洗手,按时餐睡,不说谎话,做错要改,注意聆听,喜欢阅读,热爱劳动,每日一思等。展延的习惯当包括健身、文明、践行(含劳动)、自学、求索、感恩、诚信、责任、惜时、合作习惯等较为全面的内涵。定型的习惯,一是使良好习惯相对稳定化,成为个人道德银行取之不尽的终身本金;二是让习惯的种子萌芽成长,结出高尚人格、坚定信念和美丽灵魂的果实。

在教育改革家魏书生的指导下,辽宁省盘锦市的中小学生每天做一分钟家务,唱一支军歌,写一篇日记、一分钟演讲、一分钟记忆、一分钟踏步等都成了习惯,这些习惯犹如道德长跑,久而久之,有力促进学生身心的健康成长。

三是路标前导效应。

人的心里不能没有榜样,就像一个民族不能没有英雄。榜样是路标,是旗帜,是鼓动众人打拼的参照。他看得见,摸得着,跟得进。

几十年里,笔者走访了近两千所学校,许多学校都抓住了用榜样立德树人的要点。他们采用多种方法:在步入校门的显著位置,竖立文化科学巨匠的雕像;在校园"星光大道"上,竖起榜样教师、标兵学生的灯箱;在宽敞的大厅,珍藏着标兵师生的手印模型;在课桌的右上角,标上偶像的语录和正追赶的榜样同学的名字……曾育出方志敏等历史名人、"八一起义"时曾作为叶挺军部的南昌市第二中学校园草坪上,耸起三尊大理石塑像。中间雄立者为著名政论家、出版家邹韬奋,左右两座雕像展现了卓越科学家吴有训和国画大师傅抱石的风采,旁边还留有一个基座,等待新的雕像在其上矗立,感召学生们创造与邹韬奋、吴有训、傅抱石相媲美的功业。据了解,该校学生毕业前,都纷纷立于空白基座之上留影,此类照片取名为"蓝色幻想曲"……这磁化了的精神启示与召唤,能不潜移默化地影响每一位留影者的心魄吗?

四是集体同化效应。

一个集体,有一道风景。一个熔炉,炼一炉好钢。集体的风气无形而实有,看不见又无处不在,具有非同寻常的感染力、凝聚力和同化力。这是一个集体成员的文化认同、道德趋同、价值归同的文化场。所谓"近朱者赤,近墨者黑",就是此种文化场的显现。

那年,笔者去洋思中学讲学。是夜,与蔡林森校长畅谈校风。面对不少校长千方百计招收优秀生,不惜用大价钱"买"尖子生的世风,蔡林森却对那些在小学被定性为"后进生"的孩子,包括一些严重违规读不下去书的孩子,都张开双臂欢迎,用心着力去感化他们。他套用鲁迅的名言说:"世上本没有后进生,教育失误多了,慢慢才有了越来越多的后进生。"

他还对笔者讲起一个故事:小凌原为外省市的学生。父母常年在外打工,爷爷奶奶看护他。然而他生性好斗,时常对同学非打即骂,一次用刀子将同学捅伤,爷爷无奈,连夜送他到洋思中学就读。洋思中学纪律严明,校风严格,学风严谨,很快就把小凌融化其中。一个月后,爷爷奶奶来看望,问他,还打不打人?骂不骂人?小凌回答:"我想骂人,没人接茬;我手脚痒痒,可没人和我干。"三年下来,小凌全变了,他还以平均90分的高分,考取泰兴市示范性的第一高中。这很见"泡菜"效应。浸泡在洋思中学"泡菜汤"生态里的学生,其精神面貌、行为风格不发生变化是不可能的。

五是大场合力效应。

在校内,要同心勠力地演好立德的大合奏。

教学育德。紧张的教与学的攻关,蕴含着道德素质的生成。

活动育德。各种才与能的精彩展示,潜藏情与志的艰苦历练。

文化育德。有形与无形、显性与隐性的文化建设,伴之以由浅入深的心理储蓄。

服务育德。在施爱与受爱、为人与为己的服务里,得到"自洁其身"和"爱满天下"的双重洗染。

实践育德。社会之海中弄潮,以切身体验感悟之桥,联结未来的人生。

管理育德。管心、管志、管知、管行,管好学子人生的长路;理德、理能、理物、理财、理情、理思,理清学子心路的走向。

交际育德。师生之交,结晶深情;同学之交,沉淀厚谊。为人之道,孕育其中;处事之理,涵养其内。

学校从来不是与世隔绝的孤岛,立德仰仗一个大场,由学校、家庭、社区(会)所组成,全天候地共育下一代。社会为试验场,学校为试验区,班级为试验园,家庭为试验田。此试验大场的合力极具效应。能否发挥好这个效应,关系到立德的成与败。

笔者曾实地访问过时任盘锦市实验中学校长兼两个班班主任的魏书生:"你干得过来吗?太累了!"他告诉笔者,"不累!我有250多位助手呢。""哪250位呢?""两个班125名学生的父母啊。"啊,原来如此!系统论在魏书生班级管理中光彩熠熠……

六

问询是心灵的探访。

围绕从教、育德、树人的理念,笔者曾与一位饶有名气的青年班主任进行如下对话。

笔者:你怎样看待教育?

答者:教育是用生命影响生命的事业。

笔者:最好的教育什么样?

答者:教师以身作则,把自己活成最幸福的样子,潜移默化去感染,不留痕迹去渗透。

笔者:最好的老师什么样?

答者:看得清时代,在传承中勇于承担责任;看得到未来,在守望与信任中静静等待;找得到幸福,用微笑带给孩子希望。

笔者:教师育德树人最重要的基本功是什么?

答者:理解与尊重。随着年龄增长,我们与孩子的代沟会越来越大,我们应该以他们的视角去看他们的世界,尊重他们的选择。

笔者：引领孩子成长的最好方式及最深刻体悟是什么？

答者：老师不敢说"引领"学生，教育不再是牵着孩子走，就算我们有一桶水、一池水，对于孩子都是不够的。要教会他们如何勇敢地往前走，找到方向，坚持不懈，最终他要看到的是一片海！教育就是创设一个环境，让学生在这个环境中自由生长！

笔者：凝聚孩子，走进孩子的心灵靠什么？

答者：靠活动。过去9年我为3个班设计了400多个活动，这些活动让我的每个班级、班级里的那些人、那些事，成为我们永远的牵挂与回忆。

走进孩子的心灵靠的是公平与善良。公平一定是不带任何附加条件的。善良是让学生觉得身心"安全"。我再怎么严厉地教育，不担心学生会伤害我，学生再怎么调皮，不担心我会伤害他。给学生"一个装得下去的地方"，我愿意成为孩子最后的避风港。他的事儿愿意和老师倾诉，得到你善意的理解与帮助，这样我们的教育才有意义和价值！

笔者：你的成功秘宝是什么？

答者：坚持与创意。坚持是因为热爱，爱教育事业，爱教师这个职业，爱我的学生，很多事情到最后都不需要坚持，成了习惯。创意不是"突发奇想"，时代在变，孩子在变，我们怎么可能墨守成规，所以创意其实就是"实事求是"。

笔者：你有怎样的性格和爱好？

答者：我觉得教师必须有这样的共性——"大胆想象、小心实施、坚持反思"，毕竟我们面对的是人，一个个鲜活的生命。我喜欢看书、旅游、川剧。戏曲舞台带给我的太多，舞台与讲台有很多共通的东西，对我的专业，对我的性格都有帮助。一个人爱好什么不重要，最可怕的是——他没有爱好……

答者是四川省成都七中育才学校教师、市十佳班主任、省优秀共产党员、全国模范教师、全国十佳最美教师叶德元。

这位80后的年轻教师，似乎有一颗天生博大的爱心和永远保鲜的孩子似的真气，极喜欢和学生们打成一片、融在一起，一门心思地推助每一个生命花开。孩子们也将他视为亲人。

班上一个个性十足的孩子,邀请他陪自己过生日,他问:"还有谁呢?"孩子说:"没有了,就你!"他又问:"那我送什么礼物给你呢?"孩子说:"不用,你陪我就是最好的礼物了!"叶老师还是为孩子精心挑选了生日礼物,孩子非常开心。一下午他陪孩子逛街聊人生,晚上,他收到孩子妈妈的短信:"非常感谢叶老师陪幺儿过了个开心难忘的生日,还送他那么贵重的礼物,他说他会用实际行动来答谢叶老师的关爱。"叶德元回复:"不客气,孩子过生日愿意和我这样一个三十多岁的班主任一起分享他的快乐,已经是我最大的荣幸了,我应该谢谢孩子。"

初二暑假时,一个相当叛逆的男孩在电话中抽泣:"叶老师,我奶奶快不行了,我好害怕,叶老师,我该怎么办?"那一刻他愣住了,真的不知道怎么安慰。他耐心听着孩子的倾诉:"叶老师,我现在一个人在外面,我不敢当着爸爸面哭,我很舍不得奶奶,我好难过,不知道怎么办?我就想到了你……"这是平时和自己斗智斗勇的孩子啊。接电话的瞬间还能想起孩子那副狂傲的样子,这一刻叶德元的心被哭软了。如果这孩子在他身边,他一定会让孩子靠在自己的肩膀上好好哭一场。挂断电话后,叶德元给孩子发了短信:"幺儿,坚强点,这个时候你还要安慰爸爸,你已经是一个男子汉了!"孩子在最软弱的时候,想到了班主任,他要让孩子感到支撑的力量!

一个傍晚,叶德元的电话响了。一个孩子的声音:"叶老师,你在干什么?"他说正在吃饭。孩子冷冷地说一句:"那算了。"电话就挂了!叶德元意识到不对,孩子的语气非常反常,他再打过去,孩子就不接了!他发短信给孩子,几分钟后,回过来一句:"我离家出走了。"他一下子就慌了,这个孩子说得出做得到。他电话询问了孩子的父母,父母也还在生气,还没有意识到孩子不见了。他接下来从晚上9点到凌晨,一直给这个孩子打电话,孩子先是不接,后来关机!但是他没有放弃,发去一条条短信,因为他知道,孩子主动打来电话,说明孩子在乎老师。叶德元想,不能放弃,孩子对他这个"朋友"一定不会"冷漠"到底的。孩子选择了相信自己,自己就不能让他失望。手机充着电继续发短信,凌晨一点,那孩子终于打来电话了:"你来接我嘛,我走不动了。"叶德元在路边找到孩子时,虽然他看上去还那么桀骜不驯,但当拉住他的一刹那,他一下子扑到老师怀里。叶德元一句安慰的话都没有说,甚至都没有问为什么。回到自己家,他给孩子在沙发上铺了床,孩子突然说:"你给我父母打个电话嘛,告诉他们我很好,不要担心。"那一刻叶德元知道,自己培养的孩子,决不像人们对00后的评价——叛逆、冷漠、自私……只要肯走近他们!

一日,一个成绩和表现都不算好的男孩找到叶德元说:"叶老师,我想当干部!"叶德元当场给他封了个"官"——清洁委员。当天放学后,男孩认真地巡查教室的清洁情况。他的一举一动逃不过叶老师镜头的"捕捉"。孩子还没回家,照片就上了班级博客,所有家长也都收到叶德元的短信:"今天是某某同学第一次担任清洁委员,请大家到班级博客上欣赏他认真负责的身影。"当晚,男孩的妈妈给叶德元打了一个多小时电话,说不完的感激与感动。

下午最后一节课,A同学非常伤心地哭起来,因辛辛苦苦整理的期末复习资料全都不见了。叶德元赶到教室,一切全明白了。他想起三年前,他带的上一个班级就发生过类似的恶作剧,当时由于自己不冷静,处理得不尽如人意。此时,他沉稳而动情地说了两句话:最后冲刺阶段,这样重要的资料谁掉了都着急,大家要理解A同学的心情;请各自再检查一下书包,有没有拿错的,特别是坐在附近的同学。很多同学开始翻查自己的书包。叶德元知道,十有八九是找不到,果然毫无结果。最后他请A同学到他办公室,其他学生放学。

A同学眼睛都哭肿了。叶德元说:"我会继续让同学们和家长们晚上帮忙找,有消息马上告诉你。"A同学说:"叶老师,我觉得不可能是不小心拿错的,不过也没关系,这份资料如果真的对他有用,能帮他提高点分数,我觉得也很好。"多善良的孩子,多朴质的心态!越是这样,做老师的内心越难过。"我问你,如果资料找不到了,你怎么办?""没有问题。我再整理一次就是了,虽然花时间,但是就算再巩固一次吧。"

晚上,叶德元在家长群里发了一句:请家长再次让孩子翻看书包,有没有错拿同学的资料,谢谢大家。好多家长在群里迅速回复说,找了,确实没有!

晚上九点多,叶德元电话响了,一个孩子很紧张的声音:"叶老师,你现在有空吗？我想现在来找你。"因为女儿就睡在他旁边,他小声说:"可以电话说吗？"孩子说:"叶老师,我想当面给你讲,一定要当面。"他隐约有种预感,孩子很紧张地说:"今晚如果不行,我明天一早来找你,一定要当面。"

"算了,这样你一晚都睡不好,现在来吧。"半个小时后,这个孩子和妈妈一起出现在叶德元家门口,手拿一叠试卷。孩子讲述:下课时看到 A 同学的资料,觉得整理得非常棒,就拿来看,确实有点私心,但并没有要偷。没想到一上课,A 同学看到资料不在就急哭了。同学们议论是不是被人偷了,所以自己一下子就慌了,怕被大家误会,不敢拿出来。

回到家,这个孩子一直很紧张,也不吃饭。家长发现了异常,问清了情况,严肃批评了孩子,强烈要求一定要找叶老师承认错误。

孩子和母亲非常真诚,让叶德元感动了。叶德元说:"如果你真的觉得这个资料好,可以复印一份再还回去。"

孩子的妈妈斩钉截铁地说:"不行！叶老师,没有得到 A 同学的同意,一个字不能复印,这是最起码的道德底线！"家长还说可以马上送资料到 A 同学家里,孩子只求老师帮他保密,不想被大家误会。

叶德元拿出一个口袋,把资料小心翼翼放进去,写了一张纸条,签下自己名字。他让这个孩子和妈妈一起把资料放在学校门口,明天再让 A 同学的妈妈去取。孩子和妈妈一起走了,叶德元顿感心舒气畅。

第二天早上,A 同学的妈妈给老师留言:感谢叶老师平时对娃娃们的教导,娃娃守住了最后的善良,也感谢对方家长在娃娃心里种下了正直的种子！

叶德元给这位妈妈回:一时糊涂犯错误不要紧,只要心里还有善良,父母真的懂得教育,就好了。也请这位妈妈理解自己的处理方式,一起给这个孩子最大的宽容和保护,相信他以后不会再犯这样的错误了。

早上 A 同学也给老师留言:真的感谢叶老师,感谢这位同学,感谢这位妈妈。

叶德元没有向任何人透露这个孩子的名字,包括性别。他相信,这样的结果应该是最好的！

管理班级是叶德元的育德丰碑,所教历史课也是他寓德于教、铸魂人生的作品。课堂鲜活、麻辣、有特色、灵动,收放自如。"老茶馆"、大舞台,一个个历史典故在他地道的成都方言里呼之即出,有时一身长衫、一把折扇,讲至兴起,现场表演栩栩如生;课堂时空转换,他把博物馆、历史古迹带进历史课堂,将历史与现实叠印一起。他为 50 人开设的选修课,会有 200 多位学生蜂拥而来。

他偷偷为一个班级的三载时光拍摄了一部电影——《守望》,最后一个镜头是他站在讲台上把 64 个孩子的名字都点了一遍,点名到最后,教室里依然回响着孩子们答"到"的声音,而空荡荡的教室里只剩下他自己。那当儿,独守在教室里,他哭了很久很久。或许毕业就成为永别,学生换了一批又一批,他守望学子生命的情怀却依旧不改。

当代解释学大师伽达默尔说:"历史理解的真正对象不是事件,而是事件的'意义'。"[1] 透过叶德元立德的故事,我们该深思其中含藏的启示:

其一,亲其师,信其道。良好的师生关系是教育的引擎。

其二,立德最佳效果来自平等。师与生亦师亦友亦亲人,师者育人更育己,用聪慧的生命实践写就人间最壮美的诗行,获取师生双重成长的幸福。

其三,尊重和公平是师者取信的两大秘宝。尊重是爱,意味着信赖、理解、宽容、欣赏;公平是护,给每个孩子百倍呵护,提供自由发展的空间和舞台。

其四,活动育人育心。小活动出大境界,做到极致,化为无形,欣享对真善美的体悟。

其五,教育创新源于心中的爱。爱到深处,就没有圆不成的梦。

其六,巧用社会资源,与家长同频共振,共育共赢,下好一盘大棋。

其七,立德最忌肥皂泡似的假大空,而青睐抽丝剥茧般的真细实。

---

[1] 伽达默尔:《真理与方法》,洪汉鼎译,上海译文出版社 1992 年版,第 422 页。

第二十节　聚焦课程

一

教改千头万绪,何以聚焦课程?

这全为育人计,为培育国之栋梁、民族之中坚,为涌现极具文化导向力、时代领跑力、世界竞争力的人才计,让课程改革立于整体育人之上。

那么,课程是什么?

权威解释:"为了实现学校教育目标而选择的教育内容的总和。"[1]

"课程"一词在我国,最早见诸唐代孔颖达在《五经正义》里注释《诗经·小雅》时所说的"教护课程,必君子监之,乃依法制"。与现代新课程理念不谋而合的,是朱熹在《朱子全书·论学》中关于"宽著期限,紧著课程""小立课程,大做工夫"的表述。"小立课程,大做功夫",是指教给学生的基础知识尽可能地精简,而腾出的时间和精力让学生大量地进行活动,主张学科内部整合和整个课程整合。

"课程"一词在国外,是从拉丁语"currere"派生出来的,意为"跑道"或"道

---

[1] 顾明远主编:《教育大辞典》,上海教育出版社1998年版,第257页。

路",也有"沿着跑道奔跑"的意思。夸美纽斯 1632 年写成的《大教学论》扉页明示,"把一切事物教给一切人们的全部艺术",就涉及课程的概念。1859 年英国教育家斯宾塞在《什么知识最有价值?》一文中,把课程理解为知识或学科。美国著名课程专家拉尔大·泰勒说:"课程是学校教育的核心任务。"

课程之于育人的奠基性价值,不可等闲视之。

它是田土,生长着健全人格。

不同作物寻求不同田土:谷子、花生喜欢沙土地,沙棘渴望风沙地,大豆、玉米愿在平肥地安家,芦苇求低洼地落脚——各异的土质培育了个性各异的作物。而课程则是囊括多种土壤的田地,能为学子培育全人化的生成元素,奠基异彩纷呈的人生。

它是载体,支撑着多元发展。

单调的课程如同在平缓的河流里顺水而下,体味不到大海波涛里潜泳的豪情和在江湖逆浪中搏击向前的勇敢。有了丰富多样、品种齐备的课程,便可以立足天赋、兴趣,选择心仪的载体:可驾舟楫,可乘车辆,可坐飞机。课程给予学子多载体的支撑,多元化的发展,以助其应对人生多层面、多方位、多触角的竞争。

它是营养基,润泽着精神芬芳。

人体的发育成长不可离开蛋白质、脂肪和各种氨基酸等营养元素。精神的发育和健康不可缺失形式丰富、品种齐备的多种营养基。多种课程营养元素的滋补润泽,才能使一个人思想邃密,精神芬芳。

英国哲学家培根说:"读史使人明智,读诗使人聪慧,演算使人精密,哲理使人深刻,道德使人高尚,逻辑修辞使人善辩。总之,'知识能塑造人的性格'。"[1] 才智过人的培根深悟不同课程对人的潜能有着不同方向的开发,从而产生"种瓜得瓜,种豆得豆"的神奇效应。

是的,像熔炉让生铁百炼成钢,课程好比血流的主动脉,它的每一次变更,

---

[1] [英]培根:《培根人生随笔》,何新译,人民日报出版社 1996 年版,第 178 页。

都对教育内涵、育人导向产生重大影响。丰富的课程决定生命成长的丰富,卓越的课程注定生命发展的卓越。

课程是育人的生命泉,是学校教育肌体的心脏。抓住课程改革,就牵住了牛鼻子。就育人而言,谁聚焦课程,谁是智者。

哈佛大学有8000门课程可供学生选择。康奈尔大学校训是"让任何人都能学到自己想学的东西",这所大学设4000门课程。加拿大一所只有500名学生的学校,有500张不同的课程表,让差异性课程和个性化教学顺应学生个性化的兴趣、思维及成长的需求。

著名学者丘成桐(1949—)曾经说中国学生"视角窄""知识面不宽""缺乏想象力",这与我国课程营养基单调,应试压力下学校无力开发营养丰富的课程宝藏,大有关系。

二

若问,课程范围当从何处突破?

先从一对联和一断语说起。

《红楼梦》第五回中的一副对联:"世事洞明皆学问,人情练达即文章",可谓至理名言。人生面壁十年苦读的课程,比起人世间的学问和浩如烟海的典籍,不过是沧海一粟。世事洞明"有"学问,人情练达"出"文章,"精神到处文章在,学问深时意气平"。

一位德国教育家有一句断语:"过去我们把课程当成整个世界,现在我们要把整个世界当作课程。"对于课程的理解,从狭义化到无限大的质的嬗变,揭示了教育的真谛。学校的课程只让学生掌握了基本学法和基础知识,而纷繁复杂的大千世界则敞开了五花八门无所不包的课程。

那么,课程改革该从哪里着手?就在你的身边,你的眼前。

一位教师用描述性的语言破译对课程的理解,意味深长:

"请花木公司把学校种满花草树木,这与课程无关;让学生从种子或幼苗开始,进行培育、种植,这会成为课程的一部分。"

"请装潢公司把学校打扮得绚丽多彩,张贴满名人像和名言警句,这与课程无关;把一堵白墙交给孩子,却可以成为一个课程的起点。"

"朗读背诵唐诗宋词算不上新教育课程,在一组古诗词中邂逅活生生的人,古代的农人、旅人、诗人,以及今天因此而生活在古典语词温度里的我们,可以叫做课程。"

"校园墙角的一丛苔藓或一株蒲公英,都可能是一个卓越课程的契机。"

……

当眼界放开,心怀大千世界,课程才在你的身边无处不有;一旦打破原有课程的藩篱,"把无限放在你的手掌上,把永恒在一刹那间收藏"[①],一切活动、工作乃至生活都可以演化成课程。这些林林总总的课程,才称得上展示人、成长人、练就人的舞台、跑道和熔炉。

笔者相信社会即课堂、课程生活化的理念。访问四川省资阳市天立学校期间,见校长王堂兵在研学非遗课程中,带着小学五年级的孩子们走进了资阳市两节山酒厂。通过体验、问询、反思、分享等主题活动,有的学生当场说出了"人生就像酿酒,都需要沉淀"的哲思雅语。在该校,学生们和校长一起踢足球、植树苗、谈感悟;学生的寒假生物作业包括"酿米酒",学生们争相将成果给"大王"(众生对王校长的昵称)品尝……笔者由此想,这就是孩子们在与教师平等对话中产生智慧,将世界作为教科书的教育吗?这种教育,正是以人为本的教育,知行合一的教育。

三

2001年6月8日,经国务院同意,教育部《基础教育课程改革纲要(试行)》的通知,揭开了中国基础教育课程改革的序幕。

---

① [英]布莱克:《天真的预言》,参见《布莱克诗集》,张炽恒译,上海三联书店1999年版,第89页。

"大力推进基础教育课程改革,调整和改革基础教育的课程体系、结构、内容,构建符合素质教育要求的新的基础教育课程体系。"

"学校在执行国家课程和地方课程的同时,应视当地社会、经济发展的具体情况,结合本校的传统和优势、学生的兴趣和需要,开发或选用适合本校的课程。"

非同寻常。基础教育课程体系改革的号令下达了,创新型的人才培养图谱昭示了,中国教育深水区改革的扛鼎工程上马了。学科课程,成为素质教育的根基;活动课程,成为个性特长的保障;而校本课程,必描画出学校发展的特色。

这些校本选修课程,量体裁衣,因人而设,顺应天性,启蒙心性,张扬个性,激发灵性;让先天禀赋与后天努力并举,内在兴趣和外在培育同修,实现教育对大脑的早期开发,多元开发,深度开发。

开设校本课程的定位,着眼于趣味性,着手于实践性,着力于科学性。

非同凡响。这一利生、利校、利国,符合民情国情和人才培养规律的教令一发出,犹如春雨洒地,举国几十万所中小学、数以亿计的师生或先或后、或自觉或跟随地卷入课程改革的浩大春潮里,一步步形成了"日月之行,若出其中;星汉灿烂,若出其里"[①]的瑰丽气象。

四

在中国科技城绵阳市,笔者采访了绵阳东辰国际学校。

这是2004年深秋的一个上午。东辰国际学校小学部二楼方形会议厅。

一场课程模式大"比武"进行得酣畅淋漓。

全年部120位教师端坐台下,与头一排的评委组专家一起聆听,紧张地做着记录。

各学科质量组长一一上台,阐述各自的课程新模式。各学科组都在国家统编教材基础上,又编写出一套更适应于东辰孩子需要的加宽、拓深、个性、激趣

[①] [汉] 曹操:《观沧海》。

式的教材。

评委组长、小学部主任张仕志与校长祝启程耳语了好一阵子,交换着意见。

语文组组长任玉莉与袁玉玲、杨菲先后走到台前,分别展示了自编的作文教材、读经教材和阅读教材,并阐释了自建校伊始探索课程建设的来龙去脉。

英语组组长谢小芹展示了孩子们爱不释手的校本教材《英语童谣》,说明编写意图和主要特色,还列举生动的实例,阐述它在激活学生英语学习兴趣中不可替代的珍贵价值。

数学组高荣随后上台,展示了数学组编撰的《数学快速口算》教材,也以实际例证,讲述了这本把基础数学、生活数学结合在一块的教材对学子思维的拓展作用。

体育、音乐、美术等学科组的代表也一一上台,各自说明在课程建设中所做的开拓性工作……

一组组展示,一席席阐发,一阵阵掌声。

这是一种全新成果的展示会,标志着中国基础教育的校本教材、校本文化、校本科研,正由东辰国际学校等首批学校率先领航。"东辰课程"的分娩,来自该校掌门人一连串"不安分"的思索:

具有普遍性的统编教材,适应每一个具有特殊性的学生吗?

千(万、亿)人一面的传统性学科,能造就东辰百花齐放的国际型学子吗?

没有课程特色,怎可训练出学生的特长?没有丰厚的课程营养,焉能哺育出丰富的精神世界?

2000年起,该校逐步搭建门类齐全、特色凸显、适于个性化发展的"课程超市"。各学年部一起行动,各学科组同时拉响课程建设起航的汽笛。短短几年,学科的、德育的、活动的、管理的各类自编的校本教材已达一百余种。

于是,课程建设成了东辰国际学校最大亮点。东辰教育人在最难启动的课程改革上,实现从理性到践行的历史性飞跃:完成民族复兴需求和人才圆满培养计划的结构式构建,进行文化价值取向和学子个性特长发展的科学性整合,实现中国教育理想追求和世界教育浩荡大潮撞击中的融汇。

五

在山东省潍坊市的百年名校广文中学,课程改革为一大特色。教育专家型的校长赵桂霞是开发课程的能手。

与绵阳市东辰国际学校一样,广文中学亦是课程开发的探路尖兵。他们早早地构建了学科课程、活动课程、学校课程三位一体的课程体系,不断探索让新课程落地生根的有效招法。

什么课程为好?赵桂霞一语破的:"适合学生的,就是最好的!"

学科课程如何适合学生?赵桂霞说得干脆:"走生本化之路。"

生本化之路怎么走?赵桂霞带领各科老师,从各自学科的学习实际出发,搭建学前引桥、难点引桥、发展引桥,踏上教材整合(内容整合、结构整合、内容扩充)及梯式练习(掌握基本知识、综合运用知识、拓展所学知识)路径,收到了奇效。如地理学科的"小模块整体教学"获潍坊市金点子案例奖。语文教学走上了大量阅读之路后,学生兴趣骤增,学业精进。化学学科"从宏观物质进入微观世界"衔接得天衣无缝,相互浸透,水乳交融。

活动课程如何更好建构?赵桂霞告诉笔者:"全面发展与个性发展统一。"

广文中学的全部活动做到了课程化——有完整的课程体系、完善的课程目标、完备的课程内容,并做到了家长支持,教师帮助,学生自觉。

其活动课程体系包括入校课程、班会课程、国旗下讲话课程、综合实践课程、社团课程、"节日"课程、阳光60分课程(即上下午第二节课后各30分钟为每天的大课间活动课程)、主题教育课程、演讲与口才课程、离校课程。每一课程都做得扎扎实实,有声有色,留给学子深深的心灵印迹。

以入校课程为例,其课程目标有三:帮助学生消除茫然无助情绪,尽快形成对学校、班级的认同感、归属感;引导学生正确认识自己,客观评价自己,规范提升自己;指导学生进行发展规划,确立目标,顺利进行初中学习。

千日之成,始于首日。

学生走进学校——先通过点名达标、定校规班规,来认班级和学校这个家,再通过彼此交谈和共写共画墙报,认班级每一名同学为亲人。

学生认知自我——学生通过常规理论考试,现场培训排自行车,列队拉练和学习扫地等,学会从容面对初中生活,涵养书香气质、军人风骨。

学生规划未来——通过老师循循善诱的讲述和个人规划的制订及风采展示等系列活动,培养心怀感恩的情怀,做有文明素养、有精神追求的新人。

一个个活动翩翩而至,新鲜而诱人,一项项日程流水润心,暖身又怡神。所有这些,大密度,快节奏,多频道。中学生活的第一天,美景入眼,欢声入耳,激励入心,这哪仅仅是认门认人,还是千日之成的第一步,是人生攀登的奠基礼啊。初一的一名新生在日记中写道:"至此,我终于明白学校的良苦用心:我们自己绞尽脑汁定出的学校规则,自然会自觉地遵守……"

学校拥有50个校园社团,为每位学生搭建体验平台。校园模特社团在"第三届全国校园明星才艺展示活动"中,拿到山东赛区团体项目一等奖;男篮社团在潍坊市中学生运动会中斩获亚军,女篮社团获得第五名;跆拳道协会喜获潍坊市"优秀社团"称号;校风筝队夺得潍坊市中学生风筝节比赛一等奖;校民乐团成了潍坊市最大最好的中学生民乐团……

支撑特色目标实现的,是特色化的学校课程。该课程分为大家系列、文化系列、实践与探究系列。大家系列由广文大家、中国大家、世界大家、大家作品、人生规划五部分组成;文化系列由外国文化节、广文精神、广文背诵四百篇、传统文化、基于学科开发五部分组成;实践与探索系列由晨读午练晚省、课前演讲十分钟、学科素养、安全教育、环境教育、国际游学六部分组成。

如此完善的课程体系得以全面落实,源于该校实施了科学评价和学分管理,引导学生素质全面发展,特长脱颖而出,学校办得像初升的太阳红红火火。

六

在广袤的内蒙古大草原,课程改革如火如荼。

这里是课程建设堪称一部"草原教育诗"的呼和浩特市实验中学。

寒假前,教育家型的校长屈惠华主持了一次意义非凡的教师代表大会,讨论的主题有两个:实验中学到底培养什么样的学生?用什么样的课程培养?经过讨论,大家对培养目标达成共识:明事理是非,辨荣辱善恶;知仁孝爱人,守梦想良知;修诚笃厚实,懂责任担当;学智能才艺,炼心志智慧;求领袖气质,做上进真人。

不久,一套"释爱立美"知行融合的课程体系设计了出来。围绕"以爱育人,以智启人"的教育理念,遵循学生的兴趣爱好,依托学校的深厚课程资源和一流教师资源,该校形成了门类齐备,涵盖各学科类、科技类、传统文化类、心理辅导类、艺术类、体育类、语言及策划类等数十种选修课课程体系,并形成了特色鲜明的"选修课课程超市",为学生的"特长＋优质"融合发展提供了课程支持,保证人人能选出自己的最爱。

课程开发上,"我的课程我做主",实行打破班级限制的"走课制",选相同选修课者同一教室上课。这些课程的指导教师各个是高人。有本校在某些方面颇具特色的老师,有术业有专攻的个别家长,更聘用有市内、自治区内乃至国内的大家,极大激发了学子们的兴趣。一些热衷科技的学子,在"航模"课、机器人制作课、3D打印等课上跟着导师悉心学习,积极参赛,取得了骄人成绩。艺术类课程、学科竞赛类课程,甚至领导力、英语口语、播音主持等课程,也成了许多学子的至爱,他们在教师指导下进步飞快。

每周五下午第二节课后,进入校本选修课、活动课时段,学子们像一群快乐的小鸟,飞向各自的一角蓝天。他们专注学习,像蜜蜂吮吸花蜜;他们用心操作,如雏鹰振翅首飞;他们炽烈交流,急切地交换心得体会。丰富多彩的校本课程,让这所实验教育集团的万名学生的多元才华得以迸发,每一个生命都找到了所依存的特色的根。在所有校内外生活皆是做人课程的理念光华里,全校师生的生命,如注入了一股精气神的神力,蓬蓬勃勃,蒸蒸日上!

这是该校鼓楼校区"鼓角飞鸿,青春不散"2019届毕业典礼课程,主题是"回忆与告别"。

先是校党总支部书记、校长屈惠华致辞。她深情回顾了三年间同学们留下

的点滴过往,送上叮咛嘱托。其间,她还两次向学生们鞠躬致歉:

"如果老师曾经错怪了你,让你伤心过;如果老师曾经忽略了你,让你失落过;如果老师曾经挖苦过你,让你憎恨过;如果老师曾经面对你的早恋,强行扼杀过……请你原谅老师的无私之过,我替老师深深地向你们鞠一躬,孩子们,对不起,请原谅!

"如果你学得还不够好,视野还不够宽,素质还不够全面,作为校长,我要负责任;如果你学习任务繁重,作业量大,影响了你的健康,成绩还不够优秀,作为校长,我要负责任……对不起,请原谅!"

诚恳的言语打动了所有学生,很多孩子泪流满面,曾经的不快统统化作了幸福与感激。

她的语声刚落,毕业生代表赠上了精心准备的纪念礼物:由全体师生为校长加油的照片拼成的肖像照片,注明"惠心铸实验,华梦耀杏坛"的对联致敬校长。

教师、家长、毕业生代表接连发言,追溯既往情深依依,放眼岁月感恩绵绵。

接下去的一幕,张丽老师讲述"少年孝心日月可鉴"的故事,成了学校精神的载体和现实版的校本教材。她从一个幸福的四口之家讲起:父亲身患白血病危在旦夕,14岁的女儿配型成功,并执意为父亲捐献骨髓和造血干细胞。"父母给了我生命,给了我全部的爱,我要竭尽全力去挽救我爸爸!"三天时间,两场手术,腰椎穿刺,18小时,无法麻醉,完全清醒,捐献一半骨髓,抽取全身血液……这些词语让人不寒而栗,"女孩疼得嘴唇咬出了血,整条胳膊又黑又肿,始终一声不吭,没掉一滴眼泪,她怕父母担心难过……"这正是我校初三(10)班郝知微同学、一位少年英雄的真实经历。为了拯救父亲,她冒着生命危险,不顾个人前程,极力说服父母,凭借一腔勇气和孝心承担了这一切!手术之后,各自病房隔不断父女间的亲情。二人通过手机信息互相问候、鼓励,相约战胜病痛,早日团聚。最终父亲得救,女孩却因为手术被迫休学,无法和同学们一起携手毕业,走向新阶段。为了弥补遗憾,学校特意邀请郝知微同学来到现场,分享大家的毕业感受。在雷鸣般的掌声欢呼声里,屈校长和班主任窦海民为郝知微颁发了

"孝心少年"的奖状与奖杯。在场师生和家长都被她的孝心孝行深深打动,孩子们与家长深情拥抱,互诉衷肠,笑容与泪水交织的温情瞬间,成了毕业典礼上最难忘的画面。

颁奖仪式浪花朵朵。除了"三好学生""优秀学生干部"之外,还有"优秀毕业生""学生心中最爱戴的教师""任课教师最喜爱的班集体""高效率低负担教师""校聘通讯员"……阳光正好,2019届获奖师生,依次出现在舞台上,接受全场的祝贺与掌声。

颁发毕业证和纪念章将毕业课程推向高潮。1065名毕业生由班主任带领走上台前,对屈校长行鞠躬礼,屈校长一一向毕业孩子发放毕业证书(该校共5个校区,3250名毕业生,屈校长都亲自为其颁发了毕业证书),一一发出真情祝语,并与其一一深情拥抱。有的孩子还请屈校长在自己的校服上签名,或让家长给自己和屈校长拍照留念……

继而,是每一位教师身着盛装满面春风地走红毯,学生们簇拥身旁,犹如"众星捧月"。三年里的深厚感情,仿佛都浓缩在走这短短的几十米红毯内,师生们深情地相依相伴,彼此的祝福在心灵间流淌。

毕业典礼课最尽情的,是学生们的狂欢表演。合唱、热舞、打碟、集体"蹦迪"……精彩的表演纷至沓来,人不"疯狂"枉少年,才艺和狂热奏响了一部青春狂想曲。

课程尾声,在《放心去飞》的乐曲声中,大屏幕上播放着过往三载的幕幕画面,班主任依次登台做最后的叮嘱。老师哭了,学生哭了,"我们爱您"的喊声划破黑夜,敲打在每个人心上。全场师生合唱《我的未来不是梦》《不想说再见》,手机闪光灯纷纷亮起,如涌动闪烁的繁星汇聚成银河……

让我们将目光转向内蒙古锡林郭勒盟大草原东部的西乌珠穆沁旗(简称西乌旗),一个获得国务院颁发"全国双基工作先进地区"殊荣的旗。

这里是"摔跤健将的摇篮""蒙古长调之乡""民族服饰之都""游牧文化之源"。民族文化是西乌旗教育的灵魂,浸染民族文化的课程则为民族教育铸魂。

在全旗八所中小学校,普遍开设了校本课程,开展了搏克、射箭、马头琴、趣味(民族)游戏、民族服饰制作、蒙古古筝、舞蹈、竖笛、乌珠穆沁长调、蒙古象棋、毡艺等近三十种兴趣活动课程和多个特色班及社团活动。他们不惜投入重金,建起特色实践基地和训练室,请来内蒙古长调、马头琴等非物质义化遗产保护传承人亲自给学生上课、表演,经常性地开展培训、观摩、比赛、交流和总结,将草原文化这篇大文章做足做新,做到每一位师生的心灵深处。

笔者多次赴该旗调研和讲学,总被当地的民族文化课程激荡得心旷神怡。在蒙古族中学的蒙古搏克训练基地,在民族中小学的蒙古长调特长班,在综合高中的马头琴训练室,在每一所校园开展的"安代舞"活动中,笔者何止感受了一个古老的文明,更感悟这一悠久文明的强劲脉动。

几分耕耘,几分收获。在全国青少年摔跤锦标赛上,西乌旗学生年年摘金夺银。2010年第三届全国中小学生艺术展演活动中,西乌旗综合高中学生的小合唱《欢乐的那达慕》代表内蒙古自治区参演,荣获二等奖。2018年11月,西乌旗第二小学马头琴合奏《黑幕日》,荣获自治区第六届中小学生艺术展演一等奖。西乌旗综合高中近十余年来在自治区、全国比赛中摘得18枚金牌、16枚银牌、26枚铜牌。搏克队培养出2名健将、9名国家一级运动员、23名国家二级运动员,9名队员输送到省级运动队。一批批西乌旗学生正成为民族文化的年轻传承者。该旗旗长对笔者说:"我们要不断提升硬件、软件水平,最终力争达到世界级的文化体育水平。"

如此运作,让千年蒙古民族文化应邀而至,融入当代圣园的律动里重展风采与神韵:雄豪而奔放,超拔而炽热,邃远而瑰丽,在新一代孩子身上得以有效地恢宏延伸。西乌旗教育极富民族责任感地承担了民族文化的传承使命,并使其成为中华民族大文化中独特的珍宝。

七

大有大的恢宏,小有小的精彩。

这是四川省广元市大山里的范家小学,一所仅有43名学生、28名学龄前儿童、13名教师、每个年级只有一个班的乡村袖珍学校。然而,小学校办出大境界,基础教育的神经末梢同样充满勃勃活力和郁郁生机。这里不光环境优美,设备齐全,更因前沿理念的清流浸润,课程和课堂改革别具一格,成了"万绿丛中一点红"。

2014年接任范家小学校长的张平原,是一位教育思想超凡的乡村教育专家。他深感乡村是最适合办学的地方:离大自然最近,放眼见得滋养生命的万物,伸手触摸大自然的皮肤,开窗即听大自然的声音,闻着泥土花草的芬芳。乡村孩子"勤劳、节俭、善良、诚信"的美德,是一笔极宝贵的财富,不管能否上大学,丝毫不会影响其成为有智能、有尊严、有手艺的劳动者。

络绎而至的来访者惊愕地发现:全校没有一个戴眼镜的学生!更让他们开眼的,是该校独树一帜的课程模式。

课堂教学不拘于形式,学生上课可以坐着,可以站着,也可以走到讲台前面,学生在平等、包容、自由、安全的心理环境下,各个做到自主学习,平等交流。

教学目标旨在培养能力。如有关"豆"字开展项目式学习,让学生通过查找资料咬文嚼字,并了解豆的分类、由其制作的食品和饮料、豆的药用价值及与豆有关的诗、词、歌、赋。此外,还让学生亲手种豆,做与豆有关的菜品。通过学习激活兴趣,综合文学、阅读、绘画、动手能力,让学习成为快乐的事情。

学校从不以分数来衡量学生,不公布成绩,不表彰优秀,对于勤学上进的学生从不吝啬表扬。孩子间平等互助,是朋友也是伙伴,每个孩子都充满自信。

乡村课程如何上?了解社会,参与实践,培养综合实践能力,将天地、山林、村庄变成孩子们的教室和教材,成了该校"必修课程"。

教师带领孩子走出校园,到山坡看晨雾、听晨音,画家乡的早晨、夕阳西下的村庄;进行植物调查、遗迹考察,走访乡村能人,收集民间传说;读家乡的文章、书籍,上网查阅地域知识,考证家乡的中草药植物,访问乡土医生。最后形成家乡的资源展示会,家乡的民俗风情展示,学生文章、绘画作品展示,甚至还可以写出家乡环境治理、保护的提案或报告、建议,交给村委会,请村委会的叔叔阿姨、爷爷奶奶来学校听听学生们的心声。

通过调查、采访、体验、探究,建立起拓展性的课程群,培养交流、收集、整理、辨识的学习素养,激发学习的乐趣和原动力,让一个个乡村孩子绽放生命的灵光。

12岁的聋哑儿童范俊是范家小学六年级的学生。8岁那年,范俊来到范家小学就读。父母只希望他在成长路上有同龄孩子陪伴,对文化素养的长进并无奢望。班主任苏莉多次接触后,发现了他的亮点:喜欢绘画,想象力很强。偏僻学校里没有专业美术教师,苏莉就引导他通过网络微课学习绘画,范俊也逐渐找到了自信。2018年4月25日,范家小学专门为范俊举办了个人美术展,让孩子母亲感慨万千,热泪盈眶。

从范家小学颇具颠覆性课程改革的幅幅画面,联想到世界教育创新峰会(WISE)对世界教育家的调查,许多人认为现代学校体系中的教育内容只需要保留17%。专家们的共识是,未来的课程会进一步整合,让学生自我建构学习内容,以学习方法为主的学习将成为未来学校的主要特征。北京市建华实验学校的课程,就走向了"互联网+"形态,课堂凸显"新、奇、适用"三大原则,实现了信息化建设与课程创新的深度融合。[①]笔者预感,一场世界范围内的课程大改革,刚刚拉开序幕。

[①] 李金初:《我们的课程要走向"互联网+"形态》,载《基础教育论坛》2019年第9期。

第二十一节　攻坚课堂

一

新世纪之交,世界教育改革的目光盯向课堂:多种实验、各方攻关,或从实践开路,或以理论叩门,或在实践与理论结合处攀登。

让课堂走出"少慢差费"的羁绊,实现思维和智能的高效化。

点燃师生教与学的积极性、科学性的火光,唤醒学生自主学习与主体发展的内生动力,是解决课堂瓶颈问题的关键。

学生是课堂的主人,把课堂还给学生,培养学生的自学能力,让课堂焕发生命的活力。

使课堂以发现和解决问题为中心,成为思维强化训练与大脑快速开发的平台、智慧增长与精神成长和谐共进的沃土。

让课堂最科学发挥教师的引领作用,最有效激活学生的注意力和智力潜质,最完美实施三维目标教学,成为问题磁力、思维张力、智慧活力高度融合的演练场。

有效乃至高效学习的课堂形态,囊括着自学、交流、聆听(听讲)、演练、体悟等五大元素。

课堂展示美好,追求崇高,把握精髓,要使学生掌握受用终身的核心素养和思维能力。

解码少年,破译青春,把每一课都当成"礼物",让课堂流淌生命的律动。

课堂的终极目标,是发展以精神气质、思维品质、心理素质为核心的人的整体素质,造就强大睿智的大脑。

要让一节节的课,铺就学生成长、成功、成才的一级级台阶,构成他们探索、感悟、升华的人生之旅。

上述思考和运营,旨在决战课堂、攻坚课堂,造就高效课堂。

二

追求教与学的高效,是教学永恒的目标。

课堂的高效涵盖三个依次递进的维度:高效果、高效率、高效益。

所谓"高效果",指师生在课堂的教与学的过程中感觉充实,体悟明晰,学习目标与预期效果的达成度较为完满。在一场场收效不错的课堂里,教师欣慰,学生愉快。

影响高效果的主因是教师的越俎代庖。教师从头到尾采用唱独角戏的讲法,而被置于一旁的学生,少有体悟,收到的只是"水过地皮湿"的粗浅认知。

低效率的教学,可归咎于教师素养的不足,更因思维方法和教学方法的低级配置。

顾明远说:"没有爱就没有教育,没有兴趣就没有学习;教育育人在细微处,学生成长在活动中。"① 此教育配方,是他对中国教育走出困境的建议。

山西省运城市新绛中学自 2008 年起,为激活学习兴趣,凸显主体价值,创造了"问题解决式"课堂创新模式。操作方法是半天上课半天自习:每天有早读课,上午第五节为展示课,下午有三节自主课,每节 40 分钟,总学时不超过 8

---

① 顾明远:《中国教育路在何方》,人民教育出版社 2016 年版,第 68、72、124、91 页。

小时,开齐开足规定的课程。自主课上,学生在学案引领下读书、思考、查资料,进行同组间交流,写一个学习报告,不会的问题写到师生互动卡上交给老师。展示课上,学生个人或小组上台讲解,把自己的思路、观点、方法以多种方式展示出来。学生课后没有作业,只有课前的学习报告。如此实验下来,学生的学习能力迅速提升。

兼授物理课的宁致义校长做了一个实验:在 A 班课堂,他讲授,学生听,学生自习时做作业,他批改作业;在 B 班课堂,他只告诉学生读哪些书,做哪些实验、哪些作业,一字不讲,但指出他们作业的问题。两个月后,A、B 两班学生同时参加期中考试,结果是:A 班平均分比 B 班高 1.5 分。宁致义得出结论,教师"讲"的价值很小,只值 1.5 分。

达到高效果的最重要路径是变教为导,变学为思,教师做好导思这篇大文章。导思能力是教师的最大智慧,思维能力是学生至要收获。

所谓"高效率",指师生投入与产出比事半功倍,教与学双边活动均达至"高质量低消耗"的理想境界,收到过程和结果双优化的上佳效果。

这样的课堂属于丰收,课上学习效率高,课下负担必然轻,学习任务最大程度在课内完成。学生有了全面发展个性成才的时空。

达到高效率的最重要路径是范例教学、结构开发,教师追求举一反三、触类旁通的圆融,学生达成知识点内在联系的网络结构。

瓦·根舍因的"范例教学"理论和范例教学法,反对庞杂臃肿的课程内容和死记硬背的注入式教学,将范例当成窗口,从中洞见更广阔的场景。这很符合怀特海的主张:"教育的问题就在于使学生通过树木而见到森林。"[1]

题海茫茫,例证源源,有限课堂,何以遴选?依照舀一勺水测大海的办法,选那些代表性的范例,"弄通情境,题不求多,但求精彩"。吃透一道题比做几十道题更有意义。[2] 比如,语文名师洪宗礼讲了《海燕》的象征写法,到学《白杨礼

---

[1] 华东师范大学教育系、杭州大学教育系编译:《现代西方资产阶级教育思想流派论著选》,人民教育出版社 1980 年版,第 116 页。
[2] 孙维刚:《孙维刚谈全班 55% 怎样考上北大考上清华》,北方妇女儿童出版社 1999 年版,第 209 页。

赞》时,对于其中的象征写法就让学生自悟。

结构开发是在教学中将知识结构化、系统化、有序化。即将一个个范例的教与学,放在知识总的网络结构里进行,从范例入手,织结出一个既具有层次网络结构,又体现认知规律的"知识网",学生将知识牢记在心,像渔人执网纲于手。

范例教学,结构开发,使教学出现了容量大、进度快、拓展宽的效果。实践证明,只有架构化了的教学,知识方触类旁通,举一反三;能力才转化生发,点石成金;教师的劳动才有可能从简单、重复、低效的奔波转化为精深、科学、带有创造性。

所谓"高效益",是指师生在课堂教学目标之外的智力素质(思维方式、智能水平)、人格品位(习惯、心性、德行等)等隐性收获,而这种隐性收获将在漫漫人生中时时处处发挥着酵母作用。

它超越一题一课一时的成功,不追求短时间的效果。效果效率不是人生价值的最高标准,超越成功的,是一个人内在的富有、事业的情趣、自己心灵及自己与他人心灵的高度和谐……

古希腊数学家欧几里得(约前330—前275)有一名学生,刚学了欧几里得发现的94个几何命题的第一个命题,就感到茫然,一本正经地向老师发问:"我学习几何,究竟能得到什么好处呢?"欧几里得沉思片刻,唤来仆人格鲁米阿,吩咐说:"给他3个钱币,让他走吧,这是他想要得到的东西。"该学生要立竿见影的效果,不是日久天长的效益。

达到高效益的最重要路径是灵智教育、人格升华,教师帮助学生储备受用终身的大成智慧。

这种高效益与人的终身发展目标完全一致。山东省潍坊市北海学校语文教师韩兴娥大胆采用"课内海量阅读"教学法,三周教会拼音,一年级识字2000个;除了一年级上下册教材分别用两个月和一个月学完,其他每册教材只用两三周学完,此外的时间这样用:低年段学儿歌、韵语小故事、各种版本教材、古代蒙学读本;中年段学文选、古诗词、成语、小说、传记;高年段学《中华上下五千年·世界上下五千年》《论语》《道德经》……她如此改革,不计一科一课对学生的收效,而着眼于学生修身成长、文化浸润的长效。"海量阅读"的教学目标不是以一节课、一篇文章设定的,而是以一本书、一个年龄段为单位设计的。该实验还引发了"语文课能否从教材中突围"的全国大讨论。

教师的一个观点、一种理念、一道问题、一种方法、一番激励、一句座右铭,可能以学术的深度、哲理的光照、自由的启蒙,蕴藏着某种延展力、辐射力,深深镌刻在学生的心灵,如同酿得人文情怀清纯的雨露,滋润生命之树的静美;练出理性智慧炫目的光辉,映射精神之境的永恒。

三

高效的常态课堂有标准吗?当然有!

2012年4月初,叶澜在安阳实验中学指出,教师研课的价值在于,通过课堂让师生更好地发展。"看课"要着力于三个方面:(1)看教师。教师的素养保证了好课堂的呈现。(2)看学生。学生的学习状态决定了课堂的质量,要关注学生课前与课后的变化。(3)看互动(即看方法——笔者注)。好课堂不能只有教师的精彩,更多应该是学生的精彩。她还提出只有培养学生的思考能力、质疑能力、批判能力,才能培养学生独立的人格。

再好的教学也难免有瑕疵,教学高效永远是相对的。笔者经大量调研思索,曾提出如下五个标准:

一是全身心参与(乐学),指学习状态,全员学生完全参与,教与学的活动进入了强磁场。

二是全息化思考(会学),指学习深度,培养学生联想、思辨、质疑、批判等思维能力。全息,即"反映物体在空间存在时的整个情况的全部信息"。让学生的思维时时刻刻主动而自觉,"跑"在老师的前面。学生思维的广深状态,常常是课堂教学质量和效益的重要考量因素。

三是全方位互动(会教),指学习方式,激活学生高效学习的热情。课堂上同桌之间、前后桌之间、同组同学之间、全班同学之间、师与生之间的交流与碰撞,形成无数条纵横交错的网状"磁力线",达到思悟互动、灵感相激的目的。

四是全层面提升(善教),指学习效果,展示差异性教育与教学的魅力。在攀登智能山峰所处的不同位置上的全班同学(含教师),都能有所攀升:高的更高,特的尤特,中间的突进,落后的直追。这体现差异教学完满逼近因材施教的效果。

五是全维度达标(高效),指学习境界,使智能、方法、情感、人格等进入较理想的境地。①

差异无处不在。人与人的差异性,注定了施教的差异性,好教育就是做好差异教育。补救短板是扬长补短,弘扬长项则是扬长克短。差异教育的本质和灵魂是以人为本,即对天赋各异的孩子的尊重,对表现各异的孩子的容纳,对个性各异的孩子的培植,激活每个孩子的无限创造力,助其攀至"天生我材必有用"的广深境界。

杭州市天长小学以"一个模子不适合所有学生:小学差异教学的实践研究"为课题,历时三十年、历经五任校长的接力式实验研究,"面对有差异的学生,实施有差异的教学,促进有差异的发展",让教学成了每一位学生最美好的遇见,收效颇丰,声名远播。

根据各自学情的选课制、走班制,不失为分层面提升的重要突破口和加速器。其理性根基来自孔子的"因材施教",也参考了维果斯基的最近发展区理论和霍华德·加德纳的多元智能理论。对教育对象采取差异教育,学生犹如吃自助餐,具有自主性、适切性、超越性等特点。

迄今为止,实现差异教育(教学)的良策是分层教学、分组学习、分人提升,因人而异,量身定做,为每位学生提供适合的教育,让教育成为每一位学子最向往的精神家园。

---

① 东缨:《教育大境界》,教育科学出版社2000年版,第179页。

四

如此的高效课堂,当下体现为五大走势:

一是由道向术,寻找教学的突破口,为深化改革提速。

"道可道,非常道。"教育以道为本。道是理念、规律、法则,即理论;术为表,是技巧、手段、策略、模式,即方法。由道向术的转化,是将理念的教育生产力转化为现实的教育生产力。

师生相近看理念,理念相近看方法。学无定法,贵有妙法。方法不对,努力白费。

曾任天津市教育学会会长的刘长兴曾就天津市的教改状况对笔者说:"现在差就差在教学方法层面,效果差,效益低。在规定时间,一般教师完不成教学任务。"何止天津?举国之内,科学地解决教法的瓶颈也迫在眉睫。

教学方法要解决什么问题呢?叶圣陶提出"教是为了达到不需要教"的原则,就是教法之纲。提纲挈领,适于解决学生学会、会学、乐学三个问题。

哪种方法最好?最适宜的方法最好。

如何找到最有效的方法?当以现代理念为指南,广纳古今中外的教育良方,努力做到知识问题化,问题情境化,方法智能化,学生自主化。好方法是对学子的深情关照。

术之根在道,即所谓万变不离道之宗;而术之变皆因势,因情,因需。绝不可不顾及效果地为变而变,流于伯恩斯坦的"运动是一切,最终目的都是微不足道的"[①]邪说。那种随意乱为盲动的变,说得天花乱坠,也属花拳绣腿,且添乱贻害。

对任何适于彼地彼时的教法或模式,只可学其精髓,不可套用复制。人的教育不是机器生产物件,各地的教情学情不同,硬塞入某种固定的模式,无异于

---

① 1899年,德国社会民主党人伯恩斯坦出版了《社会主义的前提和社会民主党的任务》。书中写道"对于我来说,运动就是一切,而一般所谓的社会主义的最终目的,实际上是微不足道的。"受到恩格斯的批判。参见关勋夏、梁兆启编著《世界近代史自学指导》,海南人民出版社1985年版,第161页。

削足适履,一哄而起到头来难免一哄而散。而且,任何方兴的模式、方法,都难抵挡时间的冲刷,包括当下微课、慕课、翻转课堂、智慧课堂等,风头正盛,但也会有一天将不得不更新或者下架。

二是由知向智,扪住教学的核心目标,回归教育的本质。

培根所说"知识就是力量"的知识,是被唤醒、被应用了的活知识。死知识仅是酣然沉睡的巨人。唯有活知识才能生成能力,孕育智慧。准确地说,智慧才是力量。

学习的真谛在提升智慧,智慧的核心在开拓思维,思维的发展在学思同步。

在角色上,教师不可将自己视作居高临下的超人,手挥皮鞭的牧羊人,训教演员的编导。在理念上,教师要把每一名学生都看成独特的生命个体,都有独一无二的特异个性,都能绽放奇鲜芳菲的生命之花。在路径上,作为引导者,教师要和学生一起学习、一道探索,建构一个将时空还给学生的理想课堂、一个以问题为中心让学生思维自由驰骋的天地,激活思维,开拓想象,学用结合。

优秀教师随时随地迸发智慧的火花。请看这些火花:

一年级一班的孩子们叽叽喳喳的像一群嬉闹的小鸟,老师说话时他们也静不下来,于是老师如是启发说:"宝贝们,看看谁最先在老师的眼睛里找到自己!""小鸟"们顿时停止了喧闹。

下午上课时,有个别同学将头垂在桌面上睡着了。老师没有点名斥责,微笑着朗声道:"起来,不愿做奴隶的人们!"睡觉者被惊醒了。

一位女教师对顶撞她的女孩说:"你很有个性,我真希望有你这样一个女儿。"女孩尖利的语声骤然变得温柔了。

一位老师上高三习作课,讲评关于爱情的诗歌。他故意没讲什么,而是意味深长地对学生们说:"你们也别向往了,两个月后,你们也该写这种诗了。"男女同学哈哈大笑,笑声引发了年轻人对未来生活的无限向往,也让他们精神抖擞……

如同企业自劳动密集型向资本和技术密集型蜕变,教师也要实现由劳动密集型向技术密集型乃至智慧密集型升级。

目前,代表这种升级版的智慧课堂,乃是以人本理念为依据,以信息技术应用为驱动,以智慧赋能与教育艺术相融通为特征,以师生的深度学习与沉浸式体验为教学新生态,旨在探索智能优化、思维高效的课堂。

三是由拙向巧,精化过程环节,收获事半功倍的奇效。

洛克说:"我们教导儿童的主要技巧,是把儿童应做的事也都变成一种游戏似的。"① 这就要求"巧"字贯穿课堂的全程:巧导,巧学,巧教,巧思,巧练。

我们的教学鲜有技巧,"巧"又少有人关注,实则成了影响效果的痼疾。

南京市下关区教师进修学校王文瑾先生告诉笔者,经大量调查发现:教师平均每一节课显性、隐性浪费的时间至少 6 分钟。就此估算,一天浪费一节课,一周浪费一天,一学年浪费一个半月,何等惊人啊!浪费集中表现为学生注意力流失。

"巧"是啥?是大事做细,细而有趣,趣在魅力;细事做精,精而灵动,动在活力;精事做巧,巧而出奇,奇在智力。巧得异乎寻常,事半功倍,这是少花费高效率、低投入高产出的科学。教学直奔高效,直通捷径,直展妙招,能走弓弦,绝不走弓背。

"巧"在哪?"巧"在学生自主学习的学、思、写、心、口、脑、手的有机结合。

"巧"的底蕴是智,运行于活,达成在练,效果见奇。一位年轻校长听颇有经验的老师上几何课时,完全被迷住了。以至于老师问学生"谁能回答这个问题"时,这位校长竟举手应答:"我!"教育技巧达到直抵心灵的境界。② 上海向明中学王大任老师为初一学生讲第一堂数学课时,用鸡兔同笼的问题来引发学生学数学的兴趣。题是这样的:有头 45 个,足 116 只,问鸡兔各有多少?当时六年级学生没学解方程,这就靠智算了。王老师给学生三分钟,但时间到了却没人抢答。王老师巧妙启发,全班学生不到半分钟都解开了。他启发得很有趣,即突然下令:"全体兔子立正,提起前面两足!"他问:"现在足是多少?""90 只!""少了多少只?""26 只!""少的哪里去了?""兔提起来了!""兔子多

---

① [英]洛克:《教育漫话》,傅任敢译,教育科学出版社 1999 年版,第 36 页。
② [苏]苏霍姆林斯基:《给教师的建议》,杜殿坤编译,教育科学出版社 1984 年版,第 426 页。

少只?""13只!""那么鸡呢?""32只!"

当下网络时代,巧用网络技术,自然也是一条由拙到巧的捷径。

四是由身向心,达成情感、心理的内化,获取丰富的精神感悟与体验。

即由外向内,从面向里,使学生们内在的情感、心理、精神发生深刻变化。

心理学家皮亚杰认为,任何外部(刺激)影响,都是通过"内化"和"顺应"这两种机能而被接收到主体认知结构中来的。这告诉人们,健全的人格的形成,需要情感体验的内化或顺应的过程。

思维与情感是同一件事情的两个方面,两者互为作用,同样重要,重智轻情的教学不利于学生的发展。

情感如血,没有情感的教育,像患了贫血症一样苍白无力。心理似巢,缺失心理感化的教学,像没有精神家园一样无根所依。

毋庸讳言,教育教学活动,若只是干巴巴的说教,呆呵呵的传授,很少动用情感体验的催化剂和心理感受的内化场,其结果必然是教育教学的"少慢差费"。教者本身不动情,学生怎可能动情?教者自己没受感动,学生又焉能被感动?

在情感、心灵的内化上,名校名师践行在前,让教育点燃起情感,教学激动着心灵。

一进无锡市蠡园中学的校门,迎面的主楼自高至低垂下两幅偌大条幅,一边写:建设积极情态;一边写:追求高效学习。该校分班时,也按学生的情志划分。这里,老师和学生,家长和孩子,教师和家长,亲如一家,情意浓浓,谱写了提升学业水平的传奇。

山东省邹平市双语学校开展激情教育,创造激情课堂,教学由激情导入、自主学习、激情互动、魅力精讲、拓展应用五环节构成,教师以情激情,以爱唤爱,首先自己内心充满感动,又炽烈地传导给学生,产生了强烈的感应效果。

五是由浅向深,进入文化、精神层面的浸润,旨在人格的提升。

"细雨湿衣看不见,闲花落地听无声"。[①] 这样的润泽课堂在学生的心灵深

---

① [唐] 刘长卿:《送士元》。

处、生命远方悄然点燃起一簇美丽的火光,令其神往催其追寻。

1949年,16岁的陈景润(1933—1996)在福州市英华中学读高二时,数学老师沈元(1916—2004)讲起数论中的一道难题:1742年,德国一位中学教师哥德巴赫(1690—1764)发现,每一个大偶数都可以写成两个素数的和,然而哥德巴赫对自己的这一发现却不能加以证明。说者无心,听者有意。沈元老师抛出的疑问,竟引得陈景润数十年苦索,直至摘取"哥德巴赫猜想"这颗数学皇冠上的明珠。

如今,有一批德艺双馨的教师,超越了知识传授,渗透一种更高层次的文化自觉,体现为治学影响,心灵关照,艺术滋补,审美感动,激情创造,风范濡染,诗性栖居,精神给养……课上,他们的实践从知识、学识的层面,深入到文化、精神的层面,从以往教学的单薄、贫瘠转向今日的厚重、多元的开拓,有效地铺起了学生内在成长的道路。

教育改革的深化,已经开始将社会、生活与智力开发、人格形成初步地连通起来。践行在前沿的教师,正自觉地完成从教书匠的"经师"到引路者的"人师"的跨越,而他们的学生,也正从书本知识的学习者,通过社会生活实践之桥,走向精神气质昂扬的创造者。

不难看出,杜威的"教育即生活""学校即社会"的教育思想乳汁正悄然被我们重新吸纳。怀特海关于"生活与所有智力或情感认知能力的某种基本特点之间存在着关系,如果你不能展现这种关系,你就无法将生活融入任何普通教育的计划中"[①]的论断,也被教育前沿探索所诠释。

如此高效课堂的过程,必然贯穿着五大反馈:

有讲必练:有讲有练是真把式,只讲不练是假把式;

有问必答:先是"兵教兵"("兵"指学生),答不准的再"官教兵"("官"指教师)。对难答的要集思广益进行解答。

有发必收:凡发下去的测试卷,必收上来由教师或学生评阅,迅速反馈;

---

① [英]怀特海:《教育的目的》,庄莲平、王立中译,生活·读书·新知三联书店2002年版,第12页。

有考必评：评是梳理，评是校正，评是深化，评是导向；

有错必纠：纠错是实现跨越，达至预定发展区的踏板。

包头二中的学生都有"纠错本"；本溪高中将学生答错的题，下发重答；山东省邹平双语学校每课都发小试题，看谁答得快又对；全国名师于漪每节课下课前5分钟都留给学生提问答疑。千金难买回头看。放过一次答疑改错，就等于放弃了一次提升机会。

五

学生未来发展的高度，将取决于当下学习所打基础的深度。而所打基础的深度，则取决于教学的每一节课所达至的境界高度。

长久以来，笔者通过自己的备课或体察教师备课，及听课、评课，发现高效课堂有三级目标，或者说三种境界。

第一种境界：学境，即聚焦一个"学"字。

此为入门层。其意象犹如"半亩方塘一鉴开，天光云影共徘徊"。[①]

学境为身入，靠记——记忆，记即学，在学中认知知识，实现有效教学。在教师指导下，学生通过预习、自学、训练，达到对知识的感知，解决知识点。

没有学习就没有认识。

"学境"里的学习，多属平面的、单一的、直觉的；以感知、记忆为主要途径。从无知到有知，迈出走向智慧的第一步。

第二种境界：悟境，即聚焦一个"悟"字。

此为深化层。其意象仿佛"身无彩凤双飞翼，心有灵犀一点通"。[②]

悟境为心入，靠思——思考，思里生悟，在悟中把握问题，实现高效教学。学生通过小组探究、切磋、反思，把握知识，并在实际运用中，达到知识熠熠生辉的复活，即达到对学问的彻悟，解决理解力的维度。

---

① [宋]朱熹：《观书有感》。
② [唐]李商隐：《无题》。

没有感悟就没有智慧。

"悟境"里的学习,则变为综合的、立体的、多维的;运用了归纳、演绎、联想、迁移、比较、重组等多种途径,出现了多元的精彩。

第三种境界:化境,即聚焦一个"化"字。

此为升华层。其意象近似"天机云锦用在我,剪裁妙处非刀尺"。①

化境为神入,靠融——圆融,融里有化,在化中超越自我,实现魅力教学。学生通过教师画龙点睛、自己学做中创造,而使灵光迸发(学生成了自己的老师)。人走进知识,超越学习,人升华了;知识走进人,穿透生命,知识有灵气了。在纵横交错娴熟的拓展应用中,达到知识与生命的强烈共鸣、人知一体的超越。

没有内化就没有跨越。

"化境"里的学习,业已达至出神入化的高境。多维交叉,立体深入,灵感迸发,智慧闪光,旧知与新识连体,理性同意象交织,思维循规律一路,想象共创造迭出。

此三种境界,宛如攀登台阶,自低向高,依次而上;又如走进心灵,由表及里,层递以进。而多数教师的课堂,尚停留在第一种境界,达至第二种境界的课堂不是很多,而达至第三种境界的课堂尤其寥若晨星。在第三种境界里,可以随时融通第一、第二种境界的"学""悟"元素,而在第一或第二种境界,却很难闪现出第三种境界"化"的元素。

各学科知识所具有的非常的美,和它的高度严谨、合理而达到的令人神怡的内在和谐,只有到达教学的第三种境界,师生方能通透的感悟。

从活的生活、生命中提炼出来的知识,原本是有生命的,就像夜空闪烁的美丽星辰。然而,一进入"满堂灌"的大脑容器里,鲜活的有温度的知识顷刻间成了僵硬的冰块。或者说,知识成了一堆毫无生气、毫无价值的僵化符号。

教与学在第一种境界时,知识之于学生,还只是一种表层的概念。到了第二种境界时,知识在思维里开始复活、内化,便有了生气。

---

① [宋]陆游:《九月一日夜读诗稿有感走笔作歌》。

教与学一旦进入第三种境界,教师把知识的生命赋予学生时,同时把自己的情感和灵魂也赋予了学生,并对学生进行心灵的守护、导航,学生在知识面前的地位和知识本身的价值随即都产生了质的变化:被唤醒的知识有了灵气,听得到知识的呼吸和脉动,可以与知识对话交谈,达到人与知识的和谐互动。

于漪曾经描述,1977年10月19日,她和学生们在上海电视台直播的公开课《海燕》,是内心诗情画意的真实流露。师生用身心合力创造出来的情境,才堪称达至了课堂教学罕见的第三种境界:

学生端坐在临时布置的教室里,我拿着备课夹候在教室外,等导演的指令。灯亮了,满屋通明,"开始!"我的心紧缩了一下,立刻镇定下来从容地走进教室。朗读,剖析,讨论,辅之以简明扼要的板书,学生们十分投入,我也得心应手,进入忘我境地。

"一会儿翅膀碰着波浪,一会儿箭一般地直冲向乌云……""看吧,它飞舞着,像个精灵,——高傲的、黑色的暴风雨的精灵,——它在大笑,它又在号叫……它笑那些乌云,它因为快乐而号叫!"师生一起把无声的文字变成有声的语言,展现一幅幅暴风雨来临前怒吼的大海上海燕搏击的惊心动魄的图像,齐读到"这个敏感的精灵,——它从雷声的震怒里,早就听出了困乏,它深信,乌云遮不住太阳,——是的,遮不住的!"

群情振奋,语调高昂,自信、豪迈、快乐,洋溢其间,这似乎已不是高尔基笔下的诗句,而是师生发自肺腑的心声。课在朗读全文中收煞,有学生风趣地说:"我们刚从海边归来。"导演跷起大拇指对学生们说:"太好了!"

我兴冲冲地返家,那种冲出暴风雨精神上获得的解放的喜悦似乎渗透到每个细胞,恨不得逢人便诉说。门是我爱人开的,……(他)笑盈盈地说:"……你哪里是上课?你是用生命在歌唱。"这倒是一语中的。三尺讲台无限爱,我爱学生,爱未来,爱蕴含着灿烂中华文化的语文。教课不是当旁观的评论员,只有用生命编织的,从心底里流出来的歌,才动听,才感人,才会如清澈明净的泉水叮叮咚咚流入学生的心田。①

知识流露的情,一次次涌入心灵的大海,汇出情感的潮;知识饱含的理,一番番冲刷大脑的沟壑,扎下理性的根;知识提炼的法,一回回沉淀为智库的珍奇,给予灵性的力——知识走进了人,知识就有了灵魂;知识和人融到一块儿,知识才有了力量。知识可能忘,但那情、那理、那法,却在生命里沉淀了。人走进知识,融入了知识,活化了知识。悟到书本上无法学到的人生智慧,人就超越了知识,深入生命的层面,人也因与真理相伴而臻于化境。

善教教海阔,乐学学河涌。这时,只有到这时,人成了活化的知识(智慧),知识成了有灵魄的人(精灵)。

六

爱因斯坦说:"当方向错误时,前进就意味着倒退。"

高效课堂有四个误区。

误区之一,认为多多使用多媒体的课堂就是高效课堂。

洋思中学校长刘金玉曾对笔者说,一次他在佛山大礼堂讲课,居然没有黑板。主办方还惊讶,有了多媒体,还用黑板吗?毫无疑问,多媒体的应用引发了课堂的深刻变革,无限地扩展了时空,改变了教学模式,为学习提了速。但是,多媒体课堂不等于知识内容或呈现样式"多多益善"。多媒体应用不分主次地多、喧宾夺主地多,则成了玩弄形式,造成臃肿(有些课,声光电一哄而上,花哨热闹,一篇完整文章被拆得鸡零狗碎),便应了《道德经》那句话:"少则得,多则惑。"科技手段如若主宰、霸占了课堂,课件成了学生眼中的图腾,势必造成对教学本真的异化,对人的主体精神(含想象力、思考力、创造力)的摧残。此种教育不是让人挺立,而是教人匍匐。

---

① 于漪:《岁月如歌》,上海教育出版社2007年版,第88—89页。

课堂高不高效,不在于某项技术的高频展示和形式的花样翻新,关键看是否有助于发掘思维深度,催生丰富思想和多元实践。

误区之二,认为学生自由就是高效课堂。

扬州的一节公开课,教师讲《蜘蛛》。学生问起一道怪题:蜘蛛为什么有12只爪而不是6只爪?结果闹闹哄哄辩论了好一阵,却论不出子丑寅卯。高效课堂就是使学生眼睛亮起来,面颊红起来,身子站起来,头发竖起来,声音吼起来吗?非也!

任何行为都要有度,过犹不及,逾度则反。曾有一位"教改专家",把"高效课堂""定义"为"知识的超市,生命的狂欢"。殊不知,"超市"上再多的知识也只是知识,何以转化成能力?生命追求表层的狂欢,焉能开发幽深的价值?动能达观,静可生慧,动与静的和美协奏方能弹拨思维悠扬的琴弦,而思维的深层律动才能获得内心智慧的飞翔。马克思也推崇安静:"只有从安静中才能产生出伟大壮丽的事业,安静是唯一能生产出成熟果实的土壤。"[①] 无疑,"超市"和喧闹反映的是课堂的浮躁、虚假的热烈,这是对高效课堂开玩笑,是对教学本质的逆反。

还有人认为,动起来的课堂就是高效课堂。一位教师讲《观潮》,一节课上,录音机不停地响着海浪的声音,令人烦躁不已……好的课堂一定动静结合,宁静致远。

"教育不应当是专制、压抑、武断、粗暴的控制,同时教育也不应当是迎合、屈就、放任时下泛滥的表浅的快乐。"[②] 此结论一语破的,深入肯綮。

是的,教师的主导不意味主宰,给力不意味代力,点化不意味奴化。同时,学生的主动也不等同盲动,自主也不等同自由,放手也不等同放任。教师的引领角色什么时候也不可放弃。一旦完全放任学生,将出现教学精神的猥琐与学习智力的流失,以至教育时空的失衡、无序。

---

① 《马克思恩格斯全集》第1卷,人民出版社1995年版,第457页。
② 刘铁芳、樊杰:《面对儿童发展的可能性:超越成人本位与儿童本位》,载《教育科学研究》2011年第2期。

放任未必创新,热闹未必深邃;引领未必陈腐,平实未必平淡。

误区之三,认为教与学天衣无缝,流程犹如飞流直下的课堂就是高效课堂。

吕型伟对笔者讲起他听过的一节小学示范课。该课几乎无懈可击。问题出在一道难题上。许多小孩答不出,后有一小女孩答对了。女教师正领全班统一答案时,一男孩几次举手要讲,被女教师几次按下,后来小男孩竟跑到讲台前,把手举到老师鼻子底下,老师火了,用手"啪"一下,打到他手背上……

钟启泉说:所谓好的课堂,不是没有问题的课堂,而是敢于挑战问题的课堂!一节完美无缺的课堂,一定是假的。课堂上学习的主体是有差异的,是不断在变化的,所以,课堂上不可能没有问题!

生活并不是长安街大道,教学也绝没有行云流水。课堂因问题而急速升值,因差错而迸发精彩,因思辨而出现跨越,因突破而彰显智慧。

误区之四,认为有教师讲授的课堂就不是高效课堂。

教师讲与不讲,讲多讲少,并不完全是衡量高效课堂的标尺。用固定时间为师生的教与学机械地划线,即给原本生成性课堂人为地设置栅栏,不仅是不实际的,更是愚蠢的。庄子有言:"凫胫虽短,续之则忧,鹤胫虽长,断之则悲。"[①] 这个比喻所包含的道理,对于追求生态课堂,同样适用。道法自然,有主观干预、个性限制,心灵就不会自由飞翔。

教师随机点拨地讲,引出柳暗花明;教师适时答疑地讲,能使绝处逢生;教师偶尔深情地讲,往往直逼灵魂;教师少许示范地讲,常常记忆尤深。不可让一种倾向掩盖另一种倾向,走到极端再来纠偏。1992年,青岛某中学做《最后一次演讲》的同课异构:一位教师边放幻灯片边讲,另一位教师抛开教具,有声有色地演绎教学内容,后者使学生大为震惊,效果极佳。

有时,学生期待教师知识储量与演讲风采的展示。若不负众望,在课堂展现的将是奇妙的风景,给学生们荡气回肠的感受。

北京五中特级教师吴昌顺讲授《记念刘和珍君》。伴随录音机里肃穆而悲

---

① 庄子:《骈拇》,参见《庄子》,蓝天出版社1998年版,第55页。

愤的陈培勋第二交响乐《清明祭》,他开始朗读,不,是有声有色有情有境地背诵全文。且悲且愤的诵读宛若一条声与情的长河,由山涧的汩汩潺潺而至平野的滔滔滚滚。原本静止的铅字,好像站立起来,被复活成活动的历史、悲壮的场景、先驱不灭的身影……一双双眸子盯着,耳朵侧着,一颗颗激跳的心已入情入境,卷动起爱的洪涛,恨的怒潮,共鸣着鲁迅大爱大憎的心灵长歌。若干年以后,留美博士研究生时东陆写了一篇短文,回忆吴老师的这堂课:"他像是呐喊,又像是在倾吐自己的心声。那声音久久地留在我的耳际,使我至今不忘……"①

误区之五,认为全校统一模式利于形成高效课堂。

我国一些学校(包括有的名校),为凸显特色计,举全校之力推行某一种自创的教学模式,且唯此独尊,唯此为大,全校一律实施:各学科、各类型、各学年的课一个模式,各位教师一个腔调。如此这般,模式成了一双万能的鞋,无论你的脚是大是小,是宽是窄,是胖是瘦,都得往里装。

模式作为一种文化指向,对未进门的新教师或未得道的教师,或许有一些镜鉴意义,而对经验充盈、才思敏捷、娴于创造的教师,却成了鸟笼兽舍,只让他(她)戴着镣铐跳舞!

一种花儿难免有单调之感,百种千种花儿才构成花的世界花的海洋。花儿如此,比花儿更为千差万别的教师,面对千差万别的孩子,又怎能用一种教法模式?作为"传道授业解惑"的教师,学校应提供最广阔的施展空间,万勿堵塞其特色养成之路。他用惯了短剑,你非令其执丈八蛇矛,他怎能发挥功力?

名师各有其长。当长处得以淋漓尽致挥洒,慢慢就形成了独有特点,特点在践行中无数次打磨,就形成了教育个性、教育风格,也就是教育品牌。教育品牌是卓越的象征,是教育人生的高峰。它比智力更优秀,比功力更传神。

---

① 吴昌顺:《愿有英俊出于中国》,奥林匹克出版社1998年版,第5页。

七

加拿大当代著名教育家迈克·富兰(1940—)说:"变革是一次走向未知目的地的旅行;在这里,问题就是我们的朋友,寻找帮助是力量的象征。"[①] 是的,教改路没有行军图,只有方位示意图。

经多年求索,笔者在2003年著文提出了理想(高效)课堂的"三力"论的蓝图:问题的吸引力形成磁力,思维的展扩力引发张力,智慧的创造力饱含活力,进而达到优化教与学的"三场"效益,即开发智慧激励教学的学习场,优化大脑享受学习的创造场,开阔手眼彩排生活的演练场,以实现教、学、做的最高境界。

毫无疑问,问题是向学的根由和动因,适时而精准地提出和破解聚焦性问题是教学的出发点和归宿点。而问题又是与生俱来、无处不在、无时不有的,产生—破解—再产生,无止无休。思维是深化思想提升能力的钻头和天梯,人们思维的差异是智与愚、巧与拙的分水岭。智慧则是学习中思考、思考中学习的产物。

问题的磁力—思维的张力—智慧的活力,形成生命开发的神奇"金三角"。而创造力结晶而成的智慧,则是对问题的回应,对思维的升华,是高深绝妙教学境界的归宿和极致。

如是,笔者发现和描绘了理想课堂亦即高效课堂的理性思维导向图:

由牵动心神的问题链(磁力)→化解问题链的思维流(张力)→统领思维流的智慧网(活力)→编织智慧网的方法线(魅力)→承运方法线的时间轴(定力)连贯通透而构成。

这一理性思维导向图,意在透析高效课堂的核心载体。

[①] [加拿大]迈克尔·富兰:《变革的力量——透视教育改革》,中央教育科学研究所、加拿大多伦多国际学院译,教育科学出版社2004年版,第34—35页。

八

"好风凭借力,送我上青云。"①

文化坐标或曰课堂文化场是推助高效课堂的"好风",为之保驾护航,并涵盖以下方面:

一是价值导向。教什么?学什么?练什么?用什么法?寻找哪些规律?这些问题都有同一指向:对学子的终身发展有无价值。

二是心灵观照。一言一行、一问一答、一举一动、一式一法,都充满对学子的理解、尊重和关怀,尽是浮动心灵的熏风。

三是思维聚焦。再先进的电脑也不能完全取代人脑,再形象的课件也不能代替人的思维,每个学科领域都有核心思想,有助于学生形成概念性的理解。教学应该在学科的思想和方法上下功夫,达到激活、化归、建模和优化思想,体悟学科内在之美,让学子通过学科的窗口,使自己思维的广度、深度、速度、创新意识诸方面不断提升。

四是文化给养。人类创造了丰富精彩的文化,每一学科也都有本学科的文化,隐含着记录生活的独特方式。让学子通过学科文化这个孵化器的熏陶,使知识智慧增值、学习方法增值、思维方法增值、兴趣特长增值、幸福感增值……助推人的发展和完善。

五是生命点燃。课堂第一层面为教学知识,第二层面为启迪智慧,第三层面则是点燃生命。这就是站到教育的高境,寓教学教育以智慧,以人格,以情操,给生命注入不绝的动力,引导其重视生命的价值,促进生命健康而完满地成长。

---

① [清] 曹雪芹:《红楼梦》第七十回《临江仙》,长城出版社1999年版,第420页。

第八章

育之律

> 悠悠万事万物的运行,存留守规,行止有序,消长循道,诚如孟子所说:"大匠诲人必以规矩,学者亦必以规矩。"
>
> 教育有规,教育循规,教育守规,教育对自身之规,有坚守与回归的自省本能。
>
> 规律是一把钥匙。你若没握有这把钥匙,打不开门锁,大门永远是眼前的一堵墙。

第二十二节　诲人有道

一

悠悠万事万物的运行,存留守规,行止有序,消长循道,诚如孟子所说:"大匠诲人必以规矩,学者亦必以规矩。"①此说高明的工匠教人手艺必定依照规矩,从学之人也必定依照规矩。

这个规矩,可理解为规律。规律是自然界和社会诸现象之间的必然、本质、稳定和反复出现的关系。黑格尔称:"自由即规律之认识。"恩格斯诠释黑格尔这一命题说:"自由不在于幻想中摆脱自然规律而独立,而在于认识这些规律,从而有计划地使自然规律为一定目的服务。"②

笔者曾追寻教育规律的踪迹,探求其走向,透析其久恒脉动。

世间做人做事做学问,若求得完善,无一不遵循规律,规律是通向至真至善至美的杠杆。

规律隐藏在纷繁复杂的事物深处,不易被发现,宛如采上佳珍珠,需打捞河

---

① 《孟子·告子章句(上)》,参见《大学 中庸 孟子》,蓝天出版社1998年版,第139页。
② 恩格斯:《反杜林论》,人民出版社1970年版,第111页。

蚌,去壳、剥肉、取珠、遴选等若干工序,方可得到。

规律的发现,有一个在实践里反复感知与验证的过程,没有践行和感知,就像人被蒙上眼睛,永远无从发现。

机遇从来垂青有准备的头脑。能洞察、发现规律的,一定是有心人、用心人、专心人。他们是实践中最早的渐悟者或顿悟者。

规律是道,即"天行有常,不为尧存,不为桀亡"①之道。道不能主观臆造,不管何等伟人圣贤,只能认识它,顺应它,进而借助它。

人的不停发展进化和千差万别,注定了育人成长的规律比大自然规律更难于洞察。但拥有了大爱真情、多重视角、哲理思维、智慧方法、苦心作为,尽早破解和掌握育人规律,也不是天方夜谭。

教育有规,教育循规,教育守规,教育对自身之规,有坚守与回归的自省本能。

教育规律是教育法则、育人正道,是教书育人启智这一伟大事物、现象和过程内在的、本质的、必然的联系。从教职业从根本上讲,就是要教会学生认识、掌握和运用规律,形成认识问题和解决问题的能力。就学科教学说,课堂教学的过程,最根本的目标就是让学生掌握思路、发现方法和洞察规律。如果教师树立了较强的规律意识,渗透到每一节教学的每一个环节之中,日积月累,学生的大脑就会变得睿智无比,逐步学会思考、学会学习,掌握规律,形成智能。

从教者万万不可缺少的意识,首推规律意识。

因为每日每时,人都生活在规律中。规律之于人,像阳光、空气和水一样,须臾不可离开。学习过程、生活过程、生命过程就是不断地探求、发现、掌握和运用规律的过程。倘若从少儿时期,就引领他们去认识、理解、发现规律,在心田上播种规律的种子,就是给其人生早早赠送了一个终身受益的"礼包"。

教育规律并不神秘,不是也不应该只是专家学者的专利。

教育规律具有大众性、普适性、必然性的特点。列宁在《哲学笔记》中说:"规

---

① 《天论》,参见《荀子》,蓝天出版社1998年版,第101页。

律是现象中同一的东西。"① 我们只要注意抓住反映事物本质的教育规律,就会在复杂的教育教学中做到游刃有余而愉快胜任。我国的多数教师都敬业乐业,寻找、发现、运用教育规律。当然,一辈子不去思悟规律,眼不明、心不亮、脑不灵、教得不明不白的教师,仍有人在,"以其昏昏使人昭昭",使学生越学越不明白,做题越多越糊涂。

教师当让规律在自己心田扎根,这是做一名良师的前提。罗曼·罗兰说得好:"要散布阳光到别人心里,先得自己心里有阳光。"②

规律是一把钥匙。你若没握有这把钥匙,见到锁孔只能干瞪眼,打不开门锁,大门永远是眼前的一堵墙。

育人有规律。

每个人都以个性的面貌蕴含着共性。人的成长既有各不相同的外在因素,更有千差万别的内在缘由。为师者该从发现学生让人心动的"闪光点"开始,像农艺师一样,让形状、色彩、风味各不相同的花儿都开得姹紫嫣红;又如开采工那般,与学生一道,开掘出每一个生命的个性富矿,协力找到属于他们个人的伟大财富。

这如同名师于漪所说:"目的是给他们个性中智慧的花朵提供发展的条件。"③ 达到杜威所论:"教育的任务在于发现各人的特长,并且训练他尽量发展他的特长,因为这种发展最能和谐地满足社会的需要。"④

就知识结构说,常人如和尚帽子平顶形,无某一方位的突起。"特长"人为金字塔形,有某一触角的精专。教师要使每一个孩子发现自己的触角,努力建造"特长金字塔"的高高塔尖,终成发展的核心竞争力。

特长是一簇星火,能点亮每个人的心灯;优势如开一扇门,推开了就是一条大道。

---

① 《列宁全集》第55卷,人民出版社1990年版,第168页。
② [法]傅敏主编:《傅雷著译全书》第18卷,上海远东出版社2018年版,第18页。
③ 于漪:《教海泛舟,学做人师》,载《人民教育》2010年第17期。
④ 赵祥麟、王承绪编译:《杜威教育论著选》,华东师范大学出版社1981年版,第215页。

志业有规律。

少年贝聿铭(1917—2019)违背父亲让他赴英国攻读经济学的意愿,源于看了《大学幽默》这部电影。影片所描述的美国大学校园建筑和校园风情,令他情有独钟,引他选择建筑设计专业,最终成了誉满天下的"现代建筑的最后大师"。杨振宁(1922—)对物理学第一次发生兴趣,因阅读《神秘的宇宙》一书。书中讲了在20世纪初物理学的重大革命,即包括了量子学和相对论,鬼使神差地引他走进了该领域。著名物理学家陈佳洱在上海读中学时,随父亲、儿童文学作家陈伯吹(1906—1997)看了电影《居里夫人》后深受触动,慢慢培养起崇尚科学的价值观和世界观,末了弃文从理,走上科学之路。

立志属精神范畴,精神之门还须精神开锁。上述三位科学家,皆受精神艺术品熏陶,心灵震撼,遂产生了明亮的初心和梦想,竖起了人生灯塔。当个人的痴迷志趣和其独特的智能天赋交相辉映时,注定筑得起异乎寻常的事业高峰。

学习有规律。

如认知由浅到深、由表到里、由易到难、由具象到抽象,思维的同一律、排中律、矛盾律和充足理由律……这些规律属哲学,寓美学,蕴含脑科学,包括认知、思维、情感、心理、行为、脑的多种综合活动,娴熟地加以综合运用,方能为学习插上翅膀。

原辽宁省教委副主任姬庆生与笔者不止一次谈及规律——规律的要义,规律对教书育人的极端重要性,教师须把握的规律意识和发现规律的办法等。我们形成共识:事物规律,万变之宗;世间认知,莫不求道;人道沧桑,天道酬勤;教学之道,即求规律;寻得规律,眼明心亮;把握规律,天高地阔!

姬庆生以初中物理《杠杆原理》一节,深入浅出地诠释了什么是驾驭规律。杠杆的定义是"围绕一个支点旋转的硬棒",利用杠杆做功可以省力的应用公式为"动力臂 × 动力 = 阻力臂 × 阻力",人为加大动力臂的长度,就可以以较小的动力去克服较大的阻力,实现省力的目标。在实践中,由于杠杆的种类繁多,形状各异,各种题目花样翻新,让学生眼花缭乱,做题越多,反倒糊涂起来,究其原因,就是教师缺乏规律意识,即解题的思路、方法和规律的指导。姬庆生对解这类题的思路做了概括,规律是"两找一画"。

两找:一是找支点,二是找力的方向。一画:画出由支点到力的方向线的垂线。这样,解杠杆题的思路就明确而简化了,不管题型如何千变万化,总有一个支点——那根硬棒围绕它旋转的点,然后再找出动力和阻力的方向,至于作垂线是谁都会做的事,这样力臂(即垂足到支点的长度)就出来了,有了力臂和给出的力的大小,就可以利用公式计算出未知量了。明确"两找一画",再遇到杠杆一类题,就成竹在胸:任你千变万化,我有一定之规!可见,解题的思路、方法、规律,比答案正确还重要。

当然,教育和教学规律远远不像四季轮转规律那么明显,教育者需要运用哲人思想,悉心观察、思考和提炼。

具有教育哲思的教师,当以学生的发展为主轴,尊重每一个孩子的生命,尊重其求知的欲望和渴求,即尊重生命成长的规律,为他们提供适合的教育。本书前面章节说到的北京市东城区二十二中学孙维刚老师就是范例。他在班上,提出建班口号,和学生们拟定建班三原则;在教学中,他用哲学思想提升学生思维,归纳方法,总结规律。该班每一位学生,生命有动力,学业有能力,成长有潜力,都成了闪亮的"金子"。

然而,尚有不少教师和教育工作者故步自封。研究和遵循规律,离他们很遥远,或只是说在口头的时髦词语,说和做是两码事。

二

有网友发帖子,将中国和欧美的教育进行对比,说中国是小学累、中学苦、高中拼、大学混,玩耍的年龄被逼学习,学习的年龄只想玩耍;欧美则是小学玩、中学混、高中学、大学拼,玩耍的年龄就玩耍,学习的年龄才学习。小学、中学、高中阶段,中国学生一般占优,进入大学阶段,欧美学生迅速超越。

上述说法有刻意找角度、以偏概全之嫌,却也一定程度上道出了当前中国教育的一些问题,即太看重起点,对学生过早"开发",损伤了学生的可持续发展能力。

现实中,我们的教育仍时常发生背离规律的现象。

规律告诉人们,育人要全人化——德智体美劳五育并举。结果呢,不少学校和家庭,只关注学生进了考场能拿多少分,不关心出了校门能走多远;学生越来越会做题,却越来越不会做人。

在忤逆育人规律的学校里,"分数承载了太多的期望,学习承受了太重的压力,童年背负了太多沉重的包袱。"① 德育异化了,掏空了育德的根,诱发学生成了口唱为公行则为私的"两面人",以个人为中心恶性膨胀(不乏钱理群教授所言的"精致的利己主义者");智育伪化了,人才核心的个性化、智育精髓的智慧化被束之高阁;体育弱化了,升学变作唯一,健康成为牺牲品;美育淡化了,成了若有若无的陪衬;劳育矮化了,先哲"劳动创造世界"的名言丢之脑后。

其实,就奠基一生幸福而论,分数不是目的,应试并非通衢,升学焉能代表一切?

规律告诉人们,人才的成长依赖紧张而快乐、完整而幸福的教育生活。而今日有多少中学生,眼睛一睁,拼到熄灯;脚一沾地,就不歇气;百题缠身,乱箭穿心。吃饭、如厕,像打冲锋似的只给几分钟,运动和活动的时间少而又少,一个月休息一日成了奢侈;课程太多,压力太大,学生的身心健康受到摧残。自1955年7月,教育部发出新中国第一份"减负"文件《关于减轻中小学生过重负担的指示》以来,这一弊端几十年并无根本变化。

如此造就的学生,几乎都需戴近视镜,嫩嫩脊柱已些许弯曲,体质亚健康或肥胖或羸弱,伴随学年增高,活泼好奇的天性丧失殆尽,学习兴趣淡薄,生活情趣冷漠,行动笨手笨脚,思考缺乏灵性。

规律告诉人们,教育是使灵与智丰盈和生长的过程。其主因并非靠教师的"塑造",而是学生自身的"成长"。教师是指导者、引路人,"道而弗牵,强而弗抑,开而弗达"②,让学生学会认知,学会做事,学会共同生活,学会生存,此为联合国

---

① 柳斌:《改造我们的教育》,人民教育出版社2012年版,第67页。
②《学记》,参见《礼记》,蓝天出版社1998年版,第89页。

教科文组织认定的未来教育四大支柱。[①]21世纪初,联合国教科文组织又提出了第五根支柱,即学会改变。社会在改变,时代在改变,国家也在改变,改变即创新,创新引领改变,改变与创新是时代的主题。学会改变,就是要主动适应社会,并且促进社会的进步,说到底,学会改变就是要改变自己。然举目教坛,教师"满堂灌"还很普遍,距自主学习、自治管理差之云泥;还有另一种极端,是课堂追求浮躁的热闹,即前文所针砭的"知识的超市,生命的狂欢"。学习,教师包办代替不行,这是错位;教学,放任散乱也不行,这是误导。两种极端,一样结果,都是对课堂规律的窒碍。

规律告诉人们,立德树人要因势利导,施以个性化教育,"作为个人发展根源的'机灵点'"[②],达至培育人的最高境界:使每一个人做最好的自己。个性可以行风行雨。十张证书不如一种出彩而奇绝的个性。个性所包含的,无论是侧重于知识、技能等层面的特长,还是侧重于文化、精神等层面的特色,均能构成人生之旅的华彩段。因此,办学要有特色,教师要有特长,不同地域和民族的教育也应具有各自的特点,从而给个性化教育造就出一个宽宏背景。

在应试教育指挥棒下,教坛几乎千校一面、万生一色。千校一面的学校只能沦为平庸,无法达到卓越。越是中国的越是世界的,越是民族的越是人类的,共性只能存在于个性中,卓尔不群的个性化教育承载教育的本真,为每位学生的发展提供量体裁衣的适合教育。

规律告诉人们,人类的智能是一个完整的体系。人为划分的学科,你中有我,我中有你,只有融会贯通才能产生大智慧。科学巨匠爱因斯坦、钱学森都是将理科和文科以及艺术融通起来的大师,文理兼修,以博取胜,并取得了震古烁今的大成就。

长期以来,我们不仅文理割裂,各学科之间也是隔科如隔山,井水不犯河

[①] 联合国教科文组织:《教育——财富蕴藏其中》,联合国教科文组织中文科译,教育科学出版社1996年版,第75—88页。
[②] [苏]苏霍姆林斯基:《帕夫雷什中学》,赵玮、王义高、蔡兴文、纪强译,教育科学出版社1983年版,"译者的话"第3页。

水,直接导致学生的知识面狭窄,认知结构割裂,怎能育出大才?刘道玉就发问:"一个科盲怎么能够成为穷究宇宙真理的哲学家?又怎么能够出现博古通今的学术大师?"①

违背规律的现象还有很多,像盲目的早期教育、超前教育,盲目增加课程的容量和难度,及那句"不能输在起跑线上"的流行语等,都是违反学生学习和成长规律的乱象。

违背规律的现象屡屡出现,有的屡禁不止,何故?吕型伟说,这是教育的多动症作祟。笔者以为,教育多动症外显心浮气躁,深层则是急功近利。

三

在规律面前,智人是发现者,常人是跟随者,庸人是无视者,狂人是逆动者。结果呢?发现者驾驭规律,随从者顺应规律,而庸人、狂人,总是被践踏规律所卷动的沙石打得鼻青脸肿。

孔子终生深潜于教海里洞察规律、探索规律、求证规律,极其尊重科学、遵循规律,并娴熟地利用规律,运用规律,将教育推到了一个前所未有的顶峰。他发现的超越时空的教育规律,至今仍光芒四射,如有教无类、因材施教、寓教于乐、教学相长等教育信条,学以致用、学而时习、温故知新、循序渐进、持之以恒等学习法则,当下仍须奉为圭臬。

在教育践行中,一些人不大敬畏教育规律,用时下话说,不守常识。他们以一颗浮躁的心引路,模式时时有,理念常常新,口号匆匆变;更有躲进"象牙之塔"或"海归派"中的一些人,冥想出一两句新语便炮制鸿篇,拾得一两个域外牙慧即罗织出奇文;也有少数杏坛学者为让自己的思想一鸣惊人,口出狂言、耸人听闻以求振聋发聩之效,将自己打造成另类形象。

上述种种,不一而足,让人不觉间眼花缭乱,心飞神动,有家居几日、世过

---

① 刘道玉:《教育问题探津》,北京出版社2019年版,第155页。

千年之感,定下心来却不难发现,喊声尖利、语汇奇绝者,实则短暂过客,昙花一现。

四

"改造我们的教育!" 2010年3月26日,原国家教委副主任、总督学柳斌在全国中小学校长论坛上,提出了如是的命题和任务。这是既有现实紧迫性又有深远影响性的重大课题。

这位长期导航我国基础教育的指挥者,满怀丰富经验、火热情怀和使命意识,从四个方面发出语重心长的呼吁:要明确实施素质教育的战略重点是在义务教育阶段;制定义务教育学校评估法规,明确规定不准向学校提出升学率、高分率等指标要求;在义务教育阶段,要大力精减各种名目的考试,大力提高学生的综合素质;把学生个性的差异作为丰富而重要的教育资源进行精心的研究和深入的开发,教育的个性化、因材施教刻不容缓。[①]

上面呼吁面对的,正是教育重中之重的义务教育。而要解决的,也正是忤逆教育规律的主要教育流弊。抓住主要矛盾,就握住了网之纲绳;走上规律的正轨,人才摇篮才能呈现"等闲识得东风面,万紫千红总是春"的勃勃生机。

---

① 柳斌:《改造我们的教育》,人民教育出版社2012年版,第68—69页。

第二十三节　律透古今

一

> 请告诉我谁是中国人,
> 启示我,如何把记忆抱紧;
> 请告诉我这民族的伟大,
> 轻轻的告诉我,不要喧哗! ①

闻一多直抵灵魂的诗句,激赏中华文化之灿烂,深情呼唤民族的复兴。

回溯教坛,自孔子、孟子始,中经董仲舒、郑玄、韩愈、朱熹、王阳明,再到明清之交的黄宗羲、顾炎武、王夫之,乃至近现代的张之洞、严复、蔡元培、陶行知……群星闪耀,各领风骚,其流派多门,学说林立,含玉抱珠,行云播雨,所著教育典籍充栋汗牛,教育思想博大精深,大有"风翻白浪花千片"的意象神韵。这些优秀的教育理念、思想与主张,既有影响历史的恢宏渗透力,又有超越时空的巨大穿透力。

---

① 《闻一多诗全编》,浙江文艺出版社1995年版,第245页。

"从孔夫子到孙中山,我们应当给予总结,继承这一份珍贵的遗产。"①毛泽东曾郑重地宣示了这一要务。只是,此任务至今远未完成。

沉迷既往而不能自拔固然不对,然而,若对华夏文化殿堂之中那些用得着的思想宝贝、文化宝贝弃之不顾,不自觉借鉴古时经验来建构今日的教育家园,无异于守着金山却乞讨度日。

君不见,古时教育家往往有"德智统一"的综合教育观,有比较辩证的方法论,又有道德评人的可贵视界,今日立德树人过程中的基本问题,几乎尽被古代教育家思考过,几乎都有相应的解决思路和实践中的涉足。穿越几千年的历史时空之后,先哲们的深刻发现,至今仍在现实中彰显不朽价值,闪烁着不灭光芒。用历史钩沉映照时代之光,实为要务。

笔者虔诚地学习与梳理这些贵重遗产,并试探着对先人的教育思想、主张、理念反复比较研究,择选最精要、今天仍具适用性的内容,做最简要的说明,归纳为中国古代十大教育原则。

二

古代十大教育原则之一:有教无类。

《论语·卫灵公》:"子曰:'有教无类。'"其意说,教育对象是不分类别的。在孔子以前的殷周时代,教育由官府掌管,只有贵族子弟才能入官学。孔子在我国历史上首创私学。在他所办的私学里,平民只要奉上一定数量的学费②,都可被接纳并"诲人不倦"地悉心以教,不分贫、富、贵、贱、贤、愚等。此乃教育史上跨越时代的伟大创举。

溯源数典,这一破天荒的教育平等的理念,是中国教坛乃至世界教坛的重大思想革命,一场伟大的教育解放运动。教育像阳光一样,可以照耀社会各个

---

① 毛泽东:《中国共产党在民族战争中的地位》,《毛泽东选集》(一卷本),人民出版社1968年版,第499页。
② 《论语·述而》,参见《论语 孝经》,蓝天出版社1998年版,第27页。

阶层的每一个人,每一个人都可以接受教育的阳光雨露,滋润灵智,提升素质。

这一教育主张的实施,扩大了教育的社会基础和人才来源,对我国及人类普及教育的发展,做出了根基性的巨大贡献。

古代十大教育原则之二:因材施教。

孔子最早提出了因材施教的经典教育原则,并娴熟付诸教育践行中。《论语·先进第十一》就有一典范例证:

子路问:"闻斯行诸?"子曰:"有父兄在,如之何其闻斯行之?"冉有问:"闻斯行诸?"子曰:"闻斯行之。"公西华曰:"由也问闻斯行诸。子曰:'有父兄在';求也问闻斯行诸,子曰:'闻斯行之'。赤也惑,敢问。"子曰:"求也退,故进之;由也兼人,故退之。"

同一个问题,听到一种正确的主张,可以立刻去做吗?不!孔子因人的心性、内质各异,给予了不同的答案。他还划分专业,分科教育,使弟子各有所长。

宋代大儒朱熹精准概括孔子这一教育原则,在《论语集注》中写道:"孔子教人,各因其材。"[①]"因材施教"自此产生,并作为贯穿古今的最重要教育原则得以确认。

"材"是啥?指品德、气质、心性、意志、智能、兴趣等各个方面的素质;"教"是啥?指德智体美劳等诸方面全人化的教育。因材施教,即要求为师者走进每一位学生的心灵,从每个人那一道独特的风景线出发,在教育教学中知人而教,因人而异,因势利导,量身定制,对症下药,一把钥匙开一把锁。

有效,有根,有道,符合教育规律和人的成长规律,使这条教育原则经久而不朽,常用常新。

当下,随着互联网技术与工具的使用,针对不同学生制定个性化的学习方法,已不需要教师耗费大量的时间、精力去逐一了解和指导,但是,因材施教原则并没有过时,只是技术赋能教育,助力了"因材施教"的顺利实施。

---

① [宋]朱熹:《四书章句集注》,中华书局1983年版,第124页。

古代十大教育原则之三：不愤不启。

在《论语·述而》中，子曰："不愤不启，不悱不发，举一隅不以三隅反，则不复也。"其意是，不到他想弄明白而不得时，不去开导他；不到他想出来却说不出来时，不去启发他。如果他不能举一反三，就不再教他了。

这段箴言，表层是介绍教育体悟，深层是提出一个极其重要的启发式而不是灌输式的教育原则。旨在让学生通过自主学习，独立领悟，教师点拨，达到智如泉涌、举一反三、触类旁通的奇异效果。此为孔子教育智慧的绝妙展现。

孔子以降，此教育原则屡被大家尊崇以至弘扬。《孟子·尽心上》有言："君子引而不发，跃如也。"君子拉满了弓，却不发箭，做出跃跃欲试样，启发式教学达到不教而教的高境。《学记》阐释得更深："故君子之教，喻也；道而弗牵，强而弗抑，开而弗达……"高明教师的教学，就在启发诱导：诱导而不牵拉；劝勉而不压制；指导学习的门径，而不把答案直接告诉学生。拂去历史云烟，1929年12月制定《古田会议决议》，启发式被毛泽东列入十条教授法之首，成为教育训练的传统方法。

古代十大教育原则之四：知行合一。

"知行"是中国传统哲学的重要范畴，始见于《尚书》与《左传》。《尚书》有"非知之艰，行之惟艰"之说，《左传》有"非知之实难，将在行之"之说。知指认知或良知，行指行为、行动。知行关系在中国哲学史上主要指道德认识与道德践履。《中庸》说"博学之，审问之，慎思之，明辨之，笃行之"[①]，即讲从学到知到行几个层次的递进。

朱熹十分看重道德伦理、人生观对人的行为的指导制约作用，提出"论先后，知为先，论轻重，行为重"之说，引领育人过程依次是从学"知"起。三百年过后，明代王阳明沉吟咀嚼着朱氏学说之余，觉其命题、内涵、表述不够精当，几多回秉烛审思之后，做出了"知行合一"说的修正版。他认为"知"和"行"是互相渗透的同一过程："知是行的主意，行是知的功夫。知是行之始，行是知之

---

① 《礼记·中庸第二十章》，参见《大学 中庸 孟子》，蓝天出版社1998年版，第28页。

成。"① 这一认识论和实践论的命题,成了阳明文化的核心。

到了现代,陶行知创办起"教学做合一"的晓庄学校,提出生活教育基本理论的新的结论:"行是知之始。"1934 年,他把自己的名字改为陶行知,还在当年创办的半月刊《生活教育》上发表一首活化知与行关系的小诗:行动是老子,知识是儿子,创造是孙子。

2019 年 2 月 23 日,《中国教育现代化 2035》提出了推进教育现代化的八大基本理念,将"更加注重知行合一"赫然列入其中,有力申明了该理念的鲜活生命力。

临渊羡鱼,哪如退而结网?坐而论道,何抵起而行动?知行合一,才能将虚的变成实的,将看不见的变成看得见的。

古代十大教育原则之五:教学相长。

《学记》说:"学然后知不足,教然后知困。知不足,然后能自反也;知困,然后能自强也。故曰:教学相长也。"通过学习才能知道自己的不足,通过教人才能感到困惑。知道自己学业的不足,才能反过来严格要求自己;感到困惑然后才能不倦地钻研。所以说,教与学是互相促进的。

《学记》在中外教育史上第一次明确提出教学相长的命题及原则,这是它对教学理论的杰出贡献。

"教学相长",长是目标,相是路径。教与学、师与生犹如林与泉相得益彰,林有泉则茂盛,泉因林而源远。两者间相互润泽,同生共荣,教得舒心,学得快乐,每一个生命生机无限,每一粒种子走向五彩斑斓。

教学相长原则反映了教与学的辩证法,它是我国古代教学原则中最为重要的一条,揭示了我们民族品格最宝贵的精神,在现代世界教育论著中亦属罕见。在信息化、智能化的今天,伴随教与学的关系、教师和学生作用的深刻变易,教学相长的原则越发被注入了新鲜而丰富的现代内涵。

---

① [明]王阳明著、朱梦彩编:《传习录全解》(上),中国华侨出版社 2016 年版,第 14、30、303 页。

古代十大教育原则之六：学思结合。

在《论语·为政》中,子曰:"学而不思则罔,思而不学则殆。"光学习却不思考就会感到迷惑,只思考却不学习就会在学业上陷入困境。《礼记·大学》讲"格物致知",穷究事物原理而获得知识,用认识论申明此道。朱熹云:"不求诸心,故昏而无得。不习其事,故危而不安。"程颐(1033—1107)云:"博学、审问、慎思、明辨、笃行五者,废其一,非学也。"

西方哲学家康德也说过与孔子相似的话:"感性无知性则盲,知性无感性则空。"

孔子对于学与思关系的论述,表层为倡导一种读书和学习的方法,告诫人们不可死读书而食古不化,也不要一味空想而不去实实在在地学习和钻研,其实是在讲述学思结为一体,理论和实践打成一片的人生境界,教育育智、文化化人的重大原理。孔子凭借大智大慧,通透了学和思的本质症结与内在关联,学习推动思索,思索深化学习,学习使人豁朗,思索使人精深,这样就揭示出治学之路径、做人之精髓。

古代十大教育原则之七：循序渐进。

孔子在《论语·宪问》说道:"不怨天,不尤人,下学而上达,知我者其天乎?"朱熹则进一步注释道:"此但自言其反己自修,循序渐进耳。"意思是这难道不是阐述了对立面来对自己进行修正、完善吗?这就是按照一定的步骤逐渐深入或提高,这便是循序渐进的来历。

深化而弘扬此原理的大有人在。《学记》指出:"杂施而不孙,则坏乱而不修。"意思是,如果教学杂乱无章,就会陷入混乱,得不到成效。朱熹说"读书之法,循序而渐进,熟读而精思","未得乎前,则不敢求其后;未通乎此,则不敢志乎彼"。捷克教育家夸美纽斯强调:"秩序是把一切事物交给一切人们的教学艺术的主导原则。"[①] 由易到难,由简到繁,由低级到高级,由直观到抽象的逐步深化,符合人们认识事物规律的循"序"渐进程序,已成为一大教育原则。

---

① [捷克] 夸美纽斯:《大教学论》,傅任敢译,教育科学出版社1999年版,第65—66页。

古代十大教育原则之八：寓学于乐。

《论语·雍也》说："知之者不如好之者，好之者不如乐之者。"孔子运用顶针（真）的修辞方法对不同学习态度给予考量评价：知道怎么学习的人，不如爱好学习的人；爱好学习的人，又不如以学习为乐趣的人。比喻学习知识或本领，知道它的人不如爱好它的人接受得快，爱好它的人不如以此为乐的人接受得快。知之者是被动接受，好之者已是主动追求，乐之者则达到痴迷向往的状态。孔子十分注重培养学生自觉学习的乐趣。用寓教于乐概括孔子这一教育原则，笔者认为是适切的。

以学习为乐趣是学习者的最高境界。兴趣是学习的先导，兴趣是直达天赋之门的秘密通道。激活兴趣，已成了成功者的前提性要素。顾明远有言：没有兴趣就没有学习。没有了兴趣，就没有了学习的动力；没有了兴趣，就没有了对未知世界的探究欲望；没有了兴趣，就没有了对学习的执着与坚守；没有了兴趣，就没有了对学习的选择，进而也就没有了真正的个性发展……

古人公认读书是"苦作舟"，孔子却反其道提出"乐之者"，不仅仅彰显一种高远境界，更是推出了认知、治学的高格原则，有力助推了后来人的向学态势。

古代十大教育原则之九：学而时习。

《论语·学而》有云："子曰：'学而时习之，不亦说乎！'"孔子说，学过的知识要经常去复习（温习、实习、练习），不也很快乐吗？这是孔子重要的学术思想。在《论语·为政》里，孔子又论述的"温故而知新"，与此很有异曲同工之妙。"温故"，对已掌握的知识反复温习、揣摩、练习；"知新"，进而获得新的领悟、新的途径，预见新知的走势而融会贯通。一方面强调复习已学的知识，一方面说明温习已学的知识而预知新的知识。二者相辅相成，相映成趣，深化了这一重大的学习原则。

当代名师孙维刚深得此道。他带领所教学生站在系统的高度学习知识，在新、旧知识的比较与联系中把握真谛，八方联系，浑然一体，让学子的大脑聪颖灵动，浮想联翩，思泉如涌，发现知识之美，心花怒放。

古代十大教育原则之十：兴教四法。

《礼记·学记》中说："大学之法,禁于未发之谓豫,当其可之谓时,不陵节而施之谓孙,相观而善之谓摩。此四者,教之所由兴也。"[①] 其意是,大学施教的方法：在学生的错误没有发生时就加以防止,叫作预防；在适当的时机进行教育,叫作及时；不超越受教育者的才能和年龄的界限而进行教育,叫作合乎顺序；彼此取长补短,叫作相互研讨。

这四点是说：在不同时空,对不同对象,用不同方式进行教育,才是教育成功的要领。这兴教四法,具体分析和解决不同问题,充满了中国古代朴素的辩证法。

此四法也可为四种教育原则,即预防恶念原则、适时教育原则、循序渐进原则、观摩切磋原则。这些置于当下也丝毫不觉过时的兴教原则,让我们为先哲的睿智发现而心生感激。

三

当下教坛,缺少思想吗？众同人会说,不缺！古今中外的教育思想足可叠床架屋。但笔者说,很缺！最缺穿透力强、影响力深、适于践行、直接地气的真思想。

教育发展到当下,在世界范围的激烈竞争和彼此赶超中,改革大潮一浪高过一浪,新的实验,新的理念,新的突破,新的成果,新的奇迹,很有"天翻地覆慨而慷"的意味。教育改革在全线运行并发展着,教育新理论也在提炼刷新着,笔者试着将新出现的教育思想、教育理念加以归结,梳理出当代如下十条教育原则。

当代教育原则之一：育人为本。

"育人为本"取自"以人为本"。该词语最早见于管仲对齐桓公的陈述："夫

[①]《礼记》,蓝天出版社1998年版,第89页。

霸王之所始也,以人为本。本理则国固,本乱则国危。"①

人力资源是民族振兴、国家发展的第一资源,教育是开发人力资源的主要途径。努力培养造就数以亿计的高素质劳动者、数以千万计的专门人才和一大批拔尖创新人才,是我国教育的神圣责任。因此,育人为本可谓是教育的生命,教育本质的价值诉求。故可称为新时代教育的最高原则、第一原则。

当代教育原则之二:以德为先。

德为人之魂,即人的全部行为的主动力和总源泉。小胜靠力,中胜靠智,大胜靠德。德是人第一和终身的财富。孔子对教育人生总结说:"志于道,据于德……"其意以道为志向,以德为根据。赫尔巴特说:"教育的唯一工作与全部工作可以总结在这一概念中——道德。"②

树人必先立德。"立德"出自《左传·襄公二十四年》:"大上有立德……""树人"出自《管子·权修》:"……终身之计,莫如树人。"人兽之别重在人怀德。好人与恶人之分在好人崇善。

教育就是在植善去恶中培育人性,修炼德行,种植善美,让人的美好带动世界美好。据此,当把人文关怀注满课堂,让课程成为育德载体;使人文精神饱和全部教育活动,让每一个生命纵情歌唱。

以德为先是古今教育成功经验的精辟总结,亦是超越时空的不可置疑的一大教育原则。

当代教育原则之三:能力为重。

能力是生命对自然探索、认知、改造水平的度量,即综合素质。"坚持能力为重"出自《国家中长期教育改革和发展规划纲要(2010—2020年)》,针对课堂以知识为中心、死记硬背知识尽为应试,造成学习与应用脱节的状况,去除所培养人才缺乏竞争力的弊端。

---

① 《管子》第2册,商务印书馆1936年版,第8页。
② 张焕庭编译:《西方资产阶级教育论著选》,李其龙译,人民教育出版社2002年版,第259—260页。

知识只有在实际中应用,才是活知识,方能转化成能力,发展为智慧,才体现出价值,拥有力量。能力包括学习能力、实践能力、思维能力、表达能力、创新能力、与人沟通的能力等,是支撑生活和事业的杠杆。获取了能力,学生才能主动地适应社会,开创美好未来。所以,能力为重是现当代极为重要的教育目标和教育原则。

当代教育原则之四:全面发展。

孔子反思人生时所说的"游于艺",指在礼、乐、射、御、书、数等"六艺"上样样精通,完善自己,具备综合素质。这是他己立立人的写照。

当下,人的全面发展是指全人化的发展,包括人的需要、人的素质和人的本质的全面发展。人的本质"在其现实性上,它是一切社会关系的总和"。① 当然,全面发展不是均衡发展,全面发展和个性发展具有同一性。

全面发展旨在为社会提供符合标准的人才,这既是时代对人才培养最基本、最本质的要求,也是每一个人自身发展的迫切需要,因此,是一条纲领性的教育原则。

当代教育原则之五:面向人人。

"面向人人"最早出自《中国教育现代化2035》文件中。教育当像太阳一样,明亮而温暖地照耀每一个人,人人受教育,教育为人人。让每一个人成人成才成功走向精彩,是教育的神圣任务和崇高价值之所在。

这是教育目标,又是教育理想,也是奋进时代小康社会所展现的生命丽景、美好画卷。

当代教育原则之六:终身学习。

终身学习来自终身教育。终身教育的概念始于1965年,由联合国教科文组织成人教育局局长保罗·朗格朗正式提出并经联合国教科文组织讨论通过。其定义为:"终身教育这个概念包括教育的一切方面,……世界上没有一个非终身而非割裂开来的永恒的教育部分。""终身学习是21世纪人的通行证。""终

---

① 《马克思恩格斯选集》第1卷,人民出版社1995年版,第18页。

身教育是学习化社会的基石。"①

终身学习指贯穿于人的一生的学习(含所受的各种教育、培训的总和),以适应社会发展和个人发展的需要,"维持和改善个人社会生活的质量"。中国人常说的"活到老学到老"即为此意。这一教育原则纵观历史,透视人生,颇有大胸怀、大视野、大境界。

当代教育原则之七:素质教育。

这一术语,1987年4月由时任国家教委副主任柳斌提出:"……基础教育不能办成单纯的升学教育,而应当是社会主义公民教育,是社会主义公民的素质教育。"

素质教育"以提高国民素质为宗旨,以立德树人为核心,以培养创新精神和实践能力为重点,面向全体学生,求德、智、体、美全面发展,把知、情、意、行融合起来,把学会做人、学会求知、学会办事、学会健体、学会审美、学会创造,贯穿于教育过程的始终,这就是素质养成的核心架构"。②

素质教育属于中国话语。在几十年的理解和践行中,该理念和原则已被广泛接受,写入法律条文,由党和国家发布正式文件在全国范围内全面实施。

进入新世纪以后,在落实素质教育总纲领中,出现了强有力的抓手——核心素养。两者如前大后小的同心圆。核心素养成了素质教育的落地升级版。

当代教育原则之八:自主学习。

自主学习之意源于孟子,他以自求自得为学习的核心策略:"君子深造之以道,欲其自得之也。自得之,则居之安;居之安,则资之深;资之深,则取之左右逢其源,故君子欲其自得之也。"③其意是,君子遵循一定的方法来加深造诣,是希望自己有所收获。自己有所收获,就能够掌握牢固;掌握得牢固,就能够积累深厚;积累得深厚,用起来就能够左右逢源。所以,君子总是希望自己有所收获。当代知名校长刘彭芝也认为,培养学生的自学能力是第一位的。美国教育家布

---

① 《学会生存——教育世界的今天和明天》,华东师范大学比较教育研究所译,教育科学出版社1997年版,第223页。
② 柳斌:《新时代,把素质教育进行到底》,载《中国教育报》2018年9月19日。
③ 《孟子·离娄下》,参见《大学 中庸 孟子》,蓝天出版社1998年版,第108页。

鲁巴克说,最精湛的教学艺术,遵循的最高准则就是让学生自己提出问题。教育名家一致看好自主学习。

自主学习是学习者的常态和优秀学习品质,是学法的核心与精髓。须知,靠山山倒,靠人人老,靠自己学习最牢靠。进入学习型社会和智能时代,自主学习尤为重要,要让自主成为自然,学养化为修养。

当代教育原则之九:个性发展。

个性发展,指人类个体出生后直到青少年期个性(人格)的形成和发展过程。重视个性发展是落实以人为本、育人第一、对生命高度尊重深度开发的教育原则。先哲"因材施教"即为其源头,当代"多元智能"则是其深索。个性是一个人在千差万别的大千世界上独一无二的特征,发现个性是发现生命的高峰,发展个性是发展生命的卓越。

叶澜在《叶澜自选文集》中说得好:"承认每位学生都具有自己的独特个性,承认他们每个人都是唯一的这一个,相互之间存在差异,这就是学生观中'差异性'的主要含义。有了这样的概念,就能克服教育中的完全趋向整体化一的弊病。"

追求整体化一、扼杀个性特长的补短教育,正在课程、课堂、教法改革中逐渐被抛弃,数以亿万计的具有健全精彩个性的人才,将不拘一格降于华夏。

发展人的个性,无疑是教育的出发点和归宿。

扩而广之,学校的个性为特色,地域的特色为特点,民族的特色为特质。有了特,木秀于林,鹤立于群。

当代教育原则之十:融合发展。

融合发展是新时代提出的全新理念,指导作用于各行业的飞速发展。教育的融合发展,指城乡教育之间、各门类各层面之间以至各学科教育之间,围绕着促进教育理念、管理方式、人员力量和教育资源等多元融合等课题,大力解决教育资源不均衡、教育发展不协调、教育综合效应不理想等问题,推进教育的整体联通联动、资源共建共享、融合共同发展的目标。

守正创新,有融乃强。融合发展重在融。融的前提在理念,融的关键在大局意识、全盘眼光,融的目标在创新。

此教育原则虽然提出不久,但已在成都等地显现出勃勃生命力。在全国教育融合发展的格局下,各地教育会出现质的精进。

美国教育学者阿克曼在《新世纪的根基:叩响最佳的传统教育与进步教育》一文中形象地说,不要把有关传统教育与进步教育看成是装饰华丽的手纺车中周而复始的转轮,"学校最显著的哲学形式,就如同DNA的双链一样:进步派和传统派是相互缠绕、相互作用、相互补充的。这就是我们应提倡的学校"。用古往今来教育原则融通而造就的"高超纺车",就能纺织出新时期华美适用的人才之锦。

古今教育,形态殊异,然而,历经制度的演化和价值的嬗变,教育的本质未改,真谛不变。体现教育本真的理念,薪火相传,其精髓超越时空,今古融通,古为今用。用好这些"传世恒言",自可补教育元气、元神,获教育原力。

第二十四节　循律而进

一

既然规律是法则,谁也跳不出它的手心,为什么总有人偏偏违逆它,不怕碰得头破血流?

既然谁顺应了规律,谁就如鹰展翅如虎添翼,人与事业就走上了快车道,为什么人们又常常与规律擦肩而过,直到总结反思时方如梦初醒,悔之莫及?甚至此后又重复了既往同样的故事,仍未能跳出忤逆规律的怪圈?

既然教育规律隐藏在立德树人的践行中,不会一目了然,何以透过层层表象,尽可能快些辨识它、捕捉它、掌握它,携规律之手一路同行?

在教育工作里,人们时常遇此种情况:为了径直,常常绕弯;为了走出新路,往往背离常识;急于求成,每每与初衷渐行渐远,以至竟忘记目标在何方,路标又在哪儿?

一次次偏颇,一番番失误,让人昏了头花了眼,究竟差在哪里呢?差在理念滞后,思维断裂,责任失察?抑或头脑缺智少慧,行动冒昧,能量不足?抑或外界环境气候影响所致?我们亟待对思维和行动的轨迹明察深索,置于教育科学的天平上细细考量。

二

历史是一面镜子。笔者想从昨天的历史明镜上,回溯几位贤达校长是如何遵循规律而思而行的,以便于推助我们沉思,识辨该依照哪些路径走出误区。

先说说笔者多次访谈过的史绍熙(1916—2000)。

20世纪50年代后期,反右倾、"大跃进"氛围甚嚣尘上。校园放不下一张平静的书桌。开荒,办厂,小高炉四处点火,八方冒烟。学校教学秩序让位于走进田地与工厂大干。

1959年6月15日上午,在常州市小营前招待所会议室。国务院副总理陆定一主持召开贯彻教育方针座谈会。与会者你看着我,我看着你,噤若寒蝉。反右刚过,许多人心有余悸。陆定一的目光投向了常州高中校长史绍熙,点名说:"你是我国中等教育的专家,你要多提意见,畅所欲言。"

史校长个儿不高,阔脸棱角分明,额头宽宽,眸子深邃明澈。"好,好",他点点头,便开了头一炮。直接谈起当时普遍存在的劳动冲击教学的现象及其恶果,他实情实说,不藏不掩;说到必须以教学为中心"弹好钢琴",他理直气壮,毫不含糊;指出应切实转变领导作风,他面有愠色,语调激昂;托出教育、劳动、休息的"一、二、九"方案(一年确保一个月劳动、两个月放假、九个月教学)。

会议室里很静很静,只有他时高时低的语声如波如流。他没念稿,也没拿本,一个半小时的发言侃侃而谈,既坚守着校园不可撼动的生命流程,又散发着人格和心魄坚实刚韧的智慧锋芒。陆定一和省委书记陈光点头笑了。座谈会上的代表为他敢于直言快语暗暗叫好,有人悄悄竖起大拇指。陆副总理当场拍板:"一、二、九"方案在常州中学试行,取得经验后,再推向全国!一场谈话、一个方案、一道思想之光,照亮了荆棘丛中的圣园之路……

这位史绍熙,一向强调"德育为首""全面育人""减轻负担""精讲多练"等振聋发聩的教育主张。在举国各地大抓知识大抓高考的1982年1月,他发表了《努力培养中学生的创造精神》一文[①],极具前瞻性地提出"培养创造型人

---

① 史绍熙:《史绍熙教育文集》,上海教育出版社1984年版,第49页。

才是伟大时代赋予学校的历史使命",更指明应从更新教材、发展智力、改革考试方法、开展丰富多彩活动、培养学习习惯和学习能力、发展个性特长六大举措予以落实,这些摸准规律的思想与举措,如春雷闪电,激人猛醒,经多家报刊转载、中央人民广播电台播放后,引起强烈反响;今日,仍闪烁着真知灼见之光。

1992年岁尾到1993年早春,中国呈现经济转型期的巨大震颤。市场潮起,如涛如浪,也挟泥沙俱下,鱼目混珠。学校的德育工作显得扑朔迷离。

夜深了,朔风渐起,寒雪飘飞。在北国佳木斯一中,校长刘文华(1939—1998)从雪地漫步凝想归来,独立窗前,遥望万家灯火,陷入久久沉思。当时学子的心灵污斑点点:苏联解体、东欧剧变产生的心理冲击;拜金主义趋利化的波及;自我中心化的蔓延(58%的学生认为实现自我利益高于一切)。学子们在价值取向上问题迭出:对祖国缺乏自豪感,12%的学生认为"留学生不回来没什么不对";对社会缺乏责任感,73%的学生说扫校门前的雪是"额外负担";进行礼仪教育,18%的学生却称之"形式主义";对他人缺乏道德感,47%的学生认为路遇"打仗""吵架"应当少管闲事;对父母缺乏孝敬感,63%的学生不知父母生日是哪一天;对自己缺乏拼搏感,德行陨落,想入非非。

与此同时,社会道德在滑坡。棋盘边,只因对方缓一步棋,随手飞砖头砸向其头部;餐桌旁,少喝一杯酒竟导致"白刀子进去,红刀子出来"。麻将热,扑克热,热热烧身,不见工作热;干杯声,行令声,声声入耳,少闻读书声……

刘文华急得坐不住了。为铸一代心魂,拓出立德的"新大陆",他做大量调研,与同人们一次次研讨,攻读书文,写下篇篇感悟。抗战时,"八女投江"的指导员冷云(1915—1938)就曾在佳木斯一中的前身读书,脚下这块土地,还是刘英俊(1945—1966)拦惊马救儿童闪烁生命之光的热土!面对生与死的抉择,前行的佳木斯人如此勇敢无畏,血洒北疆,这里的后来人不该立德铸魂前赴后继吗!

他觉得,该针对青少年的心灵空洞,打一面常举常新的旗,能涵盖古今,鸟瞰中外,体现爱国、爱民、爱父母的思想;用这面旗,摧动国民高层次的理性思索,更对下一代进行强有力的精神引渡。他的思维越来越逼近了"新大陆"。

"把忠心献给祖国!"蓦地,脑子里蹦出这么一句,他禁不住惊喜起来。

"把孝心献给父母!"紧跟着,又一句跳了出来!

对社会提啥心?——热心!对他人呢?……对自己呢,也该提点什么,决心?信心?诚心?……

情涌,心飞,思门洞开,满目豁然。

春天,播种的日子。在早春的北国之夜,刘文华顶着料峭春寒,破开了第一犁。这是希望的一犁,至为关键的一犁,播种中华道德灵魂的一犁啊!

天明之后,刘文华赶往学校,把他的思悟交给左膀右臂、诸位智囊讨论、完善。不久,"五心"这面旗正式打出来了——

把忠心献给祖国,

把爱心献给社会,

把关心献给他人,

把孝心献给父母,

把信心留给自己。①

学校建起"五心教育"领导小组,编撰实施纲要;编"五心"歌诀 50 条;编"五心"自测题 50 道;编"五心"操作点 50 条;编"五心"名人名言 50 条;举办了一场场专题讲座;以"孝心献给父母"为主题的班会开得激动心弦;班报、板报、广播及种种宣传手段同时启动,一场大剧有声有色地开场了。

神圣的校园红火了,师生的心儿红亮了。以学校开展"五心教育"实际情态为题材的校本话剧《托起明天的太阳》,从佳木斯校园演到北京中南海,以 5000 余场演出创造了中国话剧史上的奇迹,荣获中共中央宣传部的"五个一工程"奖和文化部(现为文化和旅游部)"文华奖"新剧目奖。"五心"教育的火种遍染五湖四海。一位北国校长的心血杰作,却为净化民族灵魂起了蝴蝶效应;

---

① 《刘文华教育论文集》,黑龙江教育出版社 1997 年版,第 55 页。

边城中学的创造,却引发华夏大地的沉思和震撼……

就在"五心"教育如火如荼于塞北江南之时,在历史悠久、文化底蕴深厚的北京第一中学,一个个考场静悄悄的,竟出现了无人监考的一幕:老师发完试卷,头也不回地走出教室,脚步声在空荡的走廊里回响,愈来愈远愈轻,最后考场内变得鸦雀无声。

学生爱把老师监考称作"猫捉老鼠的游戏",这里却不见了"猫们"的踪影。

在中小学考试作弊屡禁不止的态势下,如此大胆地直面时弊的,是该校校长王晋堂(1942—2011)。他认为,学校的一切工作都是教育。考试,应该兼有检查学业知识和人格教育的双重意义;监考,是绳之以行动规范的外力,人格教育,则可以从内部激发学生的自尊;无人监考是一个人格教育的过程,而不只是考试管理方法变化的结果。

我们天天讲德育首位,倘若作弊泛滥,岂不是对德育的一个讽刺?如果商店假冒伪劣商品充斥,商业道德岂不是侈谈!如果学校作弊成风,行为规范岂不是空话!王晋堂决定向习以为常的考试秩序宣战!

考试之前,学校做了不少未雨绸缪的人格教育工作。学校召集了班主任、年级组教师、学生班团会议和座谈会,并进行个别谈话,由班级讨论做出不作弊保证,再向学校提出申请,学校批准后张贴参加无监考班级名单……这之后,王晋堂专门给初一、高一的实验年级作《考试·作弊·监考·人格教育》的专题报告,考试时教室前后黑板写着:"汇报成绩不做当代文抄公,考试人生要当今日老实人""千教万教教人求真,千学万学学做真人"。初一年级黑板上写着:"作弊可耻,诚实光荣""诚实——我的骄傲"……浓重的人格教育氛围,情可袭人!

学生经历如此的考试深感痛快,仿佛一下子长大了。老师为学生的人格觉醒深感可喜,孺子可教!家长有如此孩子引以为荣,津津乐道。国家和北京市多家媒体做了报道,前来参观的学校络绎不绝……[1]

这一成功实验,令教育人如何在艰难的教育生态下循规而进,启示颇多:

---

[1] 王晋堂:《人格教育决战在考场——北京一中无人监考的尝试》,载《中小学管理》1996年第5期。

勇敢地面对问题——无论是老大难问题,抑或处女地问题,无私即无畏,公心即公正,此为前提;

在思想多元的当下,常识即常理,常理藏真经,真经不可违,甚为珍贵;

发现旨在解决,解决为行路,守正而出奇。守正即守望规律,出奇即开拓创新,此为全部目的。

三

爱因斯坦曾说:别人赞扬他思维能力强,有创新精神,他一点也不激动,但如果谁赞扬他小提琴拉得棒,他会兴高采烈。

看来,大科学家喜欢别人用超常规的视角、独特的眼光,去挖掘他那鲜为人知的特长,引发他心灵深处的兴奋点。这乃是慧眼识珠的发现。

这种独特的发现之于教师,是己立立人、己达达人的珍宝。

下面切入几个不同的视角,体味一下发现的价值。

课堂发现。

陕西省汉中市龙岗学校一节数学课。教学内容是比和比例。

女教师阳晓岚引导学生研究了比和比例的区别之后,转而问一个问题:"比和比例有什么联系呢?"她环顾全班学生,教室里出现片刻宁静。

一个叫小龙的思想怪异、成绩中等的男孩急切地举手抢答:"比是比例的老祖母!没有比就没有比例。"

"哈哈……"满教室哄堂大笑。阳晓岚的思维一时短路,当场语塞,这和她预设的教案相差十万八千里,她感觉着自己的火气直往上冒,这不是故意恶作剧,出己洋相吗?她心里暗暗叫苦。

笑声依然肆虐着,学生们似乎幸灾乐祸地等待老师的裁定。要么暴跳如雷大声呵斥,要么冷嘲热讽恶语中伤。阳晓岚犹豫着,红着脸不知所措地站在那儿,忽而觉得自己不妥:为什么不给他留一点面子呢?他的话也许有一定的道理呀,只是说得搞笑而已。

"小龙,你真幽默,你用诙谐的语言阐明了比和比例的关系。"阳晓岚微笑着示意小龙坐下,笑声也戛然而止,大家怔怔地看着老师,好像这句话不是从她的口里发出来的。

就在大家愣神的一瞬间,阳晓岚的脑海里突然迸出一点光亮——她发现了小龙思维中奇美的火花!

"是的,比例是由两个比值相等的比组成的,没有比就无从谈比例,小龙用形象的比喻把二者的关系讲活了,连老师都说不出来,我们为什么不为他的幽默说明喝彩呢?"停了一瞬,教室里响起了一片掌声。阳晓岚如释重负地笑了,笑得那么开心,那么灿烂……①

一个细节,极易溜掉;一点火花,稍纵即逝。教师发现的锐眼和学生发现的睿智一样无比珍贵。抓住了就播撒了一粒优良种子,会成长生命精彩的年轮;遗失了就丢弃了一片美丽时空,必定成为人生难以弥补的遗憾。发现的眼睛应时刻盯向前方。

志趣发现。

1986年秋,江苏名师洪宗礼观察班级中的唐卫华同学,各门功课都不强,唯独爱作文好读书。周日里,他像长在市图书馆里一样读书、看杂志,尤其喜欢读小说,写小说,常常写得入迷。洪宗礼觉察该生的形象思维有专长,善于编织故事,描写人物活灵活现,能娴熟地运用西方意识流的手法揭示人物内心的矛盾冲撞、个性的叛逆和张扬,且引人入胜。

洪宗礼想,有山峰必有山谷,不能削峰填谷,应该扬长助峰。对他说:"你有兴趣写小说,语文课免上,课上你可以写小说,多多写,往报刊投稿!"

得到老师支持,小唐腰杆硬朗了,底气鼓足了,人的精神气质突生质的蜕变,智能有了爆发式的释放。全新的象征手法,扑朔迷离的意识流,鲜明的寓意色彩,扇动着80年代青少年想象的翅膀——一篇篇小说写得一发不可收拾,先是短篇小说《黑骏马》在山西《中学生文学》发表,继而《孤火》在江苏《春笋报》

---

① 参见杨建平、汪建业主编:《掬一方生命的阳光》,教育科学出版社2009年版,第76页。

发表并获创作奖,《沉默的荒原》获《儿童文学》全国儿童文学奖,《青春的思索》《失落的少年》(中篇)也在大刊物上先后发表。他的作品在全国引起轰动,每天都有全国各地的一二十封来信,或约稿,或致意,或与他交流。他也被戏称为校园里的"小说专业户"。

然而,他的历史、地理学科不及格。"没有地理、历史知识,就好比人在河里没了根底,你写小说也上不了档次,终究成不了大器啊!立于地面固然脚踏实地,若站在高山上则可以瞭望四野!"洪宗礼及时指引他,他也句句都信,到高三下学期,他各科成绩都上来了。

恰好,苏州大学来招特长生,洪宗礼就推荐了唐卫华。大学校长非常感兴趣,决定让他免试入学。进了大学,小唐如鱼得水,风顺水顺……洪宗礼在华东六省(市)语文教学经验交流会上讲此范例时,掌声雷动,赞语四起。当时人们的思维还处于因长期禁锢而僵死固化的当儿,他第一个敢吃"螃蟹",率先举起发展和张扬学生个性的旗帜,怎能不给同人以心灵的震撼和思想的导引呢?

杰斐逊说:"再没有比以相同的态度去对待不相同的人更不平等的了。"① 而所有教育者的通病恰恰出在这里。

人性有美德又有弱点,心灵有同质又有个性,生命成长是阳光与星光更迭,高峰与低谷变换,前进与徘徊交替,为师者明察秋毫的发现,能点石成金,化谷为峰,让每一个生命振翅高飞!

现场发现。

1996年夏天,中国人民大学附中初中部招生现场。

满脸稚气又瘦削的男孩程丛夫由他父亲领来找到刘彭芝校长,父亲介绍说,他的孩子考试成绩不太理想,却喜欢开卡丁车。当场拿出一摞证书,其中有12岁就获得第一届北京卡丁车赛个人冠军的证书。

期间,刘彭芝不时地打量着神态拘谨的程丛夫。她从桌子上拿起一份材料浏览了几秒钟。随后,她轻轻地摘下眼镜,直视程丛夫问道:

---

① [美]杰斐逊:《教育——财富蕴藏其中》,联合国教科文组织总部中文科译,教育科学出版社1996年版,第191页。

"我看过你的自荐材料了,你长大了想做一名卡丁车车手?"

"不,我想当一名F1车手。"程丛夫清晰而略带腼腆地回答。

"什么是F1车手?"刘彭芝疑惑地问。

程丛夫平时不怎么说话,谈到赛车却仿佛换了一个人。他说道,F1是方程式赛车运动的顶点,中国至今还没有F1车手云云。他父亲也讲起儿子从6岁起就玩"过山车",后又迷上了卡丁车。

刘彭芝倾听,不时点头,她开始欣赏这个外表瘦小的男孩了。当他谈到赛车时,眼睛闪闪发亮,语气异常坚定,内心充满了激情。他的表情和手势感染了刘彭芝,她觉得这么有个性、有冒险精神的孩子,将来一定会不同凡响,具有非凡人才的潜质啊。

刘彭芝当即拍板收下这个孩子。程丛夫初中毕业前夕,刘彭芝又告诉他:"学校保送你上高中。"

在人大附中这片自由放飞的天空,程丛夫一步步飞向自己的梦想:

14岁,他夺得北京卡丁车锦标赛年度总冠军;15岁,他开始参加欧洲卡丁车赛事;16岁,他荣获国际A级个人最佳车手;17岁,他在国际方程式赛车年度总决赛中获亚洲方程式冠军、中国方程式冠军……2003年9月,他成为世界三大F1车队之一的麦凯拉伦车队的签约车手……[1]

凭一双慧眼和独到的感悟,在片刻之间,透视气质,识别天赋,发现潜能,预测走向,从而,拉开一位学子个性成才的帷幕,不能不说具有相马伯乐的功力。而此种超长规地发现、造就奇才的功力,绝不仅仅是造福于个体生命的迅猛发展,更是推助民族人才长河后浪推前浪的律动。

心灵发现。

河北冀州某初中有一名女孩儿,思维敏捷,领悟能力强,然而学业成绩总是处于波谷。她面容冷漠,常常唉声叹气,上课从不主动答题,作业也从来未完成过。当班主任问她有什么原因时,她垂下头,默默无语。

---

[1] 参见刘彭芝:《人生为一件大事来》,高等教育出版社2004年版,第359—361页。

班主任热切关怀她,一次次与她亲和谈心。渐渐地,她的心扉开了。原来她从小就没了妈妈,酗酒的父亲脾气火暴,父女间从不对话交流。极度缺乏精神供氧,使她心如枯井,性格怯弱。

根子找到了,老师深切同情她,关注她衣食冷暖,忧乐愁苦,不厌其烦地跟她促膝谈心,真心呵护,诚意感化,把她当成自己的亲生女儿。她生日那天,老师还特意选购了一件她喜爱的杏黄色裙衫送给她。期中考试前的一天,见她脸色红得异常,老师一摸额头热得烫人,知道她感冒了,又怕耽误考试,便打车带她去医院,拿回了药。她感动得泪流满面。期中考试这个女孩儿科科得了高分,有的科还得了满分,老师和她一起高兴。从那以后,她几乎把自己烦恼与快乐都说与老师分享,人也变得知恩,懂事,热情,自信,向上。一个半学期后,她考取了冀州最好的高中,开始了全新的生活……

教师全部教育技巧的核心秘密,就在于走进每一个孩子的心灵:给脆弱者坚强,给病残者疗伤,给孤独者支撑,给蓬勃者培优,让他们都欣享在有尊荣有机遇的发展空间里,快乐地挑战人生的极限。

科研发现。

2008年11月23日,李吉林"情境教育"国际论坛在江苏南通举行。作为小学教师的李吉林,是靠着什么走向世界的呢?

一言以蔽之:靠的是科研发现。

"文革"硝烟刚散,教育列车未上正轨,李吉林(1938—2019)已经发现教学中存在的偌大课题:"小学语文对孩子们影响太大了,但这些年来,弊端太多了,看出了问题不碰它,我实在是坐不住!"42岁的她,从一年级教起,开始研究如何激活学生的智力这道原始性问题。她借得《小学生心理特点》薄薄小书如获至宝,反复阅读,做了摘记,脑子突然对理论开了窍,"觉得自己就如同最常见的丝瓜、扁豆,它们是可以攀缘向上的,但是需要棚架的支撑,没有支撑,只能趴在地上,不可能向上攀去,也就结不出多少果实来。此时我产生了一种用理论来支撑我的经验世界的想法……"深入的领悟,朴实的联想,思于前,行于后,一场情境教学的科研之路迈出了甚为紧要的第一步。

在教育理论支撑下,她写出第一篇论文《在小学低年级语文教学中怎样发展儿童的智力》,谈及以培养学习兴趣为前提,以积累感知材料为基础,以启发积极思维为重点,以训练语言为手段。在教改潮流中,她撑起学术研究的风帆,率先起航了。[①]当教育同人眼盯着知识、认知之时,李吉林在智力开发的处女地已收获第一批果实;当同人们从她的垦荒里初悟智力开发的神奇,她又着手对非智力的情感教育进行发现与探究;当教坛一些改革尖兵循其路研究情感教育时,李吉林的目光又发现了语文审美教育的真谛,走向了情境教育:从中国古代文论的情境说理论和伦理学的真善美品格理论中汲取营养,她在教育实践中进一步创新并收获了累累硕果。一步步探索,一程程前行,李吉林不仅为我国的素质教育开道,还在世界教坛上,为中国教育获取了相当有力的话语权。诚如原中央教育科学研究所所长朱小曼所说,李吉林老师"代表当代、当代教育来解决一百年来没有解决好的教育难题"。

用科研的眼光、科研的思维去发现求索,就会发现泥沙里的金粒,索得教海中的捷径;站在人生与历史的高山之上,把教育当学问,从而成就大学问;把职业当事业,从而做出大事业;把使命当生命,从而升华大生命;把育人当作人,从而走向大境界。

四

前面,从实例与说理的结合上,我们探究了循规运行的一些问题。笔者积半个世纪的经验感悟到:循规而进是一个极为复杂而艰难的教育过程和生命历程。其中,既有教育理性提升,又有改革实践探索,既受制于教育者的智慧力,更取决于教育者的事业心。

对规律的态度当记住几个关键词:体察、发现、遵循、驾驭。

欲驾驭规律,首要遵循规律,遵循比驾驭更具有现实意义;

[①] 李吉林:《情境教育的诗篇》,高等教育出版社2004年版,第10页。

欲遵循规律，先得发现规律，发现比遵循更饱含前提价值；

欲发现规律，特须体察规律，体察为发现揭开神秘"盖头"。

这就是透过现象，洞察本质；通过方法，发现规律；把握规律，破解问题。

有许许多多的教育者，长年累月在教坛一线摸爬滚打，终日忙得不可开交，累得昏天黑地，却不肯或不懂得拿出一些时间自觉钻入理论的世界里去体察、去思悟、去总结、去抽象方法规律，踏上实践的"跳板"腾跃。这样的人一辈子兢兢业业，辛辛苦苦，却无大的突破，更何谈升华？

著名雕塑家罗丹说："生活中不是缺少美，而是缺少发现美的眼睛。"教育教学的规律也是一样，倘若用一双睿智的眼睛去观察，用心去体味，会发现每一个细微之处都藏着广深的道理，都孕育着运作的技巧，都可以觅得妙法高招，从中提炼出道理、法则和规律。万不可以为前人已将规律都发现殆尽，我辈只能仰人鼻息地萧规曹随。其实，时代在变，人间在变，世人在变，破解难题和发现规律的内容与形式、客体与主体也都在变，若没有不间断的发现，教育就停止了。

法国著名天文学家弗拉马利翁1879年诗云：

> 你以为一切都已经发现了吗？
> 那真是绝顶的荒谬。
> 这无异把有限的天边，
> 当作了世界的尽头。①

教育人应遵照陶行知的"六个解放"来解放自己，沉潜到教育大海深处，寻找规律珍奇，驾驭规律畅游，从必然走向自由。

日前，见网络上有一副对联：鸟在笼中，恨关羽不能张飞；人活世上，要八戒更需悟空。笔者略改几字：人在教坛，恨关羽不能张飞；心向目标，要八戒更需悟空。上联，讲教育者没有实现自我解放前的郁闷困境；下联，说走出困境后腾云驾雾悟得大道的辽阔襟怀。

---

① 参见李良《探索冥王星的秘密》，载《现代物理知识》2006年第3期。

第九章

文之魂

> 　　创新,永远剑指昨日的惯性思维和惯性行走。
> 　　创新是继承,更是发展。创新是目的,更是过程。创新是精神,更是行动。创新是智慧,更是功能。创新是做对事业,也是优化人生。
> 　　创新意识是跳板,创新精神是原动力,创新能力是擎天石。

第二十五节　灵魂符号

一

　　这是一种宏阔意象,从无限小的奇点开始,拓展到如今的整个宇宙;这是一个灵魂符号,它发起在身心之内,激荡在人类文明之中,磅礴于天地之间;这是从无名到有形的不息之力,投射于山河,作用于历史,调整着社会的航向,重塑着人生的价值。

　　它是始,它是终,它推动着万物间的变化,编织着文明的经纬。

　　它到底是何方神圣?它就是我们耳熟能详的一个词——创新。

　　创新是时间与空间的流向,标识着浩瀚时空的路标;是国之魂、民族之魄、文明之魂、历史之精髓,是一切发生发展的核心要素。

　　它显现于人类的身心中,是伟大而美妙的灵魂符号。

　　天之德曰生,生在开源中创新。

　　地之德曰育,育在发展中创新。

　　人之德曰仁,仁在和谐中创新。

　　从茹毛饮血的文明初始,到当下互联网、大数据充斥的知识经济时代,创新是人类止于至善的法宝。为了透辟地求索创新的真谛,我们当穿越时空,回望今古,在文化教育的圣地里细细观照。

二

中国文化的基本特征在创新,中华民族本体精神在创新。

什么是"新"? 据《新说文解字》注:"取木也。取木者,新之本意。引申之为凡始基之称。"所谓"始"即开始,始与新含有相同的意思,泛指第一次出现的行为或事物,如岁之首为新年,始出之月为新月,第一次报道的消息称新闻,第一次出嫁之女为新娘,等等。又据甲骨文释义,新乃薪之本字,左边是木,右边是斧子,用斧子砍伐木材之意。对此,国学大师章炳麟先生(1869—1936)追本溯源说:"衣之始裁谓之'初',木之始伐谓之'新'。"[1] 至此,"新"字的含义已经十分清楚,凡是第一次发生(出现)的事物、观点、见解、发现和发明,我们可以称之为新事物、新观点、新见解、新发现和新发明。

在《周易·大畜》中有"刚健笃实,辉光日新"(简称"刚健日新")的语句,著名古文字家高亨注释:"天之道刚健,山之道厚实,天光山色,相映生辉,日日有新气象。"商汤的《盘铭》说:"苟日新,日日新,又日新。"宋朝理学代表人物朱熹对此言有详细解释,意思是,修身之德也要像洗澡一样,每天都要清洗思想上的污垢之物,这样每天都会有所进步。思想上这样的吐故纳新要时时刻刻坚持不懈。

在汉语中,由新字衍生出许多成语,如温故知新、破旧立新、新陈代谢、革故鼎新、弃旧图新、日新月异等。结合其意象和应用可以看出,求新的思想,体现了中华民族文化的精髓。而在《周易·系辞下》中,又有"穷则变,变则通,通则久"的立论,说事物发展到极点就会发生变化,变化使发展不受阻塞,事物才能不断前行。这提示人们,面临不能发展的局面时,必须进行变革、创新以改变现状。此乃对事物发展的洞察达到极致之论。

---

[1] 章炳麟:《论承用"维新"二字之荒谬》,载《国民日报》1903年8月9日。

人类文明的原动力在于创新。

《周易》曰:"天行健,君子以自强不息。"其意说,君子处世,应像天一样,自我力求创新,刚毅坚卓,发愤图强,永不停息。此言精准地道出了人类文明的原动力。

再观西方文明,前行的每一步亦打着创新的烙印。远的不说,只简述文艺复兴,发生在14世纪到16世纪的那场表面要恢复古罗马文化的潮流,实则为新兴资产阶级精神的空前解放与思想文化的创新运动。该运动最先在意大利各城市兴起,后席卷西欧各国,揭开了近代欧洲历史的序幕,卷扬起科学与艺术的革命浪潮,涌现出文艺复兴先驱但丁(1265—1321)、"人文主义之父"彼特拉克(1304—1374)、著名作家薄伽丘(1313—1375)等文学三杰,和欧洲艺术的"拱顶之石"达·芬奇(1452—1519)、体现了人文主义思想的著名画家拉斐尔·桑西(1483—1520)、当时雕塑艺术的代表米开朗琪罗(1475—1564)等美术大师,更不必说在音乐、天文学、数学、物理学、生理学和医学、地理学、建筑学、心理学等领域所取得的重大突破。难怪恩格斯如此高度评价"文艺复兴"的伟大创举:这是一次人类从来没有经历过的最伟大的、进步的变革,是一个需要巨人而且产生了巨人——在思维能力、热情和性格方面,在多才多艺和学识渊博方面的巨人的时代。

教育的本质和真谛——围绕人的成长和完善以适应其时、其地、其势的全程需求,同样离不开创新。

在中国,孔子是教育创新的先行者。他充满了创新在前敢担大任的气质,也蕴含了睿智晓畅的创新风格。他编撰的《诗》《书》《礼》《乐》《易》《春秋》六经,是在对春秋时期各种思想文化进行一番审视、选择和编纂之后,才纳入"以文化人"的教育体系中,传给"七十二贤人"和其他莘莘弟子,并惠及了儒家、墨家、法家等学派,以此完成了中国教育对中国文化的第一次选编。而他与弟子言论的语录体散文集《论语》,则是孔子径直对政治主见、伦理思想、道德观念、文明价值、教育原则的宣示。这部足可终身咀嚼、学用不尽的宝典无处不展示创新理念的无限魅力。

孔子不愧为创新巨擘。他的灵动思维在创新,灵透观察在创新,灵活方法在创新,灵机反应在创新,灵通对答在创新,灵粹思想在创新。每日每时他都在创新,他那丰富深远振聋发聩的教育主张,不仅在其时,就是在当下人类文明跨越性递进中,依然闪耀着创新的美丽光焰。也正是由于他这样极少数卓越人物的创新个性,为后来中国描绘了源远流长教育轨迹和独树一帜的文化特征。

秦汉时儒家经典、孔子晚期的弟子曾子(前505—前435)作的《大学》,提出教育"三纲领"之一的"亲民"即是新民,使人人都能去除污秽而自新。可见,古代圣贤将弃旧图新和自我创新的要务,早早锁定在教育的宗旨之内。

尤其当教育发展到今日,持续崛起的中国最迫切需要的更是创新,创新最倚重的是拔尖的创新人才,而创新人才的培养造就,最需要的是教育体制和机制的创新。

世界教育发展的起承转合,全程贯穿着创新。

世界教育的起,即各民族的文明诞生,尽起于本民族教育大师的创新思想的引领。

世界教育的承,即各民族的文明传承,也都是各民族承继本民族教育大师的创新思想导向,接力般地一代代弘扬光大,并且不断有所突破有所发展。

世界教育的转,各民族把握自我发展中的脉动,发现人有我无或我有人优的创造,自觉加以创造性地学习、借鉴、融合、赶超,以量的扩张求质的飞跃。

世界教育的合,即东西方、各民族的文明大融合,大融合中的教育大创新。彼此学习,取长补短,互将对方的教育强项视为自己发展的坐标,在本国改革图谱上融入他国有益的教育亮色,做最好的自己。

当代著名历史学家、人文学家许倬云(1930—)充满感情地比喻,中华文明宛如这滔滔江水,从独特的源头出发,拾得各个时代的支流,最终奔流到蔚蓝浩渺的大洋。人类文化教育的发展史就像大江大河汇流,是一个逐渐融合的过程。在彼此相通的海洋中,长江、黄河的水滴,将与别处的水滴混合。那时,中国的江水河水、印度河、恒河、尼罗河、波斯湾、红海、地中海、密西西比河、亚马孙河、刚果河……各处的水滴将在本来就分不开的大洋中,难分彼此。鸟瞰地球,所有的文化就像小河流,终究汇合进世界大洋。①

他山攻玉,他境返身。对东西方文化教育的融合,大学者钱钟书(1910—1998)有高论:"东海西海,心理攸同;南学北学,道术未裂。"②社会学家费孝通(1910—2005)有箴言:"各美其美,美人之美,美美与共,天下大同。"③一生穿行于东西方文化之中的季羡林(1911—2009)有精思:"学问在东西之间"④,"东西文化互补"。语言学泰斗周有光(1906—2017)有卓见:"当今的文化是国际现代文化和传统文化两个方面,而不是东西轮流坐庄。"⑤他否定所谓"三十年河东三十年河西"的看法,显露出透视古今的睿眼。学术巨擘们的断语,为文化教育的未来走势竖起方位性的坐标。

当代学人袁振国将教育创新聚焦在人才的创新上,提出"把人的创造性的培养变成一种功能"的命题,并把内容创新、方式创新、MOOC(大型开放式网络课程)、线上线下一体化,解析为互联网教育的几个阶段。⑥这又何尝不是东西方教育融合的创新探索呢?

归根结底,所有创新都基于每一个生命个体的生命创造。青年才俊刘铁芳揭示:"生命创造的激情和活力,首先是为了自我生命的活力与心智的卓越,避免个体心智的平庸与个体发展中的自我封闭,激活生命永不懈怠的意义感和成长感。"⑦

三

时间、空间和经验增加了他的知识,谁也没有达到完善的地步,

---

① 许倬云:《万古江河——中国历史文化的转折与发展》,上海文艺出版社2006年版,后记。
② 钱钟书:《谈艺录》,中华书局1993年版,"序"第1页。
③ 费孝通在1990年11月2日80寿辰聚会上,曾经意味深长地讲了此16字箴言。
④ 季羡林:《其学问"在中西之间"》,载《光明日报》2009年8月11日。
⑤ 周有光:《被上帝遗忘的"汉语拼音之父"》,载《人物》2011年第5期。
⑥ 袁振国:《互联网教育面临的挑战》,载《中国教师报》2015年7月19日。
⑦ 刘铁芳:《追寻生命的整全:个体成人的教育哲学阐释》,高等教育出版社2017年版,第473页。

他以为是知道的,实际上有许多地方还不知道。

或改正他的错误,或训诲他,
或引导他放弃那些他过去曾经深信不疑的东西。①

这是英国科学家哈维(1578—1657)很喜欢的力主创新的一首诗。其实,我国诗词中歌咏创新的诗句更是高超绝妙,如"删繁就简三秋树,领异标新二月花"②"丹心未泯创新愿,白发尤残求是辉"③,等等,俯拾即是。

创新是什么?

是将苍老的树连根拔起,再植入一棵新树吗?是截断一条污浊的河而引进一泓清泉吗?显然不是。

就像曙光在黎明前的黑暗中攒足了能量才渐渐显露出旖旎风采,创新也是在吮吸老化机体的全部营养后而生长出来的鲜活生命。因此,创新并非另起炉灶(那样会成无源之水无本之木),而是对事物原有机体或小或大、或枝叶或主干的改良、改造和更新,所以说,创新是基于继承之上的,善于继承才能更好地创新。

朱永新发起的新教育实验,以"新"字为主要特征,驰骋于中国教育变与不变的辩证统一中,力图让陈腐停滞的、违规失律的、令人窒息的教育内容、教育形式、教育方法休息,代之以鲜活的、契合规律的、催人发展的教育内容、教育形式、教育方法。他说:"新教育实验的'新',并不是赶时髦,也不是强标榜,而是一种传承,一种呼唤。"他还具体诠释说:

——当一些理念渐被遗忘,复又提起的时候,它就是新的;

---

① 转引自王梓坤《科学发现纵横谈》,上海人民出版社1978年版,第52页。
② [清]郑板桥(1693—1765)为自己书斋所题的对联。
③ 出自著名数学家苏步青(1902—2003)。他九十高龄仍以"丹心未泯创新愿,白发犹残求是辉"陈述心怀。

——当一些理念只被人说,今被人做的时候,它就是新的;

——当一些理念由模糊走向清晰,由贫乏走向丰富的时候,它就是新的;

——当一些理念由旧时的背景运用到现在的背景去继承、去发扬、去创新的时候,它就是新的……①

是的,教育的创新,应该是寻求理论与实践的统一,历史与逻辑的统一,继承与创新的统一,让教育返璞归真,回到教育的原点。新教育不仅有现实的关注,更有终极的关怀,激励我们对当下的教育反思,对历史的教育怀想,对未来的教育前瞻。

如此教育,实质在扎扎实实地完善着几千年传承下来的、独具特色与优势的中国教育的元素,优化着当下乃至未来中华儿女的生命基因。

笔者一向认为,创新,永远剑指昨日的惯性思维和惯性行走。创新是继承,更是发展。创新是目的,更是过程。创新是精神,更是行动。创新是智慧,更是功能。创新是做对事业,也是优化人生。

创新全倚靠创新的人——有创新意识、创新精神和创新能力的人,才有创新践行和创新成果。在提倡"大众创业万众创新"的当下,作为人才摇篮的教育战线,创新,一瞬间也不能停。

笔者确信,教育创新并不神秘,从本质上说,教育创新是教育的创新思维和创新策划的行为物化。教育创新来自管理者、专家和教师的共同体,而第一线教育人拥有天然专利。因为教育创新,永远属于脚踏实地的实践者,朝气勃勃的开拓者,上下求索的思想者,敢为人先的领跑者,主动担当的奉献者。叶澜说:"教育的问题是研究不完的,因为孩子天天在长。只要有发现问题的眼睛、有研究问题的心,样样皆可研究。""用创造学校新生活的理念开展日常教育活动,使师生成为学校生活的主动创造者。"②因此,只要一双眼睛在发现,一颗心儿在思索,一张蓝图在行动里描绘,一个舞台还愁演不出精彩的创新连续剧吗?

---

① 朱永新:《新教育》,漓江出版社2015年版,第18页。
② 叶澜:《生命·实践教育的信条》,载《光明日报》2017年2月21日。

教育创新,当聚焦于教育创新的能力。2019年暑期,江苏省海门市各学校校长在上海封闭培训五天,主题是"创新领导力"。培训邀请了上海交大、复旦大学等知名大学的一大批专家,所讲内容除了教育还涉及人工智能、中美贸易战等。他们要让校长们思考,基础教育阶段怎么回应当下遭遇的问题?他们要让校长们知道,如果未来十年我们仍然造不出世界一流的芯片,中国经济会徘徊在低迷状态,这是很可怕的!

教育怎么去改变?专家和校长们均感到,未来无论怎样网络化、信息化、智能化,它都指向人最核心的能力,即人的创新能力。然而,创新能力恰恰是基础教育最不重视,最需加强的。教育的创新——要在普及九年义务教育的基础上,在全面实施素质教育的过程中,直面知识经济时代的挑战,借助人工智能宽宏的舞台,开发培养中小学生的创新意识、创新精神和创新能力的问题,确实任重而道远。

创新意识是跳板,创新精神是原动力,创新能力是擎天石。三者将每一个人助推成思维前瞻、心态前导、行动领先而赢得竞争的人才,做到如苏霍姆林斯基推演的结论:"不管一个少年的一般智力水平如何平庸,他在某一方面应能达到并体验到可观的成就,在某一方面感到自己是一个真正的创造者,知识的主宰。这也正是把人与学校、人和智力生活领域、人和一般素养联系起来的牢固基础。"[①]

[①] 蔡汀、王义高、祖晶主编:《苏霍姆林斯基选集》第3卷,教育科学出版社2001年版,第741页。

第二十六节　杏坛光芒

一

教育创新给教坛投以美丽的霞光。

教育实践每日每时都在创新，教育（学）模式总是在流变中推陈出新，教育理论也"水涨船高"有所更新，没有任何一种新实验、新模式、新理念能一成不变，永恒保鲜，四海之内皆可复制。可以肯定地说，新创造每每历经一段繁荣之后，便会逐渐淡出人们的视野，隐没在历史的地平线背后，留下自己的匆匆背影、勃勃精神和淡淡印记。

教育前沿改革者的魂是自主创新，再完美的抄袭也是偷巧，再精致的复制终为仿造。盲目跟风，吃人家嚼过的馍，那毕竟是对探路者的想象力创造力的无情扼杀。

教坛一线的深土层是教育创新温润的产床。那些为革旧鼎新不知疲倦的探索者是教育新生儿的助产士。管窥蠡测，以基础教育一线为例——1958年的"集中识字"、1982年的"注音识字"、1987年的"韵语识字"等教学改革实验，分别产生于辽宁省黑山县北关实验学校特级教师贾桂枝和李铎、黑龙江省佳木斯市第三小学特级教师周慧园、辽宁省东港市实验小学特级教师姜兆臣；践行素质教育的愉快教育、尊重教育、成功教育等教育途径,分别由上海一师附小倪谷音、河北衡水中学李金池、上海闸北八中刘京海等基层校长首创,一度在我国的教坛上独步一时,自领风骚。

进入20世纪90年代以后,几项重大的教育创新在农村后进学校展露新枝。

"先学后教,当堂训练",这是蔡林森校长1992年在江苏省洋思中学带领教师在实践中形成的高效教学模式。以往教学,谁听说还有先学后教的?洋思中学却将课堂教学结构改为:一是"先学",即学生看书、检测;二是"后教",即学生更正、讨论,再教师点拨;三是"当堂训练",即当堂完成作业,"堂堂清"。三大环节前还有三个辅助小环节:板书课题、出示目标、自学指导,铺就踏上"高速公路"的"引桥"。可别小看了此模式,它成了濒临关门的洋思中学的"诺亚方舟"。后来,退休了的蔡林森将此"方舟"又带到河南省永威学校,令学生的学业水平大幅提升,适用性和高效性得到验证,表明该教学法比较符合认知规律和教育科学。

"自学反馈,让自信的学生动起来;小组讨论,让自主的课堂活起来",这是2019年9月被国家人力资源和社会保障部、教育部评为"全国教育系统先进集体"的山东省茌平县杜郎口中学——一所在世纪之交起死回生的农村学校做出的贡献。到过杜郎口中学的同人会发现:这里,孩子有主人情怀,心灵放飞,气质朗润,表述畅达;教学采用小组形式,不拘一格,收放自如,个性张扬。当该校洗尽铅华、走出聚光、回归淡雅与从容之后,人们该冷静地历史性回望,就这么一所原本生源差、教师学历低、教育质量差的学校,硬是凭着崔其升校长和广大教师的求真思索、求新构建和求实奉献,嬗变成打着自己创新烙印的名校,兑现了一朝上路圆梦、十载光耀杏坛的初心,辐射于华夏万千教育人。

再看布局调整时几乎要被撤并的江苏省溧水县(现为溧水区)东庐中学:1999年,该校在一次次"跌倒"之后,由校长陈康金牵头,经一系列的摸索、试验、改进、完善,创造出集教案、学案、笔记、作业、测试和复习资料于一体的教学载体——教学合一、师生共用的"讲学稿",这一教学文本成了提高教育质量的最佳切入点和突破口。因其开发出高效教学的潜在优势,便如同东风化雨,波及四方。先在南京市连获殊荣,成为深化改革的突出典范,又迅速闪烁于国内教坛,响应者云集。

人在危境绝境下能爆发出非凡的伟力。这种非凡的伟力融入了诸种奇异的元素:心的共鸣,力的喷涌,智的高翔,美的迸射!

上述事例正是"穷则变,变则通",触底反弹、告别绝境、自我救赎的证明,足可视为中国基础教育的几曲绝唱。当在逆境下打通了"任督二脉",创新势头无可阻挡,且以一校之创新,给力中国教坛,实乃大功。

教育史总是以一些有影响的重大变革和教育大事为里程碑,来概括既往的教育时空,留下幽邃思索和永恒记忆。这几所从绝路突围的学校均有这一特点。

自改革开放以来,创新号角四起,杏坛春波激滟,中国教育进入了波澜壮阔的提速期。志存高远的一代师表,爱教乐业,以生为本,深挖智矿,耕耘心灵。于漪、魏书生、李吉林、王思明、孙维刚、洪宗礼、李希贵、张思明、李元昌等名师灿如星辰;顾明远、刘道玉、朱永新、陶西平、叶澜、钟启泉、朱小蔓、裴娣娜、郭思乐等一批教育大家耀光教坛。也结出了情境教育、快乐教育、主体教育、生本教育等闪烁理智光辉与践行路径的前沿硕果,还呈现出诸如生本改革、综合改革、课程改革、学科改革、课堂变革等教改实验的专项研究突破。所有这些,或点上吐艳——万绿丛中一点红,或线上结果——大珠小珠落玉盘,或面上争芳——千树万树梨花开,都为中国教育增光添彩,注入满满正能量。

二

千水奔腾源一处,万木争荣本一根。

学校乃传承、发展和创新的文明之所,文化的创新当属学校标识性的创新丰碑。文化创新,像一本立体的教科书,物化的文化传承,磁化的精神启示,人性化的景象暗示,所引发立德树人的深刻质变,会充溢每一寸时空,触及每一颗灵魂。真乃"一枝一叶皆着意,一书一画总关情"。

因此,守住了学校文化的创新,就等于守住了学校创新的根,酿得出自己的芳香品味。

学校文化，一种无处不在无时不有的、显性与隐性的、主流与多元的、稳定而持久的、鲜活而深刻的影响力，外显为学校的精气神，内化成学校的神经和大脑。

如此的学校文化不是虚空的、口头的、纸面的，而是切切实实根植于师生的教育、教学、科研、活动等全程里。它用温馨故事传播，靠适切机制培育，以良好习惯赓续，因而富有生命力和灵性。从文化共识到文化浸润再到文化自觉，这一系列的慢工细活，犹如水的润泽、气的弥漫。

学校文化之于人，是根深蒂固，深入骨髓，影响终身，左右全程，化作生命基因的。师生成长、管理水平、教育质量、办学特色，最终打拼的是文化，是文化的深与浅、高与低的真实回声。因其主宰学校发展的趋向与走势，显示鹤立鸡群的核心竞争力，具有冶情、励志、养心、塑魂的巨大能量，说它是立校之魂、兴校之本、强校之源，实不为过。

学校文化在哪里？在课堂上，在活动中，在网络间，在学与教的行为里；在眼里，在心里，在师生每一细微的情感里；在家里，在社会，在生活触角涉及的每一个故事里；在制度、目标、理念里，在校园每一角落里、每一块心田、每一个人的言行里。甚至，那一张张自信的面孔，一个个性化的身影，一声声爽朗的笑，都折射着学校文化的内涵。

学校文化建设外化于行、内化于心、润化于灵魂。

20 世纪 80 年代，北京大学开学报到之日，一名新生守着一大堆行李正发愁，遇到一位和蔼可亲的老爷爷，以为是老校工，便怯怯地请他帮忙。老爷爷说："孩子，行李我照看着，你放心去办你的事吧。"过了好久新生才回来，见老爷爷仍守在那里，很令他感动。开学典礼上，这名新生听校长介绍才知晓，老爷爷是大名鼎鼎的副校长、国学大师季羡林。

2004 年，第 20 个教师节之夜，湖北省歌舞团来宜昌一中演出歌剧《洪湖赤卫队》，3000 名师生在操场上观看，谢幕后人去场空，让笔者惊诧的是，草坪上竟无一块纸屑痰痕，更甭说矿泉水瓶之类的垃圾，每一寸校园都是如此清洁。优秀的学校文化,造就了师生的强大自我净化能力。

学校的文化建设,应有哪一些创新性内涵?

孵化校风的管理文化。

如网之纲、树之干,管理文化是最重要的隐性课程文化,直接左右教师的价值取向和生活态度,影响学生的身心发展乃至生命状态。

管理文化的侧重点在于理。理顺理清人与人、人与物、人与环境、人与制度、人与理念、人与内心的关系,无情的制度贯穿有情的管理。诸种关系理顺了,心就顺了,气就畅了,劲就足了,好像被堵塞的七沟八壑一下子畅达了。

管理文化的支撑点在以人为本。管理者最需尊重生命,相信潜能,催化成长,牢牢把握管理大厦"刚性规范、柔性服务、活性激励"的三大支柱或曰"三性管理原则"①,刚性规范依靠科学机制的落地;柔性服务凭借人性关怀的护理;活性激励带来心灵触动的觉醒——做到刚性规范特刚,刚得凛凛生威,一丝不苟;柔性服务极柔,柔得心儿发颤,水乳交融;活性激励甚活,活得激情奔涌,群英争秀。精细化、艺术化、科学化地指挥团队,不懈地奔跑在育人发展之路上。管理者要善于从广度发现教育生长点,从深度增强师生的内生力,从亮度创设个性的伊甸园。

管理文化的着力点在于唤醒生命,激活灵魂。一个人的挺立、一个集体的崛起,来自生命的蓬勃,灵魂的高扬。人,站立起来是一道风景,昏卧下去如一堆废墟。叶澜说:"学校文化的关键是唤醒教师内在的创造激情",讲的即此理儿。同时,要给予点燃激情的教师相应的尊荣,让实干者实惠,吃苦者吃香,优秀者优先,有为者有位。造就了如此的教育生态,校长若让他上树摘一枚果,他甚至想登天采一朵云。

做得这些,管理者尚需清除目标短、思想懒、节奏缓、行动慢、突破浅的弊病。

---

① 东缨:《圣园之魂》,教育科学出版社1998年版,第710—727页。

发掘潜质的学生文化。

丰富多彩的学生文化给学生的健康人格以得天独厚的营养：读书使人生深邃，活动使人生睿智，实践使人生练达，磨砺使人生坚韧，探究使人生缜密，交流使人生豁朗，特长使人生高贵，自主使人生自信。

学生文化有三大导向：培养兴趣——兴趣是入门的向导；渐成习惯——好习惯是人格高利息的储蓄；修炼人格——人格是人生崛起的脊梁。

循上述路径，笔者对学生文化的终极目标进行多年思考，提出了落实学生文化的"三七结构"。意在为复兴大业育人，为学生终身幸福奠基。其内容骨架是：

横向，夯实三大基础：

终身学习的基础，获取提升生命的通行证；

身心健康的基础，获取负载生存的通行证；

交际办事的基础，获取驾驭生活的通行证。

竖向，牢竖七大支柱：

强健的体魄——载体；

创新的精神——灵魂；

睿智的头脑——中枢；

自信的心态——情商；

良好的习惯——沃土；

勃发的个性——山峰；

澎湃的激情——燃料。

实施"三七结构"，主要不是靠外力的牵动和助推，而是靠内力的醒悟和成长。牢牢地把握这一前沿理念，使立德树人赢得起点，优在过程，圆梦终点。学生手脚、心灵与个性获得解放，走出现代"科举"的迷宫，弘扬主体，舒展灵性，迸发活力，展现智慧，乘上成长之路上的快车。

统领教坛生态的教师文化。

教师是教育行与知的第一生产力。创办名校仰仗名师，学生择校亦在择师。

教师文化统领着教坛生态。教坛健康机体流淌着教师文化的血液,校园蓬勃形态充溢着教师文化的基因。

教师以身立教即以独特文化的魅力立教。有怎样气质、个性、品位的教师,注定会有怎样气质、个性、品位的学生。不少学生一辈子的思维里、处事待人的特点中都存留老师的影子,甚至行止姿势、说话语气、写字风格、音容笑貌,也留有老师的某些痕迹。

教师文化,从本质上说,是对教育事业的深刻领悟,对教育规律的最大认同,对学校核心文化的共同承诺。

教师文化的基点,是拥有职业生活的价值与幸福。

教师文化的要点,是不断拓展专业发展的路径。

教师文化的支点,是传承民族文化的道德良知。

教师文化的表象,是文化自觉下的专业成长中的快乐。

教师文化的深层动因,是接受高品位文化精神熏陶的渴求。

教师文化主要包含以下三大要素:

一是面对未来:一个缺失教育理想的人是搞不了教育的,教育是未来的事业;

二是充满智慧:一个缺乏悟性灵性的人是搞不好教育的,教育是智慧的事业;

三是饱含大爱:一个缺少爱生情感的人是搞不成教育的,教育是大爱的事业。

学校的核心文化为办学导航。

核心文化是一所学校的文化导向、品格神韵的写照,蕴含着对办学目标的精到诠释,及对育人内涵的本质解读,成为拉动该校发展壮大的主流价值观。

从班级文化、寝室文化到社团文化,从节日文化、仪典文化到誓词文化,从课程文化、制度文化到网络文化,从楼廊文化、园景文化到书刊文化,从教师文化、学生文化到家长文化,无不受学校核心文化的辐射。

核心文化的作用很像水的浸润,气的熏陶,情的感化,如感受大森林传来的气息。它无孔不入，无所不在，无时不有；能打通一校气脉，贯通教师文脉，连通学生心脉。

构建学校核心文化的原动力，靠一代代管理者的远见卓识和人格魅力在前引路，更靠师生员工的优秀品格和高超智慧注入新鲜元素，也依赖于对绵长的文化血脉稳定而持久地继承、丰富和发展，当然还掺揉地域文化的一些积极影响。

学校核心文化的育人目标，集中体现在校训等核心理念里。校训描画了远行导图，点亮了师生心灯，下达了前行指令。

放眼名校，大多拥有意蕴深远、直逼灵魂、聚力聚气、影响巨大的校训。不论其校训是浸透传统古韵，抑或濡染未来色彩，还是借鉴西式风格，都标志着高瞻远瞩的成熟理性。

哈佛大学校训："与柏拉图为友，与亚里士多德为友，更要与真理为友。"在此高远目标引领下，该校先后诞生了8位美国总统，40位诺贝尔奖得主和30位普利策奖得主。其商学院案例教学盛名远播，培养出缔造了微软、IBM、Facebook等知名公司的一个个业界精英。

天津市南开中学校训："允公允能，日新月异。"此校训凸显了张伯苓"公""能"教育的真谛：一曰公心，社会道德的培养；二曰能力，个人才干的锻炼。此核心理念言简意赅，寓意无穷，引导南开中学持续书写了传奇。校友中涌现了周恩来、温家宝2位总理，9位全国人大常委会副委员长和全国政协副主席，40余位我国省部级领导干部；57位中外著名科学家，及一大批教育家、医学家、外交家。

许多学校做足了校训文章。且不说清华大学的"自强不息，厚德载物"，北京师范大学的"学为人师，行为世范"，西南联大的"刚毅坚卓"，笔者近年调研国内数百所中小学校，见到许多颇具特色的校训，如成都市树德中学"树德树人，广才广能"，苏州中学"立己达人，先忧后乐"，焦作市许衡中学"以天下为己任"，温州市翔宇中学"和整个世界站在一起"，山东省寿光世纪学校"每天进步一点点"，南京市赤壁路小学"做最好的自己"，九江市龙山小学"永远微笑"，绵阳市东辰国际学校的"做有中国灵魂世界眼光的现代人",内蒙古阿旗天山一中的"五育并举灵智同修"等,都是内涵丰蕴、视角独特的校训。

三

"女娲炼石补天处,石破天惊逗秋雨。"①

2019年11月14日,第三届现代田园教育论坛在四川省蒲江县召开。该论坛求索乡村教育如何创新。笔者做了主旨演讲,将乡村教育向田园教育转型的创新方向,予以高度评价,视为补天之举。

乡村教育是中华民族的精神之根、文化之魂、教育之泉,寄托着中华文化的真精神、真内涵、真底色。然而,伴随计划生育和农民工入城,乡村学校经过一番关停撤并后,数量锐减。乡村教育悄然蒸发,文脉断流,书声稀疏,乡村荒凉了,乡愁孤寂了。乡村教育这半边天似乎将要塌下。

如何补上这半边天,为乡村教育找到一条回家的路、强身的路、攀峰的路呢?

蒲江县——一个面积583平方公里、人口26万的小县,在教育部教育发展研究中心等有关部门及专家支持下,在雷雨、杨忠云两位教育局局长接力式带领下,自2012年起做起田园教育——亲近自然、充满乡情、饱含田园神韵、融入信息智能的教育,一步步成了乡村教育的新亮点。

笔者以该县为研究中国乡村教育的窗口,数年间十一次到访。蒲江有本地厚重的文化底蕴,南宋著名理学家、教育家魏了翁在蒲江创办了当时全国十大书院之一的鹤山书院,至今全社会崇文重教蔚然成风;更有葱郁的教育生态,蒲江教育人在理念上追求回归自然静美、回归农村丰饶、回归书院精深,努力寻求现代和传统的嫁接、东西方教育融通。于是,当地田园教育的舒展节拍与教育现代化的激越脉动融通共舞,凸显和守望田园教育的多元价值:

---

① [唐]李贺:《李凭箜篌引》。

视觉开阔、听觉宁静、嗅觉芳馨、感觉恬淡的乡土性,以求得乡野气息扑面而来的乡土滋养;

课堂宽敞、教材丰富、心灵放飞的开放性,让杜威的"学校即社会""教育即生活""教育即生长"的理论在这里落地生根;

参与田园劳动,掌握劳技(如茶道文化、培育果树)的践行性,增强热爱"三农"感情,并在心灵深处种下劳动至圣的种子;

身心回归大自然,回归生活,回归成长智慧根源性,在师法自然、道法自然的感悟中,收获自我认识、自我体验、自我提升、自我超越的历程;

展示绣女刺绣一样精心的小而美、小而优的精致性,让乡村教育成为活力四射、人才荟郁的学园。

笔者考察蒲江教育,悉心把脉于田园教育,感到蒲江教育人的思路正,行动快,成果大,启迪多。

一是扎根——拥有心在田园教育、根扎田园教育的教育情怀、教育信念、教育信仰。为此,在队伍建设上,千方百计地再塑;在生命气象上,朝气勃勃地出彩。

二是守魂——构建了田园教育的思想体系。

出发点:乡土教育价值的激活与重建。其中,首要是建立起对田园教育的教育自信、乡土自信、生存自信、成长自信。

方略:重塑现代化、乡土化、精致化、特色化的乡村教育。

方针:培养有广阔世界眼光、精深中国情怀、芬芳田园气质的现代智能人。

方法:编著乡土教材,开设田园课程;走进"田园",像农民一样弯下腰来,精心培育学苗,一个也不能差。

三是塑核——打造田园教育的创新内核。

蒲江教育人在师资再塑、文化求索、顶层运筹、愿景描绘、教育融通等方面,都用行动舒展着创新手笔,解决乡村教育的荒漠化、边缘化、角落化的窘境。

四是壮干——育好教师成长的主干。

其一是理念先行。集中学懂学通教育现代化和田园教育的基本理念。

其二是践行跟进。教师综合素质、专业化水平和创新能力大幅提升。

其三是智能转型。从技能型的普师,到艺术型的名师,再攀向精深型的高师,实现从教坛必然王国向自由王国的跨越。

五是强枝——育出枝繁叶茂的办学特色。

不是向城市学校看齐,而是与乡村田园融合,一花一木皆是景,一校一园见灵魂。让硬实力很硬,软实力很实。

潮平岸阔风且顺,扬帆竞发正逢时。蒲江的田园教育是中国乡村教育的一面明镜,从知到行,由浅入深,它像山间溪流,正在探索中突破,在前行中领跑,可以预见,它所开创的田园教育的奇葩会越开越美,将引得乡村教育之花花团锦簇,美不胜收。

四

方法不对,做工几等白费。方向不对,前进即是后退。

当教育进入创新的深水区,有一些误区当引起警觉和留意,切莫陷于其中,以至误了行程。

创新是打破现有坛坛罐罐另起炉灶的白手起家吗?

不是! 这是幼稚病。新故相推舒画卷,丹青妙手向翠峰。破旧和立新,是相互连接着的前后脚步。每一步从来不是也不可能是悬空而起,悬空而落。承继既往精髓而走向未来愿景,是一个有始无终的行进。正如雅斯贝尔斯说:"从历史中我们可以看见自己,就好像站在时间中的一点,惊奇地注视着过去和未来,对过去我们看得愈清晰,未来发展的可能性就愈多。"[1]一个人、一个组织、一个民族乃至一个国家对待传承的态度,在很大程度上决定着未来。教育创新的某一项成果,都离不开对优秀传统的精细挖掘、精深继承、精彩弘扬。

情境教育创始人李吉林溯源情境教育时说:"情境教学能真正走出自己的

---

[1] [德] 雅斯贝尔斯:《什么是教育》,邹进译,生活·读书·新知三联书店1991年版,第58页。

路,主要是从我国古代关于'意境'理论中汲取丰富营养的结果。刘勰在他的《文心雕龙》中指出'物色之动,心亦摇焉''情以物迁,辞以情发'等观点,说明客观外物会激起人的情感活动,情感活动又会触发语言表达的动机,提高运用语言的技巧。这使我逐渐悟出'物'激'情'、'情'发'辞'、'辞'促'思'的相互作用的联动关系。"①从情境教育源远流长的承继里,看得出中华文化精华对今日教育创新何其重要!

创新是花样翻新吗?

不是!这是走形式。创新最大的忌讳是搞花样。有专家统计,自改革开放以来,教育界提出的诸如"磨砺""信任"之类的"某某教育"竟多达658种之多!②

有一些"创新"乍听起来,光鲜得很,一细问及,能说出独特的子午卯酉的,实属凤毛麟角。这哪是创新? 很像孩童在吹泡泡。五花八门的教育理论满天飞,折射出"创新者"的内涵疲软。

教育实验最大的浪费是"玩"实验。向上头教育科研部门去讨课题,抢课题,立项目,像吹笛子由上边人士按眼起调,下边人员糊糊涂涂只管吹气。如此煞有介事地搞什么实验课题,开题红红火火,过程冷冷清清,结题热热闹闹。实属真戏假唱,闹剧一场。亵渎了实验,戏耍了科研。花花绿绿的"创新"最终产生不出落地生根的东西,所谓的"创新"只是为了标榜。

北京师范大学家庭教育研究中心主任陈建翔博士说:"教育是千秋大计,也是一项本质上带有恒定性、继承性、保守性的事业。教育不应该轻言创新,有可能在所谓的创新中、在不断的花样翻新中,会削弱乃至否定教育的恒定性、继承性、保守性。但这并不排除某些特殊时期的需要。"这样的警示之言值得深思。

实验的宗旨即创新的目的,是为教育发展领路提速。不可急功,只能远利,需要改革实验者孜孜矻矻竭尽全力才能完成。

---

① 马樟根主编:《李吉林与情境教育》,人民教育出版社2000年版,第16页。
② 杨东平:《658种教育理论解决不了现实问题——教育的理论和活力存在于第一线》,载《中国青年报》2005年11月22日。

创新是拍拍脑门凭空臆想吗？

更不是！这是瞎折腾。黑格尔说："凡是合乎理性的东西都是真实的，凡是真实的东西都是合乎理性的。"① 不真实不合乎理性的所谓"教育创新"，常常表现为策划、方案、模式、举措的频频变更，新官上任即点火，你方唱罢我登台。墙推倒了，路另开了，树拔了重栽新品种，花坛平了造假山喷泉……这让人想起胡耀邦反对瞎折腾时总爱说的一句话："张书记挖，李书记埋，王书记上台又重来！"②

心灵的枯井汲不出思想的水滴，思维的沙漠找不见创新的清泉，拍脑门的臆想注定会刹那间灰飞烟灭。

创新教育就是"小发明小创造"吗？

当然不是！这是误判，失之于井蛙之短见，盲人摸象的偏颇。创新教育是以培养人们创新精神和创新能力为基本价值取向的教育，囊括着教育方方面面的创新，堪为教育跨越发展的主动力，而小发明小创造只是创新教育一个方面的小成果，就像创新大江里的一条小溪流。还有所谓把"细节做到极致就是创新"，"坚守就是最好的创新"等，都是一叶障目，以偏概全，种种误解，更不待说。

---

① 黑格尔：《法哲学原理》，范扬、张企泰译，商务印书馆2010年版序言。
② 胡德平：《耀邦同志为什么要改革》，载《同舟共进》2011年第9期。

第二十七节　千年潮起

一

万古江河，千秋岁月，百年沧桑。

时间无间隙，岁月有坐标。新千年以来，中国已进入大开大阖、大变大新的黄金时段。在此民族复兴关键时段所留下的激情出发、百业奋勇，将化作历史永恒的记忆。

新世纪新千年的格局之下，国人怀有诸多共识。于教育而言，最能凝聚人心共识的是：教育兴则国家兴，教育强则国家强。未来国与国的竞争，聚焦于培育人才的教育，聚力于教育竞争、人才竞争。若要赢得竞争，先须看清大历史时代。因为大历史时代呼唤大教育革命，大教育革命回应大历史时代。

第一次工业革命，发生于18世纪60年代到19世纪中期，以蒸汽机作为动力机被广泛使用为标志，开创了以机器代替手工工具的时代。蒸汽时代需要大量会读、写、算的工人，其教育任务主要是普及初等教育。

第二次工业革命，发生于19世纪70年代到20世纪初，以电力的广泛应用为显著特点，电力工业和电器制造业迅速发展起来，人类跨入了电气时代。电气时代则需要大量敢于发现、敢于发明的创新型人才。它呼唤一场新的教育革新运动。欧洲的新教育运动随之而现,多国度、多层面、多地域兴办新学校,培养适合需要的新人才。

第三次工业革命始于20世纪60年代,通常被称为计算机革命、数字革命。它呼唤着教育的深度改革,培养有素养、有智慧、有能力的人才。

当下,第四次工业革命在数字革命的基础上发展,显现互联网无所不在,人工智能和机器学习开始崭露锋芒。现代管理学之父彼得·德鲁克曾说过:"我们生活在一个充满创新和变革的时代。教育应该帮助人们为那些目前尚不存在、也无法被清楚定义的未来工作做好准备。"① 有人预测,现在的小学生,大概有三分之二会在未来从事目前尚未发明出来的工作。这要求教育适应世界范围内竞争的需要,进行富于前瞻性的根本改革,使学生对该掌握的最基础知识必须掌握,必须掌握的知识还要牢固掌握,以造就出高智慧、大能力、强竞争力的创造型人才。

互联网、大数据、云计算的智能时代,对教育而言,不仅有尊师重教的广深背景,有厚实的经济底垫和"人类智力的放大器"② 的技术支撑,同时也酝酿着一场不断超越、不断变化的恢宏巨大的教育大革命,革学校教育、家庭教育、社会教育、网络教育和师资队伍教育的命,催逼着人们加速准备和悉心应对。每一位教育者都需在智能时代对自身境遇的重构中迎接机遇与挑战,坚持底线思维,防患未然,坦然应变,攻坚克难。

二

兵无常势,水无常形。变是永恒的不变态势。

初展端倪的未来教育,显现了哪一些萌芽的特征呢?

---

① 转引自《在少儿编程里举足轻重的PBL,到底好在哪里?》,载2018年10月10日光明网。
② 乔布斯语。参见《朱永新对话苹果首任教育掌门人约翰·库奇:关于未来教育》,搜狐教育2019年7月22日。

一是教育形式的多样化。

未来对各类各式各样人才的精准选择,决定了教育形式的灵活多样化。办学者会有广泛自由的选择和管理权,以培养出百花齐放、别具一格的创造型人才。再不会学校千校一面,学生万人一色,课程统一设置,教材统一编定,考试统一开考,评价统一标尺。千姿百态的教育会呈现万紫千红的色彩,无限发展可能性的学生终将替代单向度①的模式化的人。

二是学习方式多元化。

颠覆传统的学习方式带来了学习的多元化,与之俱来学习的高效能,这也成了多向度人才的渠道。

有网文说,未来有游戏化学习、参与式学习、体验式学习、研究式学习、分享式学习、个性化学习、混合式学习、小组合作学习、社群化学习、自组织学习、碎片化学习、自主化学习、翻转式学习等多种学习方式。当然还有家庭式学习,苹果首任教育掌门人约翰·库奇就说:"我有18个孙辈,其中有8个不到10岁,每周7天,他们去学校的天数只有2天。"②

事实上,多种学习法是交叉、组合、融通运用的。自主、探究、合作、交流、体悟将成为首选的学习法。自主给人尊荣,探究使人深远,合作催人创新,交流让人共享,体悟教人通达。这里,自主是奠基石,探究是凿深井,合作是风雨同舟,交流是展示会,体悟是参禅功。正所谓读千卷书不如走万里路,走万里路不如高师指路,高师指路不如自思自悟,自思自悟终会激起创造智能喷涌而出。

三是育人路径的个性化。

孔子倡导的个性化的"因材施教",在目前普遍大班额的境况下很难实现,只能视之为教育理想。然而,在互联网普及的时代,个性化教育可望而又可即。

据悉,位于北京市昌平区的新学道临川学校全力推进全员导师制,且"一学生一课表,一学生一学习方案"。该校采用线上名师授课,线下一对一辅导,

---

① 指心中缺乏否定性、批判性、超越性的向度,丧失了想象力、创造力的人。这样的人只认同物质享受而丧失了精神追求,只有物欲没有灵魂。
② 参见《朱永新对话苹果首任教育掌门人约翰·库奇:关于未来教育》,搜狐教育2019年7月22日。

力图做到因材施教;同时,将"码书"作为授课工具,学生可以通过扫二维码迅速找到需要的知识点……孩子们每节课都可以通过网络向名师学习,学校的老师们则将更多的精力用在了解学生和对学生进行一对一的辅导上。他们和学生们一起进行"头脑风暴",根据学习状态,录制针对性微课,让学生可以反复学习。这种线上线下结合的"双师课堂",是育人路径个性化的有益尝试。

四是育人诸方合力化。

育人过程,更多体现为教育者合力。教师间、家校间、校社(社会)间当携手同心,没死角,无盲区,言行一致,彼此一体,将相互抵消的力减少再减少,让被教育者的灵智得到健全而和谐的发展。

五是人才目标的灵智化。

未来教师的核心职能,是培育拥有良好道德品质、优秀心理素质、高雅精神气质,具有世界眼光、现代智能的中国人。如此人才,肯于担当,作风扎实,具备出色智能和创新素质,撑得起民族复兴与人类进步的大任。

六是教改情势的融通化。

早在1999年6月,数学家顾泠沅在中美数学教育高级研讨会上,首次提出了"寻找中间地带"论,即在中美两国教育之间,可能存在一个"中间地带",双方基于各自的本土文化,相互借鉴,取长补短,用以改进本国的教育教学。他举例说美国的30个孩子,虽只有10人学会了游泳,但这10人一定很优秀,它付出了淹死20个孩子的代价;而中国的30个孩子都学会了游泳,但付出了一部分孩子本来可以通过挣扎自己学会游泳的代价。两国的教育模式,一种是接受式,一种是活动式,各有利弊,要善于合理安排、取长补短,寻找"中间地带"。

寻找"中间地带",优势互补,美美与共,就是中与美、东西方教学改革相互融通的大策略、大智慧,一种不走极端而达到集大成的智慧。

七是竞争态势的白热化。

放眼世界教育,各国造就人才的竞争近于白热化,人才的需求日趋丰富、复杂、多元化。穿行在一个宏观壮阔的历史进程里,中国教育要与更为复杂的中国社会进行多层次对话,要解决中国以至世界的教育若干棘手的老大难问题,要睿智地做足吸纳世界教育前沿的精髓大道,只有这样,方能在教育竞争中永立不败之地。

沉思既往,瞩目前程,任重道远,不容稍懈。

三

大时代风云际会,大教育富民强国。天时、地利的经丝纬线,必定编织成民族振兴的华彩篇章。世界教育史正一步步进入中国时刻。

中国教育,历经千年风雨洗礼,加以新时代改革创新魂魄,蕴含着为世界刮目的特殊基因、最深沉的民族禀赋和强大的精神动力。它深度走进世界、终将领跑世界,这属于历史之心,时代之瞩,苍生之念。

教育优先发展,办人民满意的教育,成了举国强音。造就强师大军,遂提到日程。一个定位高、目标远、责任重、前景好的教育生态,将与教育人相遇在新的历史节点。

我们教育人走出了"光腔房,秃操场"、"一本书,一根粉笔"、公用经费为零的苦涩岁月,度过了大办义务教育,艰苦攻坚"普九"的创业时期,步入了教育信息化和人工智能等新技术频现的改革深水区。目标在前,鼓声在耳,万事俱备,时不我待。

潮涌东风劲,扬帆正其时。

身处时代大潮,不必说不进则退,速度慢一点就会有"山中方一日,世上已一年"的落伍感。教育人当深味事业的意义,守望事业的崇高,做强事业的功能,扎下教育信仰的"根",凝聚教育理念的"魂",开发教育智慧的"核",攀登教育大爱的"境",把立德铸魂当成科研做,把教育人生做大做强,让科研和艺术为我们插上高翔的双翼。

中国教育的新时代,不正是恩格斯当年所预见的需要巨人和可能产生巨人的时代吗?每一位从教者都不该枉处这个时代,当静下心来,竭尽全力,沉浸教育之海的深处,领略至尊至善至美的教育圣境;以海纳百川之襟怀,百折不挠之意志,夸父逐日的坚卓,女娲补天的气概,将自己修炼成一位勇士、智者、超人,为时代与事业增辉添彩。

四

1919 年 4 月 30 日,约翰·杜威从纽约抵达上海,开始为期两年的访华之旅,与中国教育界、哲学界的多位学者进行了对话。这位著名的哲学家、教育家以穿越时空的目光,畅想未来教育的模样,留下诸多批判与美丽的梦想,照耀了 20 世纪的世界教育,对中国教育影响颇深。

约翰·杜威曾说:"如果我们用过去的方式教育现在的学生,就是在剥夺他们的未来。"

整整 100 年后,2019 年 7 月 16 日,民进中央副主席、新教育实验发起人朱永新与苹果首任教育掌门人约翰·库奇就"学习的升级:技术如何释放终身学习者的潜能"的话题,展开深刻而妙趣横生的对话,并达成共识:"站在社会发展尤其是科学技术发展的今天来展望,杜威的教育梦想已经不再是遥不可及了。"此番谈话,两位前行者的思想涟漪,波及古今教育的核心理念,触碰未来教育的核心本质。

由此展延的若干待解的创新之问,也许更能贴近教育同人和广大民众的心灵。

传统生活方式急速改变,人类文明正在各个领域重构,学校创新性的变化因何看似姗姗来迟?

回首来路,工业革命需要生产者具备读、写、算的能力,其时知识资源非常少,政府只能聚集学生集中授课,如此传统沿袭数百年,应试教育等选择手段持续加固,因此改革显得缓慢。但是,所谓不变、缓变更多的是错觉——现代学校体系中的教育内容、进一步整合的课程、学习手段和方法等,正在迅疾地变化着。

新的技术革命、信息革命在学校普及得迟缓些也有其内在因素:选拔人的机制尚无根本改变。教育的产品是人而不是物,所有实验只准成功,需要特别慎重。

互联网时代将给教育带来怎样的变革？教师、学生、家长如何适应这些变革？

互联网时代给教育、为学校的多元变革提供新的很大的可能性和自由度,更为教师的因材指导、学生的自主成长、父母的日常家教,铺展了广阔的蓝天而任其翔舞。

要紧的,身处全新变化的教育大场,每一种人都须较快做好角色转换：教师要成为新的教师——从讲坛宣讲师到线上线下辅导员；学生要成为新的学生——从被动接受者到主动索取者和建构者(人大脑的智能体系终究靠自己建构)；父母要成为新的父母——从管吃管穿的生活保育员到共学同进的心灵守望人。那些拒绝时代召唤的人,将会成为时代的弃儿。

大部分学校为买技术而买技术,炫耀自己拥有先进技术却从未真正运用技术,怎样才能发挥技术的真正作用？

中国教师怀有中国人通常的现实性。要使信息技术的神通让人们看得见、摸得着,一要理念指导,细数其长处,宣传入人心；二要实际示范,即通过演示,要人们亲自操作,奥妙入眼里。当深深体验领略其智、其能、其巧、其显而易见地推升教育之境,并成为学习生命不可或缺的一部分时,你想不让他使用,比登天都难。

当然,技术从来不是万能的,技术赋能教育,却不能彻底地改变教育。

——为什么父母、老师总认为自己的孩子、学生这也不行,那也不行,不相信他们具有无限的潜能呢？

原因很简单,一是主宰谬误,自以为高明,总爱俯视一切,将其总当成长不大的孩子和学生；二是视角错位,看不到后生可畏,一代更比一代强,在信息化、智能化的时代亦难改变这一视角偏差。

尊重其兴趣,信赖其智能,支持其创造,应该是父母、老师所取的态度。

从眼下出发,教师的作用该怎样做大？

坚持教师文化,也领学生做好学生文化;做最好的教师,也引学生做最好的学生,师生携手同行,让综合素质和创作能力渐成,让灵魂成长壮大。

在大变革的当下,怎样做一个好家长?

守住家校共育的树人主轴,但不丢弃家教育子的独特支点:做好自己,又要研究孩子。把自己做成有文化、有素养、有家国情怀、有浩然正气的高雅公民。把孩子培育成心志高远、身心健康、富于人文精神和大智大慧的一代新人——居于祖国四海,拥有世界眼光的中国人;远在异国他乡,是一个充满中国灵魂的世界人。

在走向未来教育的旅途上,教育会有哪些巨变,又有哪些教育精髓会坚守不变?

中国文化的源泉之作《周易》,包含变易、简易、不易三大原则。变易指宇宙万物没有一样不变的东西。简易指宇宙间无论何等奥妙的事物,当解密了它,就变得平凡且简单。不易指世间的规律大道不会变,具有永恒性质。

教育正变化的和不停随时随势变化的,是教育的术,即教育内容、教育重心和教育的行走方式,包括育人修身方式、学习进取方法,学校、教师、学生、家长角色的转换,网络技术、智能学习的有力嵌入,社会、世界的深刻影响等。这是教育之树的枝叶,在继承中与时俱进,方能枝繁叶茂,郁郁葱葱。

不变的是教育的道,教育的规律和教育的本真。属于精神内核、文化精髓、教育要义的民族瑰宝,如华夏优秀传统的教育精华、文化认同和核心智慧,立德树人、文化化人、追求人性的真善美等。这是教育之树的根,唯有坚守教育的本真和规律不变,才能积淀历史,形成文化,铸就特色。

中国教育在变与不变之间脚步不辍。变与不变——易和不易的有机融合,做到道术兼修,魂体相依,意境同幽,使教育事倍功半,攀登不止。

五

刚出发者,常常怀着"独上高楼,望尽天涯路"的况味,激奋而又浩茫。而"千里江陵一日还"的达者,则往往乐于沉醉中回首。本书围绕"为什么教(学)""教(学)什么""怎么教(学)"及"教(学)达标如何"等几大问题,所展开的这场沉思与求索即将告罄,为更好前行,"回雁"理应溯望来踪。

我们一上路,就径直叩开古往今来"教之本"的秘门,赏识了灵智教育的奇珍异宝,也瞥见了离经叛道的歧途逆旅;

继而探索"人之赋"的重任,看天生我才,世育良才,时造大才,得悉才俊既赋之于天,也受之于人,既得益先天基因,更倚重后天成长;

顺势聚焦人才"全之人"的标杆,人的张力、热力、魅力尽在于此,显现在五育之中:载形的体、载气的德、载才的智、载格的美、载行的劳;

再体察"学之径"的风景。它以动力为源,生成为径,方略为上,一步步引人向学、乐学、善学,让学习纹理化作生命的年轮;

后关注"修之场"的时空——校、家、大社会、无线网络,人迹所及之处,即生命修炼之所,这种视界的极大扩张,预示生命气象的巨大提升;

由此转至"师之道"的新释:师的坐标定位,师的价值,师的根魂,师的耀升,师的身心再塑,终成教育天空明亮的星斗;

再对当下"改之势"加以探究——选立德、课程、课堂三大方位予以重点关注。前沿的推进,给人以醒目路标,还有满满的能量;

穿越古今,"育之律"的真经摄魂夺魄。我们从古与今的教育真经里,梳理、精选、提炼,各采撷出十大教育原则,以把脉当下和未来的教育;

教育传承文明。"文之魂"——创新最为关键,这是几千年文化教育发展的动力和源泉。靠创新的伟力改造中国教育,有朝一日领跑世界教育,此为愿景与使命。

笔者试探着,尽可能穿越古今教育的时空,对其中早已存在和初露端倪的根本性教育问题,给予哲学沉思、美学凝视、史学评品、人生学考量,从理论与践行的契合点上做出力所能及的回应。

六

千里搭长棚,没有不散的筵席。①

若问,我们教育求索的犁铧,是否犁向教育的真理?是的。但是,真理存在于特定时空,眼下认识囿于特定条件下所能达到的广度深度,只能是相对的。十年后、三十年后、五十年后、一百年后,今日求索的教育问题,也许早被彼时人们的践行作答,甚而答案几近完美。其时,这册《教育大求索》只能算是前赴后继求索征途上的一个小小驿站,一个淡淡标点。

山岳巍巍,江河滔滔。教育大流不舍昼夜,奔腾不息。哲理昭示我们,那时一定还会有更多更新更不易破解的难题涌来叩门,让彼时的人们更深层次、更高水平更多触角地展开教育大求索。就如1727年3月20日拂晓前,84岁的牛顿(1643—1727)弥留之际,对私人医生米德和身旁人所说:"我不知道世人会怎么看我,但是,对我自己来说,我好像不过是一个在海边玩耍的男孩,到处寻找一块更光滑的鹅卵石或者一个更漂亮的贝壳。而与此同时,未被发现的真理的大海就展现在我面前。"②

谁说不是呢,"路漫漫其修远兮",尚未走向深远处洞察、发现和把握的教育真理大海,已横着几千度春秋,静候一代代的后来者接力似地上下求索。

---

① [清]曹雪芹:《红楼梦》第七十二回,长城出版社1999年版,第430页。
② 马春光:《科学巨人:牛顿传》,长春出版社2018年版,第210页。

后记

像对即将出征将士的一场检阅,我再一次扫描屏幕上的电子文稿,虽夙兴夜寐写作八载余,删增六次,心犹惴惴,恐其平庸无奇,枉费读者时光。

我是老五届(1967)师大毕业生,扎根辽北山区任教十余年,又在省辖市的铁岭市教委做过二十几年业务,退二线起南来北往地考察城乡教育。从教53度春秋,调研学校2000余所,听课5000多节,访谈家长、学生、教师、教育专家计6500多人。曾几番拒绝仕途或高就,只因对教育爱得深沉,视之为命。夜以继日地学习、思考、写作、整理记录、打磨思想,常在睡梦里琢磨教育机理,推敲文章词语,这已成了生活常态。不消说,教育已融入我的血液里。

积数十载教育思悟于一部专著,是我久久魂牵梦绕的念想。此书当把自己教育生涯的思考与发现融会贯通,力图展现令读者耳目一新的教育理念、教育案例和教育主张。书须写得很精、很深、很美,是史、是论、是诗;像苏州园林,小中见大,朴里赏奇,"尺幅之内瞻万里之遥,丈缣之中写千寻之峻"。在书中,我就想同广大教育同行一路,回溯教育本源,寻得文明根脉,讨回教育真谛,求索教育之心之道之法,破解当下若干疑窦,共创一种幸福、完整而美妙的教育人生。

本书起步于 2012 年初夏,开始阅读经典,搜集素材,探究疑窦,思索方略,构创提纲,每日写教育语丝……五年下来,蓄积资料和思考几十万字。突破点在 2017 年 11 月 15 日,一个温润恬静之夜。在伦敦城郊森林中的一家酒店,白日里大英博物馆内的历史人物和世界珍奇蓦地现身眼前,以往的教育思索也纷纷翩翩而至,化作活生生的感悟簇拥眼前,一瞬间,忽觉大脑通透,灵感迸发,思路畅达,"教之本""人之赋""全之人""育之律"等一章章标题涌出,心门大开,心空通明,教育圣境奔涌扑来……

　　回国后,我从严寒东北赴海南,开始了紧张的写作生态。文无思想,没法站立;理无事例,形容枯槁;"言之不文,行之不远"。本着这些理念,夜以继日,倾心敲击键盘,一月一年,守望灵性文字,让古今教育思想款款走来,述说教书的真髓;与中外师者无声对话,交流育人情怀(书中所举当代的教育人,我几乎全部访谈过),更使传统和当下碰撞,中国与世界交融,城市同乡村联手,以着力鉴赏、探求教育制高点。期间,柳斌先生为我的创作题词:"卷中耕耘岁月,笔下育人情怀",属勉励之语。回首向来,倾心深情览教坛,八年辛苦非寻常。

　　感谢由长子松巍、次子松岩组成的家庭创作团队,始终给予我满满的智能支撑。从研讨、论证本书的提纲、思想、例证、手法,到参与全书的难点突破、修改、润色。抱病的老伴陪我追星逐日般地八方考察,操持全部家务,让我气定神闲专此一件事。夫妻是缘,此生大恩,感我垂泪,实难抒怀。

　　德高望重的顾明远先生、柳斌先生每每解惑答疑,让我顿开茅塞,受益匪浅。

　　刘道玉老教授赐以理据俱佳的长序,令我感动不已,只有深深铭记。

　　顾明远、柳斌、朱永新、刘铁芳等教育大家发来对本书的推荐语或题词,不胜感激。

　　在海南写作时,姬庆生先生(原国家督学、辽宁省教委副主任)与我研讨作品思想,给予诸多帮助,我俩真诚而热烈地推究灵智教育内涵的一幕,犹在眼前,恍然如昨。

我的一群名师小友——浙江杭州文海实验学校李小军、四川泸县一中许玉林、成都郫都区嘉祥外国语学校彭鋆奇、内蒙古通辽市辽河中学白换羽、贵州德江县楠杆乡民族中心完小侯再兴、山东惠民县实验中学董立强、黑龙江佳木斯市教育局邵振海、四川泸县二中叶绿、辽宁铁岭银州区政府黄永光等，在搜索资料、探究问题、审视书稿等方面，此呼彼应反应神速，形成探路时的温厚软实力。

江西教育出版社总编桂梅对本书创作的殷切关切难以忘怀，她以电话、信息频频与我交流，并于去年5月飞抵辽沈，专来舍下晤谈，后又亲担此书编辑工作，精心修订，勷力运作。对上述大家、小友，对桂梅和江西教育出版社的鼎力支持，一并深表真挚的谢意！

囿于教育思想、学术水准所限，难免谬误、疏漏，诚请同人和方家指正，我将不胜感激！

傅东缨
2020年7月8日子夜于铁岭日知书斋